U0919090

西南财经大学全国中国特色社会主义
政治经济学研究中心系列专著

农村产权制度变革与乡村治理研究

黄涛 朱悦蘅◎著

创于1897
商务印书馆
The Commercial Press

图书在版编目(CIP)数据

农村产权制度变革与乡村治理研究/黄涛,朱悦蘅著.—北京:商务印书馆,2018
ISBN 978-7-100-16087-2

Ⅰ.①农… Ⅱ.①黄…②朱… Ⅲ.①农村—产权制度改革—研究—中国 Ⅳ.①F321.32

中国版本图书馆 CIP 数据核字(2018)第 096967 号

农村产权制度变革与乡村治理研究
黄涛 朱悦蘅 著

商 务 印 书 馆 出 版
(北京王府井大街 36 号 邮政编码 100710)
商 务 印 书 馆 发 行
北京顶佳世纪印刷有限公司印刷
ISBN 978-7-100-16087-2

2018 年 5 月第 1 版 开本 880×1230 1/32
2018 年 5 月北京第 1 次印刷 印张 9⅞
定价:36.00 元

目　录

第一章　绪论

第一节　研究背景及意义

中国自古以来就是农业国，至今农业仍是基础，农民仍是大多数，农村仍是我们的根。农村是我国传统文明的发源地，我们民族的价值观、生活态度和社会行为方式，都是由漫长的小农家庭生产和生活方式酿造的[①]。20世纪以来的中国历史证明这样一个事实："得农村者得天下"[②]。中央提出，农村不能成为荒芜的农村、留守的农村、记忆中的故园[③]，要让居民望得见山、看得见水、记得住乡愁[④]，这一切都指向更好的乡村治理。在任何一个现代化的进程中，农村的命运都是一个绕不开的主题；而乡村治理，关系着农民的生活和命运，与国家和社会的稳定紧密相连，同样是不能回避的研究领域。

---

① 张健：《中国社会历史变迁中的乡村治理研究》，《西北农林科技大学学报》，2008年第6期。

②〔美〕塞缪尔·亨廷顿：《变革社会中的政治秩序》，李盛平、杨玉生等译，北京：华夏出版社，1988年。

③ 习近平：《农村不能成为荒芜的农村》，2013年7月22日，http://news.xinhuanet.com/politics/2013-07/22/c_116642856.htm。

④《新华时评：莫让农村成为记忆中的故园》，2013年12月29日，http://news.xinhuanet.com/politics/2013-12/29/c_118753641.htm。

乡村治理并不是一种现代现象，但乡村治理又是一种新的理论研究，这种新的理论只不过是对传统乡村社会管理的一种重新阐述而已[①]。中国语境的乡村治理肇始于20世纪二三十年代，其时“村治”是一个影响极为广泛的概念。“乡村建设，乃是解决中国的整个问题，非是仅止于乡村问题而已。建设什么？乃是中国社会之新的组织构造”[②]，当然实际还是较多止于“组织农民实行经济合作和地方自治的含义”[③]。学理意义上的乡村治理，是治理与善治研究兴起过程中形成的。与村民自治、村级自治等相比，这一概念对于研究处于转型和变革中的中国农村社会更具有广泛的适应性，能将社会变迁中的农村政治、经济、社会等诸多方面容纳进来，进行综合性分析[④]。乡村治理关注“谁在治理，何以可能？”的问题：一是强调地方自主性；二是强调解决农村社会发展中存在问题的能力。[⑤]它一方面区别于村民自治，村民自治在乡村治理视野中只是一种民主化治理模式的设计和实践，而乡村治理是包括自治权力在内的各种权力对乡村社会的治理活动；另一方面，它又不是仅指村庄内部的封闭式治理，乡村社会与基层政权和国家宏观政治之间的互动都是乡村治理的重要内

---

① 蒋永甫：《乡村治理：回顾与前瞻——农村改革三十年来乡村治理的学术史研究》，《宝鸡文理学院学报》，2009年第1期。

② 梁漱溟：《梁漱溟全集》（第2卷），济南：山东人民出版社，1989年。

③ 梁漱溟：《梁漱溟全集》（第6卷），济南：山东人民出版社，1993年。

④ 1998年，在庐山脚下的实验村召开的研讨会上首次提出“乡村治理”。参见苏敬媛：《从治理到乡村治理：乡村治理理论的提出、内涵及模式》，《经济与社会发展》，2010年第9期。徐勇提出，只有对乡村社会的特性和变化有了充分的了解和认识，才能运用公共权力进行有效的治理，并达到现代化进程中重建乡村的目的。参见徐勇：《乡村治理与中国政治》，北京：中国社会科学出版社，2003年。

⑤ 周朗生：《治理的理论诠释——从治理到乡村治理》，《兰州学刊》，2008年第3期。

容。作者认为，这一词汇具有中性和包容的特殊意蕴，从各个角度、多个学科均可窥其所以。因此，本书在最一般、最广泛的意义上使用贺雪峰的定义，即乡村治理是指如何对中国的乡村进行管理，或中国乡村如何可以自主管理，从而实现乡村社会的有序发展[①]。

近代以来，中国开始告别已经循环数千年的传统社会，走上了千年来未有之变局。但直到20世纪90年代时，农村仍然居住着70%的中国人口，农村社会仍然相对封闭，农村社会结构仍然稳定，一切都好像在变又未变。但21世纪初以来，农村变化猛然间加快了速度，形成了令所有观察者震撼的能量，这种变化如此之大，以至于相对当前的农村巨变，过去数千年的农村甚至似乎没有变化。[②]作者认为，当今中国，正面临着农村产

① 贺雪峰:《乡村治理研究的三大主题》,《社会科学战线》，2005年第1期。关于乡村治理的定义还有多种：从治理定位看，村级治理是通过公共权力配置与运作，对村域社会进行组织、管理和调控，从而达到一定目的的政治活动（张厚安、徐勇，2000）。从治理主体看，乡村治理就是性质不同的各种组织，包括乡镇组织、村组织、民间组织通过一定的制度机制共同把乡下的事务管理好（郭正林，2004）。从治理目标看，乡村治理是指以乡村政府为基础的国家机构和乡村其他权威机构给乡村社会提供公共品的活动，其基本目标是维护乡村社会的基本公正、促进乡村社会的经济增长以及保障乡村社会的可持续发展（党国英，2008）。从治理内容看，乡村治理是一种综合治理，它把农村的政治、经济、文化、社会诸元素都统摄进来，以更广泛、更宏大的视野观察农村生活，而不囿于单纯民主化治理的村民自治（张润泽、杨华，2006）。这些解读均可丰富并包含在一个一般意义的概念之中。

② 从贺雪峰2013～2015年连续组织师生春节返乡调研所写的近300篇回乡记来看，当前中国农村正经历史无前例的巨变。第一个层面是国家与农民的关系，传统的以收取农业税为中心形成的国家与农民的关系面临巨大转型。第二个层面是农村长期稳定的社会结构的松动，不仅建立在家庭之上的村庄基本社会结构受到冲击，而且家庭结构本身也处在巨变之中。第三个层面是农民价值与意义世界的变化。参见贺雪峰:《巨变中的乡村向何处去》，2015年3月28日，http://www.snzg.cn/article/2015/0328/article_40786.html。

权制度与乡村治理的双重困境。在社会转型和制度变革的背景下，农地产权的残缺、国家责任的旁观和地方政府的产权侵害，使乡村陷入缺乏合理而有效的产权支撑的困境，出现了黄宗智（2006）[①] 所指出的农村土地细碎化、农业过密化、农民小而散等问题，或者中国特色现代小农经济现象[②]。然而，这并没有带来乡村自治的"理想国"。现代小农经济的持续存在与深化[③]，大量农村劳动力的单向外流[④]，曾经人口众多的村庄逐渐走入无从耕

① 此类情况详见书后参考文献，下文不再一一标注。

② 黄宗智：《制度化了的"半工半耕"过密型农业》（上、下），《读书》，2006年第2、3期。贺雪峰的调查也印证了这一判断，显示大约70%的农民家庭选择了一种半工半耕的家计模式，即年轻子女进城务工经商、年老父母留村务农。这样一种家计模式可以同时获得务农收入和务工收入，而农村生活成本比较低，可以有经济的节余。但半工半耕也必然出现留守老人和留守儿童，逐渐造成农村空心化和社会结构瓦解。参见贺雪峰：《巨变中的乡村向何处去》，2015年3月28日，http://www.snzg.cn/article/2015/0328/article_40786.html。

③ 据《中国土地制度史》介绍，秦汉到南北朝期间，农户经营规模为50～60亩，由于受农业技术条件所限，农户无力耕种再多的土地，农户经营规模与经营能力匹配。隋唐以后，我国人口增长超过耕地面积增加的速度，且随着农具、施肥等农业技术的改进，人地关系开始紧张。唐朝实行均田制，一户65亩为上限，农户实际经营规模往往达不到这个上限。北宋初期，户均耕地40亩。南宋时期，绝大多数农户耕种面积都在25亩以下。明清时期，户均耕地更是逐渐减少。到1936年，户均耕地只有18.4亩，农民人均耕地3.6亩。自隋唐以后，我国的农户可称之为小农，小农农业开始形成。此后至1949年以来，农户经营规模逐渐减少至经济上越来越不合理的低水平，农户有能力耕种远大于他实际耕种的规模，农户已经成为典型的小农，农业成为典型的小农农业。参见张云华：《家庭农场是农业经营方式的主流方向——发展家庭农场的国际经验及对我国的启示》，《中国经济时报》，2016年4月22日。

④ 党国英指出，近10年乡村常住人口每年减少约1.6%。行政村的数量在7年时间里减少了10万个，但平均每个行政村的常住人口数量基本没有变化，这说明自然村的人口数量在大大减少。按他的初步匡算，全国平均每一个自然村减少人口数量达到18%左右。案例调查表明，在一些大城市的郊区，村庄人口减少的数量在30%～50%之间，导致大量农民住房空置。参见党国英：《我国乡村治理改革回顾与展望》，《社会科学战线》，2008年第12期。

种[①]、疏于治理的衰败境地，甚至出现了消失的农村、空心的农村、象征性的农村等乡治异象[②]，不少村落陷入公共品缺乏、共同体意识消散、土地纠纷频发等乡村治理困境[③]，并相互影响至深。农村产权并没有成为通向现代化的凭借，农民手握产权却进退两难。乡村对农民的吸附力和归属感几乎荡然无存[④]，“过上城里人的生活”成了终极梦想，不仅在城乡间候鸟般迁徙的进城务

① 当前，整个（乡村）产业都出现了劳动力不足导致劳动力断层、老龄化和后继无人的问题。如在阳山镇的调查中，不少专业合作社负责人都反映现在种地的人越来越少，当地不但人工贵，很难请，而且大多都是 60 多岁的老人，50 多岁的工人都属于青壮年劳力。平时请一个工人大约为 120 ～ 150 元 / 天，但等到农忙时，则高达 180 ～ 200 元 / 天。土地过于分散，小块耕种令种植很不方便也是一个问题。比如一个家庭有三亩土地，但可能分布在全村的四五个地方，使得农户的种植效率比较低下，耕种、灌溉等都不能用机器，无法进行现代化耕作，致使人工成本进一步升高。参见王小霞:《全国第二单土地流转信托调查》，2015 年 10 月 26 日，http://www.cet.com.cn/ycpd/sdyd/1654924.shtml。

② 据统计，我国的自然村十年间由 360 万个，锐减到只剩 270 万个。参见符晓波:《中国每天消失 100 个村庄！村庄消失了，城市能繁荣吗？》，2012 年 12 月 28 日，http://news.jxgdw.com/jszt/zlq/1959965.html。在赣西北，11 个自然村平均居住不到 8 人，其中安义县新民乡南坑村目前只有一个居住者，成为“一个人的村庄”。参见冯志刚:《过去 10 年全国每天消失 80 个自然村：江西一村庄仅剩一人》，2012 年 10 月 28 日，http://news.sina.com.cn/c/sd/2012-10-28/ 030225454465.shtml。山东省 8.6 万个自然村中，呈现“空心化”的占 20% 至 30%。参见徐金鹏、娄辰:《山东约 2 万个自然村空心化》，2015 年 5 月 5 日，http://news.xinhuanet.com/local/2015-05/05/c_127764704.htm。

③ 这些困境主要包括：一是由农村土地引发的社会矛盾，典型表现为农民为维护自身财产权而表现出对于征地拆迁行为的抵制；二是乡村公共品供需矛盾，税费改革和农地权利下倾之后乡村公共品的需求与供给脱节；三是市场经济的外部冲击，使得乡村秩序的内生性资源逐步流失等。在农村土地、乡村环境、村级治理等多个领域，矛盾呈集中多发之势。参见晏国政、王圣志、李兴文等:《媒体称土地问题已成农村冲突最主要原因之一》，2011 年 10 月 30 日，http://news.163.com/11/1030/11/7HK2EO2100014JB6_5.html。

④ 刘涛:《现代国家建设与小农合作的困境》，《华中科技大学学报》，2010 年第 6 期。

工人员成了弱势群体，而且乡村居民被毫无疑义地称为“留守”一族，他们也正变成家庭离散、缺乏照料的弱势群体。

从古至今，土地作为农村最基本的生产资料，与农业生产和农民生活息息相关。中国农民对土地的爱恋是怎么说也不过分的，他们把土地当作命根子[①]。农村土地问题也一直是中国社会最根本的问题，它不仅影响着农业、农村及整个国家社会经济的发展，也在相当程度上决定和影响着国家、政府与农民的关系[②]。而乡村治理始终围绕着乡村主体间利益关系进行，它要求利益主体间的产权关系须不断完善，尤其是农村土地产权的完善。从这个意义上讲，土地作为农村的主要经济资源，其产权制度的存在状态将直接影响到农村经济基础[③]，进而影响乡村治理这一上层建筑。十七届三中全会提出农地承包政策“长久不变”，其实质是农村产权制度事实上的根本性变化。十八届三中全会提出赋予农民更多财产权利、推进城乡要素平等交换等改革取向。[④]2014年中央一号文件提出，在落实农村土地集体所有权的基础上，稳定农户承包权、放活土地经营权[⑤]，这个政策定位为

① 张孝直:《中国农村地权的困境》,《战略与管理》，2000年第5期。

② 徐勇、项继权:《土地产权——国家与农民关系的核心》,《华中师范大学学报》，2005年第6期。

③ 本书在农村土地的意义上使用“农村产权制度”一词，如无特别说明，均指农村土地产权制度。

④ 党的十八届三中全会《决定》提出的336项改革举措中，涉及农业农村的包括放宽农村集体经营性建设用地入市限制、扩大土地承包经营权权能、改革完善农村宅基地制度、推进农民住房财产权流转、赋予农民对集体资产股份更大权能、建立农村产权流转交易市场等大约有50项。参见国务院发展研究中心农村经济研究部课题组:《深化农村集体产权制度改革》,《中国经济时报》，2016年3月18日。

⑤ 中共中央、国务院印发《关于全面深化农村改革加快推进农业现代化的若干意见》，2014年1月19日，http://news.xinhuanet.com/politics/ 2014-01/19/c_119033371.htm。

集体产权结构的变动和均衡提供了一个新的维度，也使以“三权分置”[①] 等农村集体产权制度改革提上日程。2015 年中央一号文件进一步提出，探索农村集体所有制有效实现形式，创新农村集体经济运行机制。稳步推进农村集体产权制度改革，分类实施农村土地征收、集体经营性建设用地入市、宅基地制度改革试点。[②]

农村产权制度改革是我国改革开放的起点，仍然是当前深化改革的一个重点。在我国全面进入工业化中期阶段以后，农村社会经济快速发展，工业化、城镇化和农业现代化快速推进，现行农村土地产权制度在诸多方面表现出不适应性，许多改革实践走在了前面。近年来，课题组走访调研了四川成都彭州、都江堰、郫县、崇州，内江永安、向义，德阳什邡、罗江以及安徽宿州等地的二十余个乡村，试图探索各地实践的真实情况和有效路径。如内江向义镇四方村在实践中，坚持农民主体、尊重农民意愿，探索形成了农村产权改革重大事项均由农民以自愿、自主、自治的方式讨论决定，党委政府加强引导的“三自一引”工作机制，各户推选户代表，组建村民议事会和村民小组议事会，组建村务

① 习近平在中央全面深化改革领导小组第五次会议讲话中指出，现阶段深化农村土地制度改革，要更多考虑推进中国农业现代化问题，既要解决好农业问题，也要解决好农民问题，走出一条中国特色农业现代化道路。要在坚持农村土地集体所有的前提下，促使承包权和经营权分离，形成所有权、承包权、经营权三权分置、经营权流转的格局。习近平：《严把改革方案质量关督察关 确保改革改有所进改有所成》，2014 年 9 月 29 日，http://news.xinhuanet.com/politics/2014-09/29/c_1112682820.htm。

②《中共中央国务院关于加大改革创新力度 加快农业现代化建设的若干意见》，2015 年 2 月 1 日，http://www.gov.cn/zhengce/2015-02/01/content_ 2813034.htm。

监督委员会，推选指界小组、丈量小组和调解小组，探索出群众路线与乡村治理相融的路子。内江永安镇尚腾新村 2012 年在对农村土地、房屋确实权、颁铁证的基础上，探索承包土地股权化、集体资产股份化、农村资源资本化“三化”模式，旨在构建新型农村合作经济组织，创新农户和集体资产权益实现新方式，增强农民持续增收能力。什邡市在农房重建中，各村设置村民农房重建业主委员会，并延伸到灾后村民集中居住小区的管理服务工作中。马祖镇马祖村试点推行“支部 + 业主委员会”的管理服务新模式，在每一个集中居住小区都组建了村民自我管理、自我服务的业主委员会。都江堰市 2009 年在鹤鸣村基层治理经验的基础上，总结以村民议事会与监事会相结合的新型村级基层治理机制，在 191 个行政村推广，很快形成村级议事会制度。成都市锦江区通过推进农村产权制度改革，组建新型集体经济组织，通过招、拍、挂的方式出让集体建设用地，为逐步建立城乡统一的建设用地市场、以公开规范的方式转让土地使用权，实现城乡土地“同地同权”进行了有益的探索与实践。2013 年安徽宿州与中信信托合作推出土地流转信托项目，流转土地 5400 亩，农民收益从之前的单一地租转变为“基本地租 + 浮动收益”模式，出现了农村土地信托化流转的新型关系。如此等等，不一一列举。在调研中我们看到，农村产权政策变了，农民的想法就会跟着变，如何回应与解决这些利益诉求？农村的管理方式和治理机制又将如何变迁？在国家统筹城乡发展综合改革的实验中，一些地方以“新农村产权制度”为目标不断探索，并初步形成了一批“新乡村治理”的典型案例，亟须做出理论上的概括，并提出建设性和政策性的意见及方案。

土地制度是一个国家根本性的制度。十八届三中全会决定指出，在坚持和完善最严格的耕地保护制度前提下，赋予农民对承包地占有、使用、收益、流转及承包经营权抵押、担保权能，允许农民以承包经营权入股发展农业产业化经营。保障农户宅基地用益物权，改革完善农村宅基地制度，选择若干试点，慎重稳妥地推进农民住房财产权抵押、担保、转让，探索农民增加财产性收入渠道。鼓励和引导工商资本到农村发展适合企业化经营的现代种养业，向农业输入现代生产要素和经营模式。[①] 可以预期，随着涉及农地的各项改革陆续推进，在不同程度上都会带来一定地震动，尤其需要谨慎设计、稳妥推进，并注意预测、防范和化解可能带来的经济和社会风险，这也为乡村治理的转型和创新提供了新的契机。

基于上述，本书的理论意义在于秉承马克思主义经济学的基本理论，循着社会变革中的历史和现实基础，融合现有社会学、政治学等多方面的研究成果，对农村产权制度变革与乡村治理进行比较系统的政治经济学分析，初步探索一个农村产权制度化与乡村治理的经济学分析框架。在实践意义上，还将考察乡村治理在工业化、市场化和城市化复合进行的历史条件下应当具有的现代内涵，并形成一些实践性的政策主张以及对新乡村治理模式的探讨。

---

①《中共中央关于全面深化改革若干重大问题的决定》(二〇一三年十一月十二日中国共产党第十八届中央委员会第三次全体会议通过),《人民日报》，2013 年 11 月 16 日。

第二节 国内外研究综述

一、国内相关研究

国内学者从不同的学科背景和研究进路进行了大量研究，大致可分为：

（一）把国家引入农村产权分析的“周其仁界说”及相关成果

周其仁在德姆塞茨关于“所有权残缺”（The Truncation of Ownership）的理论基础上对国家所有权影响农村产权制度进行了扩展[①]。关于集体产权的内涵和特征，学者们的分析和表述各不相同。周其仁对集体产权的界说经常被引用，一定程度上反映出学术界对集体产权的内涵和特征的集体困惑。他指出：农村产权既不是一种“共有的、合作的私人产权”，也不是一种纯粹的国家所有权，它是由国家控制但由集体承受其控制结果的一种制度安排[②]。我们看到，集体产权除存在一般意义上的所有权残缺之外，还具有来自于国家过多干预和强势产权主体侵害的所有权残缺。产权作为一种权利关系，政府的任何干预都是对产权的限制，包括价格管制、设置进入障碍、限制利润率、保护不充分等，既妨碍产权的充分实现，也构成产权的残缺。国家掌握了改变他人所有权构成的权利而使之失去权能，这种对行使产权能力的限制，会使人们选择各种替代方式来达到自己效用的最大化，并因此造成产品配置及其背后财富分配格局的改变。

① 周其仁:《产权与制度变迁——中国改革的经验研究》，北京：社会科学文献出版社，2002 年。

② 周其仁:《中国农村改革：国家和所有权关系的变化（上）——一个经济制度变迁史的回顾》，《管理世界》，1995 年第 5 期。

在所有权残缺中，最关键的是排他性和可让渡性这两种权利的残缺。“所有权残缺”是指“完整的产权权利束里有一部分被删除”，“之所以如此，是因为控制废除私有权力束的职位已被安排给了国家，或已由国家来承担”[①]。由于国家不仅代表公共利益，而且还会考虑自身利益，进而可能造成产权侵害或者维持低效的产权。一方面，所有权不能完全不依靠国家而得到有效执行；另一方面国家的引入又极其容易导致所有权的残缺。针对这一悖论，周其仁提出了一个新的“均势”假设，即“只有当社会与国家在对话、协商以及交易中形成一种均势，才可能使国家租金最大化与保护有效产权创新之间达成一致”，“当新兴产权主体及其代理人的集体行动，强大到可以迫使政府及其代理人只有通过保护有效产权来谋求其自身利益的时候，才可能出现一个对双方互利的结果。”[②] 为了验证这一假设，周其仁使用了中国农村改革的制度变迁中产权制度的变化，并最终得出结论是：中国农村的承包经济与农户私产，是随着其执行和保护系统的发展而同步成长起来的一种权利结构。这个是经过“中央政策—地方政府—农村社区—农户”之间一系列分步达成的交易，这种交易在最大限度消除国家对农村社会产权合约的侵犯的同时，也增强了农村社会内部资源利用的排他性。因此，交易产生的产权，只能由交易双方的互相制约与制衡来执行和保护合约，这个也恰恰是交易制度化的前提，而在这场改革中，中国同时兼顾新产权合约及其

---

① 德姆塞茨：《一个研究所有制的框架》，《财产权利与制度变迁——产权学派与新制度学派译文集》，科斯、阿尔钦、诺思等，上海：上海人民出版社，2005 年。

② 周其仁：《产权与制度变迁——中国改革的经验研究》，北京：社会科学文献出版社，2002 年。

执行和保障系统之间的配合，也是国家政权沉降到乡村治理的产权制度中的一种配合效应。

许多学者沿这一路径进行了大量研究，指出农村产权除存在一般意义上的所有权残缺之外，还具有来自于国家的过多干预和强势产权主体侵害的所有权残缺，并提出了一系列农村产权改革与乡村治理的设想。刘连泰指出，土地属于集体所有先后经历了三个阶段：一是作为国家权力的土地集体所有，目的是改造农民土地所有权；二是作为国家政策的土地集体所有服务于公共目标，即农民的社会保障、国家的城市化和粮食安全；三是作为基本权利的土地集体所有防御国家权力。① 王金红认为，社会主义公有化和工业化的需要，注定了国家要嵌入在农地产权主体结构之中并且扮演主导角色。这种集体所有制并非单一主体的产权制度，而是一种二元主体结构的产权制度，在内部构造中同时存在“国家—集体”“集体—农民”两种不同类型的产权主体结构，将国家和农民糅合在土地产权制度的主体结构之中。在二元产权主体结构下，不仅土地权属关系变得纷乱，也加大了农村社会治理的难度。② 温铁军认为，政府垄断征收农村土地及其引发的矛盾冲突，本质是得以占有土地一级市场垄断收益的主体，利用“国家权利介入下形成土地产权残缺”的农地产权特征，以政府权力直接推进土地资源资本化，以及与交易费用和制度成本相关的外部性问题。③ 刘凤芹认为，农地所有权归属于农民集体，然而，

① 刘连泰：《“土地属于集体所有”的规范属性》，《中国法学》，2016 年第 3 期。

② 王金红：《大陆农地产权制度的核心问题与改革目标》，《土地流转与乡村治理——两岸的研究》，徐勇、赵永茂主编，北京：社会科学文献出版社，2010 年。

③ 温铁军：《征地与农村治理问题》，《华中科技大学学报》（社会科学版），2009 年第 1 期。

农民集体是不明确的或者虚拟的。在我国农村，农民集体的代表是村委会，农民集体拥有的土地所有权就必然地落到了村委会手中，或它拥有控制、管理所有权的权利。这种自治组织（村委会）在某种程度上具有政府层级机构的功能，我国的法律将农耕土地这样关系农民生存权利的极度稀缺的资源，实际上界定给了这样一个半官方机构。[①] 吴毅、陈颀认为，三十多年来中国农地改革一以贯之的思路是"赋权让利"，即中央以原有高度计划和控制为特征的土地制度为基础，不断将土地的权利与收益赋予农民和地方——基层政府。但是，以何种方式赋予和赋予多少，取决于中央，即是中央对农民和地方的"赋"与"让"，由此形成"赋权—限权"并置于行动互构的改革框架。由于赋权与限权本身内含着利益冲突的悖论，即赋权取向构成对限权要求的挤压，限权要求构成对赋权取向的限制；并且，国家与农民、中央与地方、地方与农民又各取所需地运用这一框架，形成各方在赋权与限权要求上的相互消解，由此决定着农地制度变革的路径、空间与界限。[②] 因此，中国农地制度改革的关键在于如何确立各方认可的农地权利架构，既给予农民（集体）相对完整的农地权利，又不损及国家及各级政府的权益，也就是农地产权中国家和农民（集体）的利益关系平衡问题。回顾我国乡村治理的演进，不难发现乡村治理一直处于国家与乡村社会动态交替的互动之中。当

① 实际上，农村土地的产权所有归属于不同的"集体"，它的可能所有者是村委会、村民小组、乡政府。为简化，只假定一个所有者：村委会（刘凤芹注）。参见刘凤芹:《农民土地权利的保护与"三农"问题》,《经济社会体制比较》，2005 年第 1 期。

② 吴毅、陈颀:《农地制度变革的路径、空间与界限——"赋权—限权"下行动互构的视角》,《社会学研究》，2015 年第 5 期。

国家权力过度介入乡村治理时，农民的自主性和积极性便受到抑制，也为国家权力适时退出治理提出了要求；另一方面，在实施乡村放权时，民主气息虽然得到改善，农村活力得以增强，但如果过度放权的乡村社会与国家整体的社会治理路径脱节，国家介入的要求于是又增强，这在 1949 年以来乡村治理所经历的“政社合一”“乡政村治”和“后税制”治理变革中体现得尤为突出，这时期乡村治理的实质就是国家整合乡村社会资源、推动乡村社会治理，促进乡村社会与国家权力互动融通的发展过程。①

这些研究对于把农村产权制度和乡村治理联系起来进行分析大有裨益。在产权与治理的关联研究上，项继权在对若干个案村的历史研究中指出，集体产权形式的变化对村庄的治理结构有着重大的影响；随着工业化的发展，土地所有制对社区产权结构及治理结构的影响也随之降低；在我国乡村集体经济的发展过程中，乡村的集体化和再集体化在一定条件下促进了乡村民主的发展。② 邓大才通过对粤、湘、鄂、鲁四村的考察，认为村庄与农民的权力关系主要受产权的集中性、稳定性的影响。其中，产权的集中性是根本性的影响因素，产权的稳定性要与产权集中性相组合才能对此发挥作用。产权的集中性决定权力，产权的稳定性决定权利，二者的不同组合能够形成多种不同的权力结构和治理模式。③

① 陈方南:《中国乡村治理问题研究的方法论考察——“国家—社会”理论是否适用》,《江海学刊》, 2011 年第 1 期。

② 项继权:《集体经济背景下的乡村治理》, 武汉：华中师范大学出版社,2002 年。

③ 邓大才:《产权发展与乡村治理：决定因素与模式——以粤、湘、鄂、鲁四村为考察对象》,《中州学刊》, 2004 年第 1 期。

（二）从乡村治理现实问题出发的研究进路

许多学者从经济基础、产权架构、农地流转、土地征用、林权改革等乡村治理的诸多现实问题进行了调查和研究，提供了丰富的事实与经验。

温铁军指出，当前“三农”问题，从根本上说是基本国情制约之下所谓现代的上层建筑，与传统的小农村社经济基础之间无法对接的矛盾。如果上层建筑或者所谓制度安排的成本太昂贵，小农村社制的经济基础就难以承受。任何政府都无法用现代制度对付高度分散的、兼业化的、传统生产力的、小农村社制的小农经济。所谓深化改革，关键是如何在小农经济的经济基础之上逐步地完善适应它的上层建筑。[①] 陈军亚探讨了产权发展与集体经济的效率关系，指出集体土地产权的发展程度，即权利主体的明晰程度、权利内容的多元程度和权利流转的可实现程度，决定了集体经济的效率差别。人民公社时期，产权结构单一、发展程度低、集体经济缺乏效率基础；家庭承包经营责任制实现了集体土地所有权和承包权的二元分离，激发了农民从事生产经营活动的个体效率，但集体经济缺乏有效实现的产权基础；以土地确权和流转为核心的新一轮土地产权制度改革，重构集体经济有效实现的产权基础，激发了集体经济的效率，增强了集体经济的实力。[②]

张曙光指出，现行土地政策有三根支柱：一是中央政府对农地转用的行政管制和计划控制；二是地方政府以各种方式加速农地征用和过度扩张城市；三是农村集体和农民基本上被排除在农地转用之外。由于农村集体和农民的弱势、无权和利益受侵占的

① 温铁军：《中国农村基本经济制度研究》，北京：中国经济出版社，2000 年。
② 陈军亚：《产权发展与集体经济的效率差异》，《江汉论坛》，2015 年第 2 期。

地位和处境，中央政府无法依靠集体和农民去约束地方政府，集体和农民也无力对抗政府的侵占行为。[①]黄宗智指出，在制度化了的“半工半耕”过密型农业状态下，农业本身陷于低报酬、停滞的小规模经营，而劳动力的外流在一定程度上转变了原来的家庭代际关系，疏离了原来的农户家庭，也松解了原来的社区秩序。原先集体制下（虽然质量不是很高，但是稳定具有起码水平。）的公共服务出现了普遍的危机，教育和医药都成为贫穷农民越来越难承担的重负。同时，恶性的打工制度引起相当普遍的对农民工的不人道的欺压。[②]吴春燕从个案村（社区）农地流转的现状出发，探讨了农地流转导致的农民收入、就业、村民身份、村庄治理资源等的变化，提出了社会化背景下的村庄治理命题。按照民主发展的一般逻辑，当人们经济条件得到改善时，会追求更多的政治权利，希望通过政治参与，借助制度安排进一步实现和保护自己的利益。但从个案村的情况看，村民在参与能力提高的情况下，参与意愿并没有明显增强，村民没有从经济理性走向政治理性，这种与常理相悖的现象使得村庄治理的转型都还只是一种趋势。[③]

贺东航认为林权改革对中国林区的乡村治理产生了重要的影响。一方面，村级民主发展过程中出现了一些新的积极发展动

① 张曙光:《如何破解中央与地方“土地博弈”困局》,《南方周末》，2008年6月4日。

② 黄宗智:《制度化了的“半工半耕”过密型农业》（上、下）,《读书》，2006年第2、3期。

③ 吴晓燕:《农地流转与村庄治理：变化与冲击——对成都市温江区黄石社区、红旗村的考察》,《土地流转与乡村治理——两岸的研究》，徐勇、赵永茂，北京：社会科学文献出版社，2010年。

向，包括村民民主参与和参选意识大幅提高，村级事务决策更趋民主等；另一方面，通过分析新集体林改实施过程中出现的群体决策失误问题，也表明新集体林改对村级民主发展的积极作用不应做过高的估计[①]。林改的过程应该由共同体成员全程参与和控制，只要严格遵守村民自治原则，村集体威信就有了进一步提高，反之则削弱。此外，在对农村水利等乡村公共事业的探讨中，罗兴佐认为在"后农业税时代"，乡村社会出现了两个明显的趋势：一是越来越多的水利设施进行市场化改革而成为市场主体；二是农村基层自治组织越来越弱化，正逐渐丧失组织农民的能力。这两个趋势的发展意味着，水利工程单位越来越与乡村社会分离，水利工程单位与个体化农户之间正失去中间组带而趋于断裂。[②]

（三）以"华中乡土派"为代表的社会学研究进路

"华中乡土派"致力于建构对当下农村社会及其转型过程的本土理解，凸显出"农村问题的深度描述和深度访谈"。吴毅在村治变迁中秩序与权威的研究中，从制度文本转向田野文本，通过对个案村长时期历史逻辑的梳理与建构，进行以村庄为载体的本土化研究。他认为影响村庄权威与秩序形态的基本变量是现代性、国家和村庄地方性知识，这三者互动表现出了不同的结构状态，进而形塑出不同时期乡村治理的不同状貌，表达出对 20 世纪中国村治历程的一种理解和阐释。[③]

---

① 贺东航、朱冬亮：《新集体林权制度改革对村级民主发展进程的影响——兼论新集体林改中的群体决策失误》，《当代世界与社会主义》，2008 年第 6 期。

② 罗兴佐：《税费改革后的农田水利：困境与对策——湖北荆门调查》，《调研世界》，2005 年第 11 期。

③ 吴毅：《村治变迁中的权威与秩序》，北京：中国社会科学出版社，2002 年。

贺雪峰从两个方面对乡村治理的社会基础进行了研究：一是对“自上而下”政策在农村实践机制的研究；二是对中国不同农村区域差异的研究，并引入了“村庄社会关联”的概念。不同地区的农民，相互联结的方式有差异，应对生产生活中公共事务的一致行动能力也十分不同，因此，不同农村地区适应“自上而下”政策、法律和制度的方式与能力也各不相同，且村庄内生秩序的能力也不相同，不同的社会基础使得乡村治理也有各自的独特性。[①]他在大古村的调查中发现，农民价值观的变化集中表现在农民本体性价值与社会性价值的观念转变上。通过分析农民价值观变化给乡村治理带来的影响，倡导新农村建设要特别关注农民的精神生活，加强农民价值观建设，重视农村公共空间建设等问题，为乡村治理提供正确的政策支持[②]。贺雪峰、董磊明通过考察村庄基本秩序状况及其维系机制、村干部的角色与动力机制以及乡村关系状况等三方面要素，将乡村治理分为四种类型：原生秩序型乡村治理、次生秩序型乡村治理、乡村合谋型的乡村治理、无序型的乡村治理，为抽象的乡村治理制度研究具体化，以及可以实证展开的经验研究提供了可能[③]。

刘涛、王震指出，从中国乡村治理的历史来看，中国乡村一直在国家主导下运作，只是国家有“前台”和“后台”角色之分

① 贺雪峰:《乡村治理的社会基础：转型期乡村社会性质研究》，北京：中国社会科学出版社，2003 年。

② “本体性价值”指人生存的根本性意义，“社会性价值”指人与人交往中的行为意义。参见贺雪峰:《中国农民价值观的变迁及对乡村治理的影响——以辽宁大古村调查为例》，《学习与探索》，2007 年第 5 期。

③ 贺雪峰、董磊明:《中国乡村治理：结构与类型》，《经济社会体制比较》，2005 年第 3 期。

而已。只要愿意，国家权力就能够顺利地将其触角伸向任何它想到达的地方。在国家权力与乡村社会权力的交锋之中，国家从来也没有退出治理过程，而是在不同的层面主导乡村治理，乡村治理在很大程度上取决于国家控制乡村社会的强度。[①] 贺雪峰、罗兴佐对宏村灌溉的供求均衡进行了研究，认为在乡村组织退出农村公共物品供给领域后，农村很可能普遍出现糟糕局面。因此，必须以国家强制力来保障农村公共物品供给，形成国家与村庄之间合作与互补的供给机制[②]。

（四）对乡村治理的政治学研究进路

徐勇对中国村民自治进行了系统研究，认为农村经济体制改革及相应的政治构架与农村经济社会发展基本适应，而“乡政村治”框架基本适应农村经济社会发展的要求。“乡政村治”将国家的宏观管理与村民的自主参与结合起来，有利于调动基层和村民群众的积极性。[③] 甘信奎认为，中国乡村治理模式大致经历了“县政乡治”模式、人民公社体制、“乡政村治”格局三次大变迁。目前，“乡政村治”模式面临行政化、权力二元化、城市化等诸多挑战，从“乡政村治”向“县政乡社”模式转换是一种必然趋势[④]。

现有对乡镇机构模式的探讨，主要集中在对乡镇自治、乡公

---

① 刘涛、王震:《中国乡村治理中“国家—社会”的研究路径——新时期国家介入乡村治理的必要性分析》,《中国农村观察》，2007 年第 5 期。

② 贺雪峰、罗兴佐:《论农村公共物品供给中的均衡》,《经济学家》，2006 年第 1 期。

③ 徐勇:《论中国农村“乡政村治”治理格局的稳定与完善》,《社会科学研究》，1997 年第 5 期。

④ 甘信奎:《改革开放三十年中国乡村治理模式变迁回顾与展望》,《前沿》，2008 年第 10 期。

所、简约乡镇和全能乡镇中具体哪一种模式应成为改革目标的论证上。有学者提出“强县、弱乡、实村”的设想，“弱乡”是指简化乡镇一级机构，变乡镇政府为县级派出机构[①]。陈少勇强调我国区域差别很大，目前还不能实行完全的乡镇自治和乡公所模式，政府在乡一级不能完全退出。应当建立小而能的乡镇政府，从管理型政府转变到公共服务型政府，奠定乡镇科学行政的基础[②]。

大量研究表明，乡村治理中公共事业建设和公共服务管理难以协调，公共资源难以有效整合。税费改革形成的财权中央化、事权地方化局面，使得乡镇和村两级自身财力匮乏，为本社区居民提供公共产品能力不足的问题凸显出来，一些村里的公共事务便处于无人管理的荒废状况中。[③]对此，徐小青认为，自家庭联产承包责任制实施以来，农村公共服务供给主体发生了深刻变化。其基本特征是供给主体不再局限于农村基层政府，而呈多元化发展趋势，龙头企业、农村合作经济组织等也扮演着重要角色。农村公共服务单纯依靠政府来解决是不现实的，必须依靠社会和民间力量，积极培育各级各类社会化组织。[④]

此外，一些学者如邓大才认为，目前对产权与政治关系的研究主要有三种进路：一是通过产权关系考察生产关系、社会关系和政治关系；二是将产权视为影响国家权力的重要因素；三是从财产权着手研究财产权与市民社会、民主的关系，但由于缺乏学

① 贺雪峰：《乡村研究的国情意识》，武汉：湖北人民出版社，2004年。

② 陈少勇：《关于当前我国乡镇机构改革实践走向的研究》，《福建师范大学学报》，2006年第1期。

③ 张晓山：《简析中国乡村治理结构的改革》，《管理世界》，2005年第5期。

④ 徐小青：《中国农村公共服务》，北京：中国发展出版社，2002年。

科共识，仍无法厘清产权与政治之间真正的关系，也无法合理地解释产权与政治的新变革，需要建立一个从政治学视角研究产权的解释模式和分析框架。[①]

（五）乡村治理的国际比较

不少学者进行了乡村治理的国际比较研究。赖海榕认为我国乡村治理存在着很大的缺陷，并采用治理分析框架，比较研究了中国与德国、匈牙利和印度的乡村治理状况，主要从经济发展水平与民主制度，政府间责任与权力分配，村与乡镇治理结构，乡村公共事业融资结构，以及乡村治理的监督机制等几个方面对于公共产品供给的成绩和问题进行了比较分析。[②]王培刚、庞荣通过考察美国阿拉斯加州具有多元文化与充权色彩的乡村治理方案，加拿大纽布朗斯维克省充满实验性质的“新乡村地区治理模式”，以及欧盟研究中心对欧洲乡村治理经验的比较，归纳出当前乡村治理所要强调的落实地方分权、尊重多元文化、增加地方居民参与基层决策机制以及凝聚力与动员乡村社区资本等建议。[③]

二、国外相关研究

（一）关于产权与国家关系的理论分析框架

任何社会要确立交易性产权的实施机制，都要支付比排他性产权更多的资源，要建立更为复杂的组织结构。自愿组织、市场

① 邓大才：《产权与政治研究：进路与整合——建构产权政治学的新尝试》，《学术月刊》，2011 年第 12 期。

② 赖海榕：《乡村治理的国际比较：德国、匈牙利和印度经验对中国的启示》，《经济社会体制比较》，2006 年第 1 期。

③ 王培刚、庞荣：《国际乡村治理模式视野下的中国乡村治理问题研究》，《中国软科学》，2005 年第 6 期。

和国家都可以安排制度创造所有权，但是“很难想象没有政府权威而可以推广这种所有权的实施”①。约翰·V·C·奈认为，从整个人类历史看，产权的初始配置状况通常源于以现有的技术保护产权，或那些有能力剥夺别人的人夺取了他们所能夺取的一切，然后以某种身份保护产权。随着市场交换的扩张，国家逐渐成为产权的保护和实施合同的第三方实施机制。在现代社会中，承担产权界定和保障功能角色的是国家。国家凭借其权力在全社会实现所有权，在产权制度的形成和实施中具有独特的优势。首先，产权的安全、稳定和延续性是产权产生激励功能的基本前提，国家为产权的运行提供一个安全、公正的制度环境。其次，国家能降低产权界定和转让中的交易费用，以较低的成本实行和确立产权。建立排他性的产权制度及产权的转让是资源配置效率的必然要求，但是过高的交易费用可能会阻碍这种产权制度的建立，政府在确定和实施契约的基本规则方面，作为第三方当事人，能通过建立非人格化的立法和执法机构来降低交易费用。最后，国家还能为产权的运作制定“游戏规则”，使资产的评估、度量、产权交易等环节具备一个统一的标准。

诺斯的国家模型为认识产权与国家的关系提供了一个理论视角。诺斯将国家引入到产权理论的研究中，在他看来产权的界定需要国家，而国家并不是“中立”的，因为它既要追求统治者的租金最大化，又要降低交易费用以使全社会总产出最大化。这种冲突，不仅导致不同的产权制度安排，也造成国家自身的行为矛盾，进而会影响国家的兴衰。国家作为一种制度形式，在暴力方

①〔美〕道格拉斯·诺斯、罗伯特·托马斯：《西方世界的兴起》，厉以平、蔡磊译，北京：华夏出版社，1999 年。

面具有比较优势，在产权的界定和保障中具有不可替代的作用。国家拥有疆域内排他性和强制性管辖权，除非移民，否则居民无法退出管辖；即便逃离本国，别国也没有义务接受，而且私人第三方实施者缺乏司法效力。中央政府垄断对暴力的合法使用权，如果暴力潜能在公民之间进行平等分配，便产生契约性国家；如果暴力潜能在公民之间的分配是不平等的，便产生掠夺性或剥削性国家，从而产生统治者与被统治者、剥削者和被剥削者。

国家权力介入产权安排的形式和程度，直接影响到产权制度的有效性。现代意义上的产权制度离开国家是无法建立的，但历史和现实中的无效或低效率的产权，又或多或少是与国家相关的。国家利用法律和宪法制约利益集团，通过重构产权实现财富和收入的再分配。国家的存在提供了一种制度装置，能够增强人们的合理预期，它既是有效产权形成的促进力量，也要对历史上存在的无效的产权制度负责。因为政府是由人组成的，会受到个人效用最大化动机的驱使，因此由人组成的政府也存在“经济人”的属性，它的利益并不必然与社会利益、公共利益相一致，也会有机会主义倾向，也要实施内在和外在的控制。政府国家作为权力的拥有者，只要权力存在，其权力就可能出现滥用，权力扩张的可能性就必然存在，政府也会利用自己的“代理人”特权乘机“设租”与“寻租”，产生利己主义行为。基于国家的“经济人”特性，诺斯指出国家的存在是经济增长的关键，然而国家又是人为经济衰退的根源，为了自身的利益可能选择低效甚至无效的产权安排，从而出现所谓的“诺斯悖论”。因为一种产权安排存在的依据，在于产权收益大于运作的成本，符合这样条件的产权安排是多样的，在多样产权安排的选择过程中，决策者的偏好至关重要。在统治者的偏好的特定效用函数中，除了经济因素之外，还有政治因素、意识形态等。由于政府与市场、社会公众也存在信息不对称，许多公共政策实际上是在信息不完全的情况下做出的，以及各种公共决策体制及方式（投票规则）的缺陷，也会出现诸如费尔斯顿称为“政治过程中固有的近视”，在公共产品提供上的相对低效率，以及其他“政府失败”的情况。这种失败不仅会表现在政府一般性的经济干预中，也会表现在产权制度的形成过程中。“诺斯悖论”正是政府失败在产权干预上的一种表现。

关于此，巴泽尔从产权视角进一步探讨了两个论题：一是国家如何从制度提供中产生；二是如何约束国家，使之提供好的制度。国家的建立及其功能的发挥是与个体（后来是团体）的保护需求紧密相连的，个体必须建立一种机制以使这种保护得到最好的利用，这种机制在制度的形成上发挥了重要作用；同时，人们要想控制掌握暴力的保护者，也必须建立一个机制来约束、限制暴力者提供“好制度”，以使最初是“自然状态”的社会状态逐渐演化为一个法治国。[①] 巴泽尔从产权视角的政治分析，进一步深化了对“诺斯悖论”的分析，并将产权理论与国家理论联结起来。

产权具有对个人或是其他社会主体权利的保障功能，特别是对国家强权具有划界、对抗的功能，可以防止国家行政权力对个人或是其他社会主体财产的侵害。布坎南认为，私人财产或几个人共同占有的财产起到了自由的保证的作用，在很大程度上不受

①〔美〕约拉姆·巴泽尔：《国家理论：经济权利、法律权利与国家范围》，钱勇、曾咏梅译，上海：上海财经大学出版社，2006年。

政治决策或集体决策方式的影响。当然，其直接的隐含意义是，必须存在有效的宪法限制，这样的限制将有效地制止对法律界定的财产权的公开的政治性侵犯，对涉及财产转移的自愿契约性安排的公开的政治性侵犯。[①]哈耶克指出，产权的确定是个人对付强权的第一步，也是防止强制的根本条件，承认所有权是确定个人权益领域以保护人们对付强制的第一步。[②]此外，还有不少学者如霍布斯、奥尔森等都探讨过产权与国家之间的关系，他们分别提出了著名的“霍布斯国家理论”和“搭便车”模型等。

（二）关于现代治理的一般理论

乡村治理概念的提出与运用，与治理理论的广泛流行密切相关，也在事实上成为乡村治理的理论基础之一。20 世纪 90 年代，治理与善治理论成为西方学术界最具有影响力的理论体系和分析框架之一。治理理论（Governance）相对于传统的单一管制模式和统治型的社会管理模式，公共治理更加强调自由的价值，推崇诉求的多元化和彰显公共管理的公共性。治理理论主要有两条发展线路：一是世界银行针对发展中国家的援建项目无法发挥应有效益而提出“治理危机”的概念，并于 1992 年对“治理”做了政治学层面的解释：“运用权力对国家经济和社会资源进行管理的一种方式，其权力主体不仅有各种政府组织，还包括各种非政府组织以及私人企业和社会公众等各种利益相关者”[③]。以现代经济学为理论基础、在治理理论上发展起来的新公共管理理

①〔美〕布坎南：《财产是自由的保证》，《财产权与民主的限度》，罗利编，北京：商务印书馆，2007 年。

②〔英〕哈耶克：《自由宪章》，北京：中国社会科学出版社，1999 年。

③ 沈荣华：《地方政府治理》，北京：社会科学文献出版社，2006 年。

论（New Public Management），主张运用市场化机制提供公共产品和服务，核心理念是以市场为取向、重塑政府与公众的关系，在公共部门广泛采用私营部门成功的管理方法和竞争机制，并由重视效率转而重视服务质量和顾客满意度，从自上而下的控制转向争取成员的认同，以及争取对组织使命和工作绩效的认同。[①]另一条发展线路是战后随着公共问题的复杂化，西方发达国家开始了一场从“统治”到“治理”的广泛变革，强调私营机构、非营利组织和各类公民组织的作用。全球治理委员会 1995 年对“治理”进行了定义：治理是各种公共的或者私人的个人和机构管理其共同事物的诸多方式的总和[②]。詹姆斯 N. 罗西瑙（James N.Rosenau）在《没有政府统治的治理》《21 世纪的治理》等文章中，将治理定义为一系列活动领域里的管理机制，它们虽未得到正式授权，却能有效发挥作用。这些管理活动的主体未必是政府，也无须依靠国家的强制力量来实现。与政府统治相比，治理的内涵更加丰富。它既包括政府机制，同时也包括非正式的、非政府的机制，如必要的公共权威、管理规则、治理机制和治理方式。[③]在治理的运作中，不同组织与个人之间相互依赖、相互作用并且平等协商，将信任以及合作作为治理组织中的核心机制。

①〔美〕尼古拉斯・亨利：《公共行政与公共事务》，北京：中国人民大学出版社，2002 年。

②〔英〕格里・斯托克：《作为理论的治理：五个论点》，《治理与善治》，俞可平主编，北京：社会科学文献出版社，2000 年。

③〔美〕詹姆斯 N. 罗西瑙：《没有政府统治的治理》(*Governance without Government: Order and Change in World Politics*)，剑桥大学出版社，1995 年。罗西瑙：《21 世纪的治理》(*Governance in the Twenty-first Century*)，《全球治理》，1995 年第 1 期。转引自俞可平：《全球治理引论》，《马克思主义与现实》，2002 年第 1 期。

多中心治理理论也成为“治理革命”的重要理论基石。“多中心”（Polycentrity）[①] 概念，最早是由迈克尔·博兰尼 1951 年在《自由的逻辑》（The Logic of Liberty）中提出，以证明自发秩序的合理性以及阐明社会管理可能性的限度。奥斯特罗姆等通过对局部公共事务治理的自组织机制，以及公共经济生产与消费属性的多年实证研究，运用制度理性选择学派的观点，以自主治理为基础，以多个权力中心或服务中心并存为特征提出多中心理论[②]，使之成为公共物品的生产与公共事务的治理模式之一。

20 世纪 90 年代末，西方国家尤其是英国开始了一场新的寻找“公共部门协调与整合机制”的改革运动，试图通过从分散走向集中、从部分走向整体、从破碎走向整合[③]，克服先前新公共管理运动所带来的负面效应之一，即部门中心主义和治理碎片化尤其是公共服务和政府责任碎片化问题，其主要特征就是“整体性治理”（Holistic Governance）。[④] 这一理论是以西方社会的政治与文化传统、发达的市场经济、成熟的官僚体制和市民社会为根基的，它概括的关于现代政府治理的基本原理和价值，如协同治理、整体性治理的系统思维方法与治理方式，也可能适用于乡村治理变革的实践，从总体上规划这一系统性的改革创新工程，包括治理的理念、模式和技术层面的整体性创新与改革，以及实现

①〔英〕迈克尔·博兰尼:《自由的逻辑》，冯银江、李雪茹译，长春：吉林人民出版社，2002 年。

②〔美〕埃莉诺·奥斯特罗姆:《公共事物的治理之道》，余逊达、陈旭东译，上海：上海三联书店，2000 年。

③ 竺乾威:《从新公共管理到整体性治理》,《中国行政管理》，2008 年第 10 期。

④ 胡象明、唐波勇:《整体性治理：公共管理的新范式》,《华中师范大学学报》（人文社会科学版），2010 年第 1 期。

公共利益最大化的乡村治理价值观。这些理论围绕公共品供给机制、政府间权责分配、规范化程序和监督等多方面进行的研究，对乡村治理中政府功能的体现、公共事务的开展、基层自治的完善等有一定的借鉴作用。

（三）全球治理视野下的乡村治理

20 世纪 90 年代以来，"全球治理"被运用在由于经济全球化而产生的国际政治经济事务中，特别是相对弱势的乡村与农业部门，以缓减全球化对传统乡村和农业部门的冲击。全球治理在其中的具体应用形成了乡村治理，乡村治理的内涵也呈现本土性和多元化，在居民生活中逐渐呈现出多元化与自治性。

随着全球化治理观念在发达国家的发展，农民的角色与价值不再只是生产作物者而已，他们更多地是被赋予维护世人所赖以维生的大地，与提供更高质量作物的使命（"Farmers are no longer valued as food producers, but also producers of landscape and quality products"）[①]。因此，"赋予农业新价值"的乡村治理模式认为农业新价值是欧陆可持续发展的原动力。欧洲国家提出的重要的农业政策之一就是说服农民在耕种过程中，改变过去的密集、化学与资本主义式的耕种习惯，使之融入永续发展与经营理念之中。这时，欧洲乡村的新价值便体现在能够为世人提供一个不受污染的农业生产基地和无尘世烦忧的世外桃源。

尽管乡村的观点与意见已经逐渐为世人所重视，但是在解决乡村发展问题时，也不能将社会议题抛弃在经济问题之后，或者

① Conference Information .2002 .*The Countryside in the 21th century -British -Germans perspective, Conference on rural Policy ,Rural Governance and Contemporary Countryside in Britain and Germany*, 3 ～ 7, September.

将两者分开来处理。“横跨乡村建设多领域与议题”的欧洲乡村治理模式的要旨在于，乡村政策应该超越农业本身，横跨多个领域与议题，例如：乡村建设投资与补助、乡村社会里的工业与农业问题、工作与失业、居家与健康、交通与社会服务以及水土资源维护与保育等议题。①

加拿大纽布朗斯维克省 1995 年通过“地方自治法案”，在检验地方权力结构与服务内容中发现地方服务地区（Local Service Districts, LSDS）与省级政府之间经常在权责、服务等方面发生冲突。为使这种冲突变为相互合作，该地方提出了一种具有实验性质的“新乡村地区治理模式”。这一模式“并不是推翻现有的地方行政机构，而是要鼓励地方政府积极演变（Evolution）成为更具有效率且彼此相互依赖的新乡村政府。”②

美国阿拉斯加州乡村地区的治理具有“社会充权（Empowerment）”的色彩与“多元文化主义（Multiculturalism）”的特色。1998 年成立“乡村治理与充权委员会（Commission on Rural Governance and Empowerment）”，厘清由州政府授权的地方政府与部落治理间的权责关系，增加对地方自主的权限与控制和鼓励尊重不同主张、传统与文化的特色，检验与改善目前提供的各项公共服务。在他们的“愿景声明（Vision Statement）”里，确认所有居民皆有权让地区更具“自主能力”与获得基本的公共服务，以及肯定这些多元文化、不同生活形态与社区类型所赋予的

① Michael Keating. *Regions and Regionalism in Europe*. UK: Edward Elgar Publishing, 2004.

② 周云清、王培刚:《全球乡村治理视野下的中国乡村治理的个案分析》,《社会》, 2005 年第 6 期。

“生命力”。①

印度 1992 年通过第 73 号宪法修正案即“潘查亚特草案”，开始了真正意义上的财政分权和地方治理改革。古印度的潘查亚特是管理村社的自治组织②。在半殖民地半封建社会时期，英国积极在乡村地区培育其代理人——中间地主阶级，取代了传统的“潘查亚特”成为基层统治组织。“73 号宪法修正案”确立了中央、邦和农村地方自治政府三级财政政权，农村地方机构即农村潘查亚特制，通过下放权力和责任，使其拥有了地方自治功能，形成了以分权决策和参与治理为特色的潘查亚特制乡村治理模式。

（四）关于中国农村产权和乡村治理的研究

Scott Rozelle 和 Guo Li 分析了中国村干部和土地所有权的形成机制，指出村干部与农民的关系、村干部与上级部门的关系都将影响村干部的个人行为，最终影响土地所有权的形成③。他们与 Jacoby Hanan G. 还利用从中国东北普通农村家庭收集的数据，验证了中国农村村级土地再分配所引发的投资与土地所有权风险④。Marco Casari 回顾了 13 世纪到 19 世纪意大利阿尔卑斯地区土地产权与乡村治理问题，分析了土地管理机构演变是如何提

① ARDOR Activity Report.1998.Community Advocacy, http://www.dced.state.ak.us/dca/home.htm.

② 潘查亚特（Panchayati）在印度古代称五老会，在印度独立以后称评议会或委员会，它是管理印度农村的一级组织。现代的潘查亚特制是指邦政府以下由选举产生的农村基层政府体制。

③ Rozelle, Scott and Guo Li. “Village Leaders and Land-Rights Formation in China.” *American Economic Review*, 1998（5）.

④ Hanan G. Jacoby, Guo Li, and Scott Rozelle. “Hazards of Expropriation: Tenure Insecurity and Investment in Rural China.” *The American Economic Review*, 2002（5）.

高资源利用率的[1]。此外，美国人类学家格尔茨（Chifford Geertz）的内卷化理论，黄宗智将它应用于中国经济发展与社会变迁的分析，以及舒尔茨（Theodore W. Schultz）对于中国农业集体化和现代小农经济局限性的分析中，都有利于拓展乡村治理的研究。

由上述可见，现有研究基本认同乡村治理的难点在于如何协调国家权力、自治权力与民间力量的关系。从演化博弈与均衡的视角来看，在城乡二元体制和城市化的特定阶段，农村需要国家承担相应的责任和投入，农民也需要乡村共同体的保障和公共品的提供，关键在于国家、集体和其他主体与农民的利益关系如何构造与治理。因此，需要对国家、集体组织及民间组织等在乡村治理中的作用方式和作用机制，进行新的研究。如果说吴文藻、费孝通等开创了一种学术研究的“乡土传统”，国外的相关研究和实践提供了“全球视野”，那么作为具有典型“中国特征”的乡村治理问题，就将在这三者的融合与碰撞中进行有价值的创新。

第三节 基本思路和方法

在现代史上不乏乡村治理与建设的经验和教训。（1）乡村建设运动的先驱希望通过改造中国民众愚穷弱私的四大病根[2]，而

① Marco Casari. “Emergence of Endogenous Legal Institutions: Property Rights and Community Governance in the Italian Alps.” *The Journal of Economic History*, 2007（1）.

② 著名的“愚、穷、弱、私”，这是晏阳初观察后所发现的中国农村主要问题。1927 年，晏阳初在一篇《平民教育的宗旨目的和最后的使命》中写道，四万万民众 80% 不会读或写，这样的民众怎么能够形成一种明智的共同意志并真正参与到国家事务的管理中去？于是，公民和文艺、生计和卫生一起，构成了晏氏四大教育特征。参见李礼:《定州：远去的乡村理想》，2013 年 6 月 13 日，http://news. hexun. com 12013-06-131155092613. html。

使这片“文盲和苦力的土地”，成为充满“有知识的公民、现代的农民和技师”的“强大而民主的国家”。[①]在当时中国外有帝国主义的强权与侵略，内有封建势力的强大和压迫，而且新兴工业化力量极为弱小的时代条件下，这种文化启蒙式的“理性改良”注定是行不通的。（2）20世纪50年代的新农村建设中，在土地改革和合作化运动的前期，农村社会生产力取得了显著的发展，但此后却陷入生产关系与生产力相脱节的矛盾和困扰中。1956年实现合作化后，本应对高级社进行整顿，使之适应生产力的发展，但由于盲目追求“一大二公”，不断变革生产关系，最终实行人民公社体制，脱离了当时的生产力发展水平，阻碍和破坏了生产力的发展。[②]（3）1978年家庭承包责任制突破了脱离实际的集体经营体制，通过所有权与经营权相分离的产权安排，使得农村焕发出空前的生产力，生产得到大发展。随着市场经济体制的逐步建立，承包制所焕发出来的生产力，又提出了进一步的制度创新要求，需要进一步改革和完善农村生产关系，构建与新农村建设相适应的农村总体制度安排。[③]（4）发达国家在推进工业化城市化的过程中，十分重视乡村建设与发展。正是在20世纪50至60年代，德国、法国、美国、日本等国家兴起实施了乡村综合建设，如德国的“乡村更新计划”、英国的“新镇的建设”、美国的“新城市开发法”和“示范城市（镇）”实验计划、日本的“村镇综合建设示范工程”等，使农业与农村经济发生了巨大变

① James Yen. *How to Implement the American Policy for a"Strong and Democratic China"*, 1947.RAC.

② 涂文涛:《当代中国所有制结构变迁研究》，成都：西南财经大学出版社，2002年。

③ 谭洪江:《我国农业制度变革的根源和思路》,《农业经济问题》,2002年第7期。

化，逐步实现乡村与城市，农业与工业的协调发展。[①]（5）日本、韩国、中国台湾等在最初的土地制度改革时，实行平均地权的政策，但结果导致资源配置不当，严重削弱了农业的发展后劲，之后进行了诱导和推进土地流动和集中的政策，在农地小规模家庭占有的基础上发展协作农业，扩大经营规模，鼓励农地占有权、使用权、经营权的分离，从而取得了较好的农业经济效应。[②]（6）韩国1970年开始的新村运动，尽管号称塑造了"勤勉、自助、协同"的农民，但事实上韩国的农民和农业至今仍然很脆弱，需要国家的补贴和保护，依靠所谓的"身土不二"号召国民消费本国的农产品，很难说摸索出了一条独特的农业发展之路。新村运动的实质，是其"三农"问题在城市化中得到缓解而已。[③]

从这些历史经验和教训中，我们可以得到若干启示：一是乡村建设最终要依靠较高的生产力和经济发展水平才能成功。乡村建设始终要围绕解放和发展农村生产力，那种仅以思想启蒙和文化伦理重建为主要内容的乡村建设运动是难以取得实质性成效的。二是乡村建设不能仅仅依靠外部输血取得暂时的繁荣，而要以调整生产关系为先导，致力于内生发展机制的构建，以此促进农村生产力的发展。三是乡村建设必须坚持生产关系一定要适应生产力的基本原理。既不能脱离生产力发展阶段随意调整生产关系，也不能因为生产关系调整兹事体大，面对生产力水平和生产

① 曾建民、彭玮：《略论发达国家农村建设的政策与措施》，《江汉论坛》，2006年第12期。

② 韩鹏、许惠渊：《日本农地制度的变迁及其启示》，《世界农业》，2002年第12期。

③ 董向荣：《韩国新村运动经验的局限性与启示》，《国际经济评论》，2008年第1期。

条件的变化而无所作为。四是乡村的发展不仅提出了新的生产关系创制的要求，而且需要以类似社会主义新农村建设、城乡发展一体化这样的政策变革为契机，构建新型的以土地关系为核心的农村生产关系，以及建筑其上的新型乡村治理机制，使乡村的存在与发展获得系统性的解决方案。

农村产权制度与乡村治理机制的变革和发展，离不开一定的制度环境。正如戴维斯和诺斯所言，制度环境是一系列用来建立生产、交换与分配基础的基本的政治、社会和法律基础规则，而环境变动将导致在菜单内的重新选择，即便现在的安排已经早在运行之中。[①] 制度环境对于具体的制度创新而言是外生的，一方面，制度的强烈震动会引起社会的失范，使得具体的制度创新无从揳入，因此创新需要一个制度环境的相对稳定期；另一方面，制度环境的变动也会继发引起具体制度的创新和发展。经过三十余年的改革开放，我国社会主义政治、经济和社会制度蔚然成形，既为制度创新提供了相对稳定的制度环境，又因深化改革开放而留有相当空间。近十余年来，关于“两个趋向”的论断[②]、建设社会主义新农村、城乡发展一体化等一系列新的国家治理理

① Davis, Lance, and North, Douglass C. “Institutional Change and American Economic Growth: a First Step Toward a Theory of Institutional Innovation.” *J.of Econ. History* 30.1979.

② 在 2004 年 9 月中国共产党十六届四中全会上，胡锦涛提出关于“两个趋向”的论断，即“纵观一些工业化国家的发展历程，在工业化初始阶段，农业支持工业、为工业提供积累是带有普遍性的趋向；但在工业化达到相当程度以后，工业反哺农业，城市支持农村，实现工业与农业、城市与农村协调发展，也是带有普遍性的趋向”，并指出从总体上看，中国已经进入了以工促农、以城带乡的发展阶段。参见范伟：《建设社会主义新农村：事关全局的重大历史任务》，2006 年 2 月 21 日，http://cpc.people.com.cn/GB/47816/4127061.html。

念，将提供这种向好的“环境变动”，“三农”问题和乡村治理因之将获得“菜单内的重新选择”，有可能在新的制度环境下取得新的突破。

在城乡发展一体化背景下，农村产权制度并不是唯一和独立的产权形式，它必然要和城市等其他区域，以及不同性质的产权制度相联系，并产生不同产权主体之间的关系。而乡村治理的困境和问题，也一定要从农村产权制度的角度去寻求原因与对策。从政治经济学的观点看，农村产权制度是乡村治理的基础。农村产权制度变革与乡村治理，辩证地构成了社会主义新农村整体性建设的重大理论与实践课题。根据马克思理论的观点，产权的内涵实质是生产关系，生产关系的总和构成社会的经济基础，决定着社会的上层建筑，上层建筑又反作用于经济基础，而乡村治理恰恰是上层建筑在乡村的表现形式。因此，农村产权制度决定着乡村治理的发展变化；乡村治理的发展变化要适应农村产权制度发展变化的要求。乡村治理在农村产权制度发生变革的时候，会随之在组织形式以及治理结构上发生变化，而这些变化同时又会促进或阻滞农村产权制度的变革。在乡村治理的过程中，必须有效平衡和协调各相关利益主体的利益关系，有效保护利益博弈中的利益受损主体或弱势群体的合法权益，及时反映和协调他们各方面利益诉求，使他们享受到社会发展带来的好处，化解农村社会矛盾，确保农村社会稳定有序。

在产权经济学看来，经济的核心问题不是商品买卖（物的转让），而是权利买卖，“正是权利的价值决定了所交换的物品的价值”，因此产权是一种社会工具，其重要性就在于事实上它们能帮助一个人形成他与其他人进行交易时的合理预期，这些预期通过社会的法律、习俗和道德得到表达，产权的所有者拥有他的同事同意他以特定的方式行事的权利。[①] 描述体制中激励个人和集团的产权理论，界定和实施产权的国家理论，影响人们对客观存在变化的不同反应的意识形态理论，构成了制度理论的基石，它的使命在于说明经济结构和制度对于经济增长的影响，以及经济制度的发展演化规律。

从一般的意义上讲，制度可以被理解为社会中个人或团体共同遵循的一套行为规则。作为人类的社会属性，制度伴随着人与人之间生产、交换、合作、交往等经济活动而日益增多并趋于复杂化，它提供了人类相互影响的框架，建立并构成一个社会，或准确地说是一种经济秩序的合作与竞争关系，构造了人们在政治、社会或经济方面发生交换的激励结构。对于任何一个社会而言，制度的基础总是一组关于产权的法律规定，它界定了社会成员运用特别资产权利的范围。[②] 因此，产权是构成社会经济制度的基础性元素，也是市场交易有序进行的基本前提。

产权制度的变迁源于客观条件的变化。当客观条件发生变化时，就会发生由外部性、规模经济、风险和交易费用所引起的收入的潜在增加——外部利润。在现有的经济安排状态给定的情况下，这些利润是无法获得的。如果一种安排性创新可以将这些利润内部化，那么总收入就会增加，创新者可能在不损失任何人的情况下获到收益。即在产权没有或者不能充分界定的情况下，这

① 德姆塞茨:《关于产权的理论》,《财产权利与制度变迁——产权学派与新制度学派译文集》，科斯、阿尔钦、诺思等，上海：上海三联书店、上海人民出版社，2005 年。

② 此处为周其仁（2002）对 Bazel（1989）、Libecap（1989）、Eggertsson（1990）、North（1990）、Alston（1996）等的相关论述所做的概括。

些潜在的外部利润无法在现有的制度安排内实现时，人们总会寻求一种新的制度安排，以便抓住这些获利机会。这就是诱发产权制度变迁的经济学原因。因此，产权制度变迁源于外部利润内部化的动机，以外部利润内部化的实现而结束。产权制度变迁还取决于其预期收益和成本的比较，以及伴随资源稀缺程度的加剧而出现的价格关系的变化等。

但是，如果仅仅从纯经济角度分析产权制度变迁，显然难以得出令人满意的结论。一个社会产权结构的选择和变迁，除了产权的经济功能外，还要受到其他方面的影响:（1）政府对所有制的偏好及其所能给政治家带来的收益;（2）社会群体对一种产权结构或一项具体产权安排的接受程度;（3）促进外部性内在化的技术状况和技术创新;（4）在面对新的获利动机时，原有产权结构下的受益者和受损者可能做出的反应等。

在我国，集体产权（Collective Property Rights）是由集体所有制决定或具体化的产权形式。作为公有产权的一种形式，集体产权需要在社会利益、集体利益与成员利益之间协调平衡。由于现实中的农村集体产权来自于国家的强制性变迁和成员对利益的诱致性变迁，使其内部不得不包含着诸多主体及其利益因素，而这些主体和利益又无时不在政策调整中增减变动，它必然要关注国家权力的影响和内部成员间的权利分配，需要在社会利益、集体利益与成员利益之间协调平衡，而这正是乡村治理的核心命题。农村利益结构非均衡的存在，除了利益交换过程中的各种规则诱因外，其根源在于农村产权结构的非均衡。我们看到，由于产权结构非均衡的存在，使得农村土地产权与其他产权相比存在一个明显的“外部利润”机会，在城乡二元体制和城市化的特定阶段，乡村治理必然有潜在的制度需求，以引致乡村治理制度的变迁。这一制度变迁的关键在于国家—集体—农民以及其他主体的利益关系如何构造与治理。

乡村治理的有效与否与农村产权制度的有效性有着内在联系。产权制度的有效性，有利于治理主体形成必要的资源禀赋，构建有效的权利边界与作用机制，获取基于交易效率的产权制度的激励和约束，从而使得治理主体的利益诉求、行为符合产权制度安排的终极目标。一旦产权制度的效能不足，其对主体发挥激励和约束作用的动力机制将会被弱化，难以出现产权制度自身所预定的主体行为和结果，最终导致治理主体失效。因此，要走出农村产权制度与乡村治理的双重困境，既要把二者辩证统一起来分析，同时又必须把产权变革放在矛盾的主要方面，以求定分止争、各得其所，进而实现有效的乡村治理。在计划经济体制下，农村产权过于集中、缺乏个体决策和激励是主要障碍；在转型时期，集体产权与其他产权形式的均衡设置和平等保护则是更为突出的问题。

产权本质上是权利，以及围绕财产形成的权利关系；也是界定这种权利的工具和行动，从某种意义上也是一种基于财产的约定或者说是一种契约关系。契约的形成和履行需要相应的治理结构来支撑，不同的治理结构又都决定于不同的交易费用。理想的治理结构应该是能够节约交易成本的结构，不同的交易活动必须建立不同的治理结构与之相适应；究竟选择什么样的治理结构，取决于不确定性、交易频率和资产专用性程度。从更广的视角看，可以将农村土地产权制度安排看作是国家、集体与农民个人之间签订的一种不完全契约，契约的不完全性将导致合约双方从事机会主义行为，以增加他们获取准租的份额，以致最终导致交易的效率损失以及农业生产的效率损失。

乡村治理的实质，就是通过合理有效的产权制度和相应的治理规则，引导不同产权主体在利益博弈中实现妥协和均衡的过程。从产权的视角研究乡村治理问题，应当建立国家—集体—农民的基本分析框架，并从多元主体合作博弈的视角进行，寻找国家和乡村社会能够接受的一条道路，把乡村社会嵌入到国家关怀下，把国家的治理融入乡村发展中，实现社会的有机整合。基于博弈参与者的利益诉求和社会经济结构调整，必然以合作机制作为社会演进的关键因素，这也是实现乡村社会和谐发展的基本保证。在这种博弈与合作关系中，国家应当以责任替代控制，集体也不再是代理人而应是真正意义上的共同体。农村产权制度和乡村治理问题的关键是构建整体性的社会合作机制，探讨相关社会主体之间的合作关系及演化机制。

基于这样的基本思路，本书重点选取分析了农村产权制度与乡村治理的互动演进、农地产权主体化及治理机制、市场化条件下农地产权交易关系的治理结构、农村产权社会化及治理机制、乡村治理主体的内在逻辑与多重演进模式等问题来建构一个新的分析框架，并重点结合四川及有关实践案例做进一步阐述，从而形成了本书的分析结构与主体性内容。其中的基本观点主要包括：

（1）在现阶段条件下，乡村治理的核心命题体现为乡村治理各个主体之间的利益博弈和协调平衡，这为乡村治理的制度变迁提供了两条线索。一是产权制度安排，主要是指农村土地产权制度，这一制度变迁是农村问题的核心，也是农村矛盾的焦点；二是乡村治理主体，主要是指在特定产权制度阈限下，乡村治理主体的形成、选择及其资源禀赋的保证，构成乡村治理体制的主导因素。两者的特定关系和相互作用机制，既成为法律和政策层面推进乡村治理现代化进程的理论依据，又成为理解和评价社会主义制度下乡村治理绩效的主要依据。

（2）产权是协调各方面利益关系的边界，它的经济功能表现在能够对经济主体进行激励和约束，合理的产权关系能够有效降低交易成本，提高资源的配置效率，并协调各种产权主体之间的利益关系。乡村治理的实质，就是通过合理有效的产权制度和相应的治理规则，引导不同产权主体在利益博弈中实现妥协和均衡的过程。

（3）从产权的视角研究乡村治理问题，应当建立“国家—集体—农民”的基本分析框架，并从多元主体合作博弈的视角进行，寻找国家和乡村社会能够接受的一条道路，把乡村社会嵌入到国家关怀下，把国家的治理融入乡村发展中，实现社会的有机整合。在乡村治理当中，通过完善产权制度和相应的治理规则，构建国家权力、自治权力与民间力量的协调关系，既是国家现代化的基础，也是乡村获得现代化的保障。

（4）围绕不同属性和利益的乡村治理主体，会演化生发出不同性质的治理取向和治理维度，不同治理模式的发展阶段其实是由低级到高级、交叉演进的。乡村治理模式的发展路径，应当结合村庄传统和实际，根据不同村庄发展阶段和不同治理模式的契合性，针对地区差异性做出理性选择，采取相适应的治理模式和发展道路，才能实现乡村的多样演进与有效治理。

（5）善治取决于国家和社会的良性互动，依赖于政府管理和社会自治的协调配合。基于博弈参与者的利益诉求和社会经济结构调整，必然以合作机制作为社会演进的关键因素，这也是实现乡村社会和谐发展的基本保证。在这种博弈与合作关系中，国家应当以责任替代控制，集体也不再是代理人而应是真正意义上的共同体。农村产权制度和乡村治理问题的关键是构建整体性的社会合作机制，探讨相关社会主体之间的合作关系及演化机制。

本书无论在理论和实证分析部分，都综合运用多学科的社会调查与分析方法，梳理相关代表性研究成果，力求使研究接近真实的情形，真正找出问题的症结，实现预期研究目标。此外还主要采用了历史分析、案例分析等方法。历史分析方法着重于阐释产权视角下乡村治理的历史缘起和演进过程；案例分析方法着重于剖析农村产权制度改革和新乡村治理中的典型案例，并以此阐释农村土地产权和乡村治理的创新模式和作用机制。基于制度变迁理论和演化博弈分析，描述乡村各种经济社会主体之间的相互关系，分析农村产权制度和乡村治理的事实基础、组织变迁和未来发展趋势。

第四节　关于不足和后续研究的设想

当然，本书的主旨仍然在于构建一个体现融合与创新的理论视角和分析框架，以期更深入理解农村经济社会演进的内在规律和发展趋势，并丰富拓展经济学的相关理论及研究领域。虽然著者对农村产权制度和乡村治理的理论、政策与事实进行了社会调查和案例梳理，并获得了理论的启发和分析，但限于水平和能力也并不涉及所有的问题，对于政策和变革也没有提出更多明确的主张。进一步研究的方向包括:(1)如何进一步挖掘本项目理论分析框架的内在价值，仍然是值得探索的课题。特别是如何发挥产权和演化博弈理论对利益主体行为及其关系的分析优势，更有力地指出乡村治理的内在演化机制，进而提出中国特色的新乡村治理的内涵、机制和模式，既是一个难点也是理论创新的方向所在。(2)无论从历史和现实的角度，农村产权制度变革与乡村治理都极为复杂和有挑战性，如何在其中国特征、乡土传统与国际经验之间进一步归纳与融合是一个值得努力的方向。

第二章 农村产权制度变革的治理解释

本章从制度变迁的角度对农村产权制度进行历史分析，为建立“产权—治理”的理论框架提供历史经验和现实分析。本章简要考察了我国农村产权的制度性特征，从中归纳出国家—集体—农民的分析框架，对农村产权制度的变革与残缺特征进行了一个治理性的解释。

第一节 农村产权的制度性特征

在我国农业合作化运动中，虽然没有形成法律意义上的农村产权，但它以一种国家经济基础的形式——集体所有制的形式出现，从财产权利的角度看，集体产权在这一时期就已经形成，而且至今仍然主宰着我国农村社会经济政治形态。[①] 作者赞同集体产权并不是一种典型的物权概念，不需要也不能够去套用其他产权形态的特征，在实践中应当做出符合实际的概括。当前，我国农村产权制度的总体特征主要表现为：

首先，农村土地所有权是指一定范围内的农民集体对集体土地拥有所有权。集体所有权的主体是一定范围内的农民集体，某

---

① 刘金海：《从农村合作化运动看国家构造中的集体及集体产权》，《当代中国史研究》，2003 年第 11 期。

个成员或某部分成员不能成为集体所有权的主体，集体经济组织也不能成为集体所有权的主体。虽然集体所有权不可分割，但无论从经济意义还是法律意义来讲，集体所有权中仍然有农民个体的利益，集体与个体之间仍然保持着一定的利益一致性。在市场经济条件下，由于农村土地集体产权的分割，农民个体与农民集体更加明显地表现为相互区别的利益主体，农民个体有维护集体所有权的动力，也有从中索取个体利益的动机，农民个体与集体利益之间不一致的情形更多，利益关系变得更加复杂，使得集体产权的均衡构造变得更加困难。农村社区或集体的范围相对稳定，但农村人口不断变动，包括新生人口和人口迁移等，决定了农民集体是个静态与动态相联系的，具有不确定性的概念。农村土地既然不属于任何农村集体组织中的个别成员所有，也就并不因集体经济组织中个别成员的变动而引起集体土地所有权的变动。

第二，集体土地所有权一般是由一个有形的、个人联合起来的、具有法人资格的集体经济组织来行使的。农业集体经济组织和农民集体是两个不同属性和层次的概念，农村集体经济组织对集体土地不享有所有权，尽管农村集体经济组织以及村民委员会或村民小组也是由许多农民组成，但并不等于农民集体本身，只能说是集体所有权主体的代表或行使主体，或者说是集体土地的经营、管理者。这必然出现土地产权运行和实现中的所有主体与主体代表或行使主体的既统一又矛盾的关系。

第三，集体土地产权与承包经营制度是相互依存的。土地所有权和土地使用权构成农村产权制度的主要内容，在我国现实国情条件下，农民拥有的土地承包经营权是集体土地所有权的派生权利，其根源在于农民土地的集体所有权。但由于农村土地所有权是一种集体共享的权利，无法直接分割，平均分配的土地承包经营权就成为农民拥有所有权的一种实现形式，拥有土地承包经营权也就意味着享有集体土地的所有权。

关于农村产权的内涵和特征，学者们的分析和表述各不相同。作者认为应当包括这几层意思：（1）集体的本义是指为了共同利益而结合在一起的人的团体。集体产权（Collective Property Rights）是由集体所有制决定或具体化的产权形式，它建立在集体所有制基础上，必然要反映社会上一部分人共同占有他们所拥有的生产资料和生产成果的关系。作为公有产权的一种形式，集体产权需要在社会利益、集体利益与成员利益之间协调平衡。（2）集体产权是集体成员在集体中的成员身份具有的经济权利束的综合体现。一个人要拥有某种集体产权就必须首先确定自己的集体成员身份特征，成员权成为界定集体产权的基本准则。（3）集体产权不仅具有对非集体成员较强的排他性权利，而且具有集体成员间的排他性权利。集体之间或者说相对于集体内外而言，集体财产权利的边界是清晰和明确的。（4）集体意志是集体产权行使的前提，集体所有权的实质意义在于所有权由本集体成员平等民主地决定。（5）现实中的集体产权来自于国家的强制性变迁和成员对利益的诱致性变迁，它必然要关注国家权力的影响和内部成员间的权利分配。（6）集体产权与私人产权和国有产权一起共同构成基本的产权形式，在其性质和作用上必然要和它们相区别，从而保持自身特有的存在价值。（7）集体产权能够存在发展，也有赖于多种经济成分的相互影响和相互促进。正如计划经济时期的集体经济名存实亡，随着市场经济和家庭经营的兴起，集体经济才真正有了活力。从某种意义上说，集体产权只能存在于多种产权并存的时期。

第二节 治理视角下的农村产权制度

制度经济学认为产权制度是最基本的制度，产权制度直接决定了一个社会中交易费用的高低以及经济、政治组织形式的替换，或者说导致了治理的变化。从某种意义上讲，制度就是治理机制。[①] 产权制度的结构性配置和实施，意味着治理权力的分配和运行，体现着整体治理结构。由于这种产权制度的结构性配置本身也是治理所选择的工具，很多产权规则都是根据整体治理结构形成的，效率考量以及其他因素的考量均可内化于治理结构之中，成为治理结构的组成因素。因此，产权制度可以而且应当通过治理视角而得到解释，整体治理结构是产权制度的重要政策基础。[②]

从治理的视角看，治理是产权结构变动的原因，产权是实现治理意图的工具。阿姆拜克提出的“强力制造权利（Might

---

①〔美〕奥利弗 E. 威廉姆森:《治理机制》，石砾译，北京：机械工业出版社，2016 年。

② 朱虎已经注意到法律与治理之间所具有的紧密联系，指出法律是治理的工具之一，这样就在治理中形成了一种“通过法律的治理”（Rule by Law）的法律工具主义观念。对于农地法律制度的实施而言，学者的研究已经注意到这一点。赵晓力（2000）通过对 20 世纪 80 年代以来中国基层法院处理农村承包合同的方式的细致研究，证明了土地承包合同不应仅被看作“农户与村集体之间民事法律意义上的租佃契约，在实践中，合同还成为地方政府和乡村干部治理农民和农村事务的一种新方式”。参见朱虎:《农地法律制度的变迁与村社治理——一个历史性的解释框架》，《私法研究》，2010 年第 1 期。

Makes Rights）”，就是一个重要的产权界定思想。[①] 国家既是界定产权的主体，也是最大的治理主体。作为界定产权的主体，国家并不能追求理想产权形式的一劳永逸；作为治理主体，国家追求的目标是社会的稳定和发展，而社会也不是一成不变的。国家一刻也不会放弃对于利益的调整，这是它的职责，通过制定涉及不同群体利益的政策，实现其治理目标；而产权和治理互动周期的长短，则取决于对解决必要性的认识和共识程度。因此，治理总会是依情势而不断变化的，治理视角下的产权也必然是不断变动的，这就注定了产权与治理注定始终是在变动中互相作用的。相对稳定、静态的是法律或契约明确规定的特定产权，而实际中的产权界定只能是一个动态博弈的过程。

但作为治理工具的产权变动，与巴泽尔所指产权界定的演进还是有所不同的。按照巴泽尔的理论，产权的界定是一个演进过程，每一次的交换都改变了产权的界定。经济条件总是处于不断变化中的，均衡产权的界定也随之在发生变化。[②] 随着商品各种属性的价值不断变化，随着产权界定的测算成本与保护成本不断增减，人们会相应地对产权进行重新界定。[③] 由于存在信息成本，任何一项权利都不是完全界定的，没有界定的权利把一部分有价值的资源留在了“公共领域”里，使得人们竞相花费资源去攫取

① Umbeck, J.1977. “The California Gold Rush:A Study of Emerging property Rights.” *Explorations in Economic Histoty*, 14, no, 2.

Umbeck, J.1981. “Might Makes Rights: A Theory of the Formation and Initial Distribution of Property Rights.” *Economic Inquiry*, 19, no, 1.

② 巴泽尔：《产权的经济分析》，费方域、段毅才译，上海：上海三联书店，1997 年。

③ 同上。

它。所以在最一般意义上，产权的界定和变动总是一个动态的演进过程。在巴泽尔那里，产权变动的原因主要来自经济条件、界定技术而非治理的考量。

从我国农村产权制度的变迁中，可见这种“治理性改进”是始终存在的。农村产权作为关于地权划分的主要方式，从一开始就与国家对于乡村的治理存在天然联系，因为在乡村社会中，土地的控制权意味着在农村的社会权力，对于地权的划分意味着农村中治理权力的划分。国家对于乡村治理的途径和目标不同，就会影响到土地权利的具体规范设计或调整，进而影响到治理权力的划分。[①] 张厚安等曾对我国农地制度变革 60 年的基本经验与教训进行了系统梳理，指出农地制度变革应该与经济社会政治形势相适应，这实际上体现了农村产权制度的变革，总体是出于国家对乡村治理需要的回应。[②]

农村产权制度本应是集体本位的，对内是集体和农民的利益关系，对外是国家和集体的利益关系，但事实上这种产权形式是由国家、集体、农民共同构造出来的。“土地属于集体所有”糅

① 朱虎:《土地承包经营权流转中的发包方同意》,《中国法学》, 2010 年第 2 期。

② 张厚安等指出，在农地制度变革中不能将解决临时性问题的政策长期化，而将立足于长期性问题的制度动态化。前者如 50 年代中期为解决粮食短缺和粮价过高问题，采取计划收购和土地公有的政策，却被当成根本制度而长期化。为了解决工业化和城市化的资本问题，国家通过剪刀差、城乡差别制度获取农业、农村的剩余，这本是阶段性的政策却长期化制度化，直到筹集资本的任务完成还在继续。后者，如农地所有权制度是核心问题，应由国家的根本大法——《宪法》予以规范和保障，不能轻易调整，但实践中往往为了临时性、应急性的问题而临时化。这是一种“长变短、短变长”的政策与制度互动。作者认为，“政策”在这里几乎就是治理的代名词，反映出农村产权制度很多情况下是短期政策长期化的结果。参见张厚安、徐勇、邓大才等:《大陆农地制度变革 60 年的基本经验与教训》,《土地流转与乡村治理——两岸的研究》, 徐勇、赵永茂主编，北京：社会科学文献出版社，2010 年。

合了公法层面的治理功能、生存保障功能以及私法层面的市场化私权功能。[①]这一框架不仅有传统根深蒂固的原因，也可以在当代历史变迁中得到印证。乡村治理的含义，不仅包含着国家权力，也包含着农村社区公共权力在乡村地域中的配置、运作、互动及其变化。[②]同时，农地制度的安排创新应该有内生的需求并获得农民的拥护，农地制度安排应该兼顾农民与国家的利益[③]，这从一个角度反映出国家、村社与农民在农村产权变革中的角色和作用。在农村产权制度变迁中，国家的主导作用和影响一直存在，但也并非唯一起作用的因素。根据制度变迁的分类和概括，这一变迁过程既有强制性也有诱致性的阶段特征。以人民公社集体所有制为分野，农村产权制度的变迁总体上经历了两个阶段：前一阶段总体是根据国家对建立社会主义制度的考虑，伴随政治运动、意识形态的不断深入而进行的，其特点是取消个人产权甚至较小的集体产权利益，所有制的性质发生了根本改变，建立了

① 刘连泰:《“土地属于集体所有”的规范属性》,《中国法学》，2016 年第 3 期。

② 吴毅、贺雪峰:《村治研究纲论——对村治作为一种研究范式的尝试性揭示》,《华中师范大学学报》，2000 年第 5 期。

③ 张厚安等认为，农地是农村中的核心资源，农地制度是农村的核心制度，其变革必须有内生的需求，而且也必须获取农民的拥护和支持，制度的安排要尊重农民的意愿，否则会适得其反，难以成功。回首 60 年的大陆农村土地制度变迁，什么时候制度能够兼顾农民的利益，制度运行效果就比较好，制度设计目标就能够实现，如果完全忽视农民的利益，只顾国家、集体的利益，合作化与集体化就是没有考虑农民的利益，没有征求群众的意见，没有考虑农民的承受能力，所以遭受农民的抵制，被农民所抛弃。而第一、三轮改革是应农民的需要而出台的，考虑了大部分农民的利益，因此很受农民欢迎。所以，60 年农地制度变迁的教训是：制度安排必须兼顾国家与农民的利益，制度必须能够保护农民的利益，甚至要将农民利益放在首位。参见张厚安、徐勇、邓大才等:《大陆农地制度变革 60 年的基本经验与教训》,《土地流转与乡村治理——两岸的研究》，徐勇、赵永茂主编，北京：社会科学文献出版社，2010 年。

“一大二公”的人民公社所有制，因而总体上属于强制性的变迁。在后一阶段，集体产权体制在达到其高度集中的历史“顶峰”后逐步放松，实质上是受到相对较小范围的集体利益，以及农户利益和个体利益的诱致而发生的渐变，“三级所有”和“包产到户”早在 20 世纪 60 年代初就已经出现，因而总体上属于诱致性的变迁。作者认为，这种变迁模式是与渐进式改革和市场经济发展相适应的，体现了不同利益主体相对平等的合作式博弈和同意一致性，是增进制度变迁效率的有效途径。

制度变迁是多个利益主体相互博弈和多种因素相互作用的过程。布坎南指出，交易总是在一套规则的范围内发生的，如果人们一致同意对规则做出变动，那就标志着根据先前定下的一套现存规则，所达到的结果或预期会达到的结果要小于按修改过的规则来进行交易所产生的结果，因此一致性是检验效率的最终尺度。同意一致性增进则制度变迁效率增进，反之则效率降低。制度变迁的达成与否，取决于参与各方依据自身标准对预期绩效进行损益评判后做出的响应。若各方一致同意对制度做出某种变动，则变迁的结果必好于原有制度，新制度比旧制度更有效率。同意一致性的实质在于制度对参与博弈的各方利益的均衡构造，表明制度变迁的总体收益大于总体成本。①

以家庭承包责任制为标志的农村产权制度变迁，由于承包经营权的出现，不同利益主体之间进行了合理分割，形成了“交够国家的、留够集体的、剩下都是农户自己的”的利益均衡构造，创造性地获得了不同经济当事人“同意的一致性”，因而迅速实

① 布坎南：《实证经济学、福利经济学与政治经济学》，《法学与经济学杂志》，1959 年第 10 期。

现制度变迁并取得了显著的创新绩效。几乎所有的事实和文献资料都表明，农地家庭承包制度的确立，大大推动了中国经济的增长，无论是国家、地方政府、社区抑或是农民甚至是城市居民，通过制度变迁都获得了额外的收益。① 这都说明了一个国家、集体和农民利益一致性的产权与治理演进方向。

第三节　农村产权制度变迁的治理性解释

在中国前现代社会或者说传统中国的农业社会中，小农经济是主要的经济形态。小农不仅分散，个体力量小，小农社会也相对封闭，缺乏治理者所警惕的集体行动能力，由国家直接面对小农实施治理是不必要、也不合算的。这时乡村社会的产权结构，国家保留“溥天之下，莫非王土；率土之滨，莫非王臣”② 的象征性“所有权”，实行封建的地主所有制，借助于一个地方精英群体，他们与村社共同体成员形成租佃关系，收取地租，实现对于地方的整合。国家把地方精英作为“国家经纪”，承认其土地产权和地方性治理权力；而地方精英要获得产权和治理权力，也必须借助于国家权力，这就形成了国家、村社（地主阶层）和农民的产权建构和治理框架。1948 年以前，我国的基本农地制度是私有制，土地所有权集中于地主阶层，土地使用普遍实行租佃制，土地的使用权与所有权基本上是分离的。

1949 年之后，为了兑现土地承诺和使新政权得到农民支持，

① 张红宇:《中国农地制度变迁的制度绩效：从实证到理论的分析》,《中国农村观察》, 2002 年第 2 期。

② 语出《诗经 · 小雅 · 谷风之什 · 北山》。

通过 1950 ～ 1952 年的土地改革运动，建立了以“耕者有其田”为特征的农民土地所有制，土地的使用权和所有权统一为一体，“有权自由经营，买卖和出租”[①]。农民土地所有制仍然是私有制，并不符合当时关于消灭私有制的正统主张，但是出于治理的需要，这一区别被灵活修辞暂时解决了。在这个制度变迁中，农民的土地所有权并不是私有制时代习俗权自然延续的结果，也不是市场交易的结果，而是国家政权对旧社会土地私有者进行剥夺之后重新分配的结果。[②] 也就是说，事实上国家从一开始在农村产权上，就拥有终极的主导权和分配权，而农民因之拥有实际的土地所有权，从而确立了国家—农民的新型关系。

出于工业化和农业集体化战略，从 1952 年起又在全国范围内开展了农业生产合作化运动。初期农民须以土地入股、集中统一经营，但允许农民以入股土地分红，其时所有权的主体依然是农民，但国家权力开始深入到村社共同体中。为筹集国家工业化所需的资本积累，必须对于村社共同体有更高程度的控制。为获取更大的治理效益，借着意识形态的认同，确立了高级社集体土地所有权，所有权主体由农民个人变为作为集体的高级农业生产合作社。集体拥有自身的集体财产，有对其财产进行统一经营管理的权利，并享有不完全意义上的利益分配权，但已经形成了传统意义上的集体产权。1958 年人民公社化运动中，进而实行“一大二公”“政社合一”为特征的公社所有制，而且“已经包含有

①《中华人民共和国土地改革法》第三十条。中央人民政府 1950 年 6 月 30 日颁布。

② 王金红：《大陆农地产权制度的核心问题与改革目标》，《土地流转与乡村治理——两岸的研究》，徐勇、赵永茂主编，北京：社会科学文献出版社，2010 年。

若干全民所有制的成分”。由于农民的积极性被挫伤，1960 年代初又调整为“三级所有、队为基础”的集体所有制。在国家主导的农村集体所有制变革运动中，国家自然地嵌入了农村产权结构，而集体是模糊和不确定的，农民则是参与集体农作并无实际产权的。集体产权之所以被“有意的制度模糊”①，是国家多重治理目标与集体权利折中的产物。由于“三级集体所有制”对较小的集体的恢复，伴随着国家权力的介入又产生了村社共同体治理权力的分享者——基层组织管理者，这种国家—集体（村社）—农民的关系体制正式形成，并保持了一个较长的时期。

但与此同时，国家控制农村系统的费用指数比收益指数增长得更快②，不仅国家的治理成本在上升，还出现了土地产出的低效率。国家通过尽快对乡村社会的全面改造和农业生产过程的全面控制，将个体小农全面纳入国家治理的链条，但农民在体制内外寻求生存的日常策略的广泛存在，已然构成了对国家治理要求的消极对待，到集体化末期已难以为继。在改革开放初期，国家认可并推广了家庭承包制的政策，农地所有权仍然归集体所有，但把使用权划分出去，因为集体是抽象和模糊的，所以集体权利的损失并不引起阻碍，农民获得了越来越有保障的土地承包经营权，基层组织管理者作为集体土地所有权的行使主体，获得了通过行使集体土地所有权进行治理的权力。这样，农村产权再一次因为治理需要而被重新建构。这一独特的制度安排既没有取消集

①〔荷兰〕何·皮特:《谁是中国土地的所有者?》，北京：社会科学文献出版社，2008 年。

② 周其仁:《中国农村改革：国家和所有权关系的变化》（上），《管理世界》，1995 年第 3 期。

体层次的产权，也没有从根本上触动土地的集体所有制，家庭承包经营又提高了农民的生产积极性，较好地解决了人民公社时期没有很好解决的粮食问题，从而易于为政府和农民所接受，稳定了农村生产关系。在农村改革之后，国家对农村社会的渗透虽然从形式来看不再采取直接管理与安排的方式，但农民被国家以物质利益间接动员的程度反而增强了，农民对国家意志的贯彻（如粮食征购任务）也丝毫没有降低，由于改革政策受到欢迎和取得的利益增进，国家的合法性程度也有所提高。因此，国家在农村改革过程中并非只是扮演了被动撤出和顺应民众意愿的角色，而是其治理能力被加以重组、置换和巩固的再生产过程。①

许多学者的分析表明，均分的土地制度是人口大国在社会保障机制不健全的情况下，实现“人人有饭吃”目标而进行的非常现实的制度选择，是整个工业化和城市化低成本快速推进，实现经济渐进式转轨的重要保障。但随之而来的，是基层组织管理者与村社共同体成员之间因为发包、承包以及流转、征地等出现了利益冲突关系，所以国家又对基层组织管理者的土地控制权加以限制、弱化并实行村民自治②，走上了不断稳定和保障土地承包经营权的道路。

---

① 李洁:《农村改革过程中的试点突破与话语重塑》,《社会学研究》, 2016 年第 3 期。

② 徐勇指出，村民自治作为一种历史过程，其发生与发展应置于特定的历史背景下加以考察，仅仅依靠自上而下的外部性力量，无法建构一个以农民为主体的乡村治理体系。公社体制废除后的村民自治制度，其实质是党支持农民当家做主，在农民的主动参与中确立其主体地位，并将分散的农民吸纳到国家体制中来，以此建立对国家的认同，达到国家治理与村民自我管理的协调。参见徐勇:《现代国家的建构与村民自治的成长——对中国村民自治发生与发展的一种阐释》,《学习与探索》, 2006 年第 6 期。

20世纪90年代以后，为了解决城市对劳动力的需求，国家默许农民绕过严格的户籍限制进城务工，农村人口持续大规模流向城市，这本可以带来农村人地比例改善、实行规模经营的契机；但为了避免所谓贫民窟对城市发展的影响，国家没有放弃工业化的城乡分治体制。与此同时，市场化的挑战，城乡差距的拉大，以及经济周期中的“失败退却”，使得小农更加离不开小块的土地。国家只得继续维系承包经营权，因为它不仅是农村生产方式的基石，甚至也是农民和农民工最后的生活保障。国家采取合作社的办法提高农业生产效率，事实上也鼓励承包地流转，并期望有条件、有能力的农民放弃承包地进城，但收效不大。前者因市场使小农更加算计，从而难以凝聚起合作所需的信任，后者因为承包经营权的权利结构和用途管制本不利于流转，而且城市化中土地价值的显化起了反作用。

回顾整个农地承包政策，从1984年“中央一号文件”的“15年不变”，1993年后的“30年不变”，《农村土地承包法》以来的“长期不变”，再到十七届三中全会决定的“长久不变”[①]，农村产权制度和政策经历了十分复杂而微妙的变化过程。这一过程中提到的“不变”就真的没变？答案当然是否定的，无论在提

① 1984年中央一号文件（《中共中央关于一九八四年农村工作的通知》）第一次以中央文件的形式规定了农村土地承包的承包期——15年不变，“延长土地承包期，鼓励农民增加投资，培养地力，实行集约经营。”1993年11月中央《关于当前农业和农村经济发展的若干政策措施》指出，“在原定的承包期到期后，再延长30年不变。”2003年实施的《中华人民共和国农村土地承包法》规定：“国家实行农村土地承包经营制度……国家依法保护农村土地承包关系的长期稳定”，由此确立农村土地产权的“长期不变”。2008年10月12日，中国共产党第十七届中央委员会第三次全体会议通过了《中共中央关于推进农村改革发展若干重大问题的决定》，“赋予农民更加充分有保障的土地承包经营权，现有土地承包关系要保持稳定，并长久不变。”

法、期限、力度、文件形式，还是对产权的实际影响都有变化。“不变”是指基本原则和基本制度不发生根本性变化，即集体所有制、家庭承包经营制仍然为物权法及宪法所确定，变的只是承包期限和方式，以及集体经营这一层的进一步弱化。集体产权制度是农村长期实行的集体主义理念的延续，具有典型的“路径依赖”特征，在降低制度变迁成本的同时增加了制度变迁的效益。事实上，现阶段赋予农民长期而有保障的用益物权——承包经营权，在某种意义上已经形成新的“路径依赖”。从过去看，政策中反复提出的“不变”其实无时无刻不在变，农村产权制度和承包政策经历了一个“渐变”的过程，也就是“政策不变”与事实之变。从现在看“长久不变”，似乎今后不会变了，但实际上真的是“不变”吗？要看到“长久不变”是一个根本性变化，完全不同于以前的“15 年、30 年或长期不变”，“不变”的结果却是导致了根本性变化。从今后看，农地政策真的不会再变了吗？随着生产力的发展要求，农地政策和制度安排还是会变，也必然会变，只是变得更加适合生产力发展需要。农村产权变迁中经典的“变与不变”，毋庸讳言，正是体现了最佳的“治理”辩证法。

第四节　农村产权制度的治理性残缺

在理论上，治理的改进会带来产权结构的优化；产权制度也有反作用，前一个治理行动制造的产权结构，影响了下一个治理行动的选择范围。这样，就形成了阿瑟（1988）和诺斯（1994）所指的路径依赖。在制度变迁中，存在着报酬递增和自我强化的机制，这种机制使制度变迁一旦走上了某一条路径，它的既定方向会在以后的发展中得到自我强化。在阿瑟（1988）看来，这些自我加强机制的结果会导致四个特性：（1）乘数均衡，即许多方式是可能的，其结果是不确定的；（2）可能的无效率——一种技术内含着比另一种失效的技术更好，这是由于在获取关联性时运气不好；（3）锁闭（Lock-in）——一旦达成，一种解决方案就很难退出；（4）路线依赖性——小的事件和偶然情形的结果可能使解决方案一旦处于优势，它们就会导致一个特定的路线。①

诺斯（1994）沿着阿瑟的线索进一步阐述到，一种制度矩阵的相互依赖的构造会产生巨大的报酬递增，而制度制约的顽强生存是一个制度的报酬递增特征的最好证据。一旦一条发展路线沿着一条具体进程行进时，系统的外部性、组织的学习过程以及历史上关于这些问题所派生的主观主义模型就会增强这一进程。如果不回顾制度的渐进演化，我们就不可能理解当今的选择，并在经济绩效的模型中确定它们。②制度变迁是否发生以及发生的方向，还在很大程度上受路径依赖的制约。我们看到，农村产权虽历经变革，却日益呈现出一种“锁定”的状态。集体制和承包制都是在过去的变革中逐步沉淀下来的。但正如周其仁（1995）所指出的那样，国家为了自身的利益或者一个比较稳定的治理局面，也会维持低效的产权，因为改变它的成本可能比维持它造成的损失还要高，从而出现产权制度变迁的锁定状态。

---

① 参见〔美〕道格拉斯·C.诺斯：《制度、制度变迁与经济绩效》，刘守英译，北京：生活·读书·新知三联书店，1994 年。阿瑟原文 Self-Reinforcing Mechanisms in Economics，载 *The Economics as An Evolving Complex System*（1988）。

② 参见〔美〕道格拉斯·C.诺斯：《制度、制度变迁与经济绩效》，刘守英译，北京：生活·读书·新知三联书店，1994 年。

现行的农村产权制度，既有对第一轮土地改革曾经个人私有的补偿和迁就，也有对人民公社集体所有的承认和虚化，实现了对既定制度变迁遗产的折中，它的合理性在于对国家、集体、个人权益等主要相关主体诉求的一种平衡，但也固化了一种制度变迁的路径依赖。这种路径依赖的特点，是以最大程度的同意一致性，维持一个并非建基于现代农地产权应然的科学构造，它很可能是一种在生产关系范围内最大可能的均衡，以及从制度角度对经济增长和生产力发展最大可能的顾及。它与城乡二元体制一样，可能是公有化运动与市场化改革的双重实践中取得的一种阶段性的最大可能性。由于小农产权的私有属性，国家曾站在集体一边，并使集体始终成为国家—农民利益关系的重要一方；但集体经营的效率缺失，使国家通过认可承包制创设的承包经营权，又站在生产者个人一边，并将集体的所有权和收益一并置于虚空；城市化使国家徘徊在自身利益与农民利益之间，而农业现代化哪怕只是最简单的适度规模经营，都还使国家徘徊于双层经营与家庭经营之间，从而认可承包权和经营权在事实上的分置；但最终，新农村建设、统筹城乡发展和城乡一体化又将国家责任进一步拉回乡村，国家—集体—农民个体的关系还将面临更深刻的重构。国家的始终在场，使之不得不成为强制性变迁与诱致性变迁相结合的典型范本。

从上述分析可见，农村产权的治理性特征，使其在理论上不大可能是一种完整的产权形式，但仍须分析这样一种庞大的集体产权存在，何以是“不大可能”完整的。如果从治理的视角，而非就产权看产权，其实是可以一目了然的。作为社会主义改造的产物，农村产权在意识形态上仍属于公有产权的一种形式，而公有属性的产权应当承担社会利益的责任，就需要在社会、集体和农民之间寻求均衡构造[①]。虽然国家的引入所造成的“所有权残缺”，对任何其他产权形式都是存在的。但是，在农村产权中，国家治理性利益的存在，导致了这种残缺之外仍有残缺的真实发生。也就是相对于其他产权形式的残缺而言，出于治理的需要它“不得不”残缺得还更多一些。在政府主导的改革中，由改革赋予农民的权利往往难以落实，以至于国家不得不做出很细致的政策规定，这反过来也形成了一些限制。治理的考量，在法律语境中往往通过“原则性规定”“管理性规定”“审批性规定”“限制性规定”“模糊性规定”等表现出来，或直接体现治理目标，或者留出治理干预的空间。一个处在“治理性改进”框架中的产权形式，它既不大可能稳定、也不大可能完整，这正是构建现代产权制度所面对的最大困惑。

考察我国农村产权制度，这种治理性残缺仍然是其十分显著的特征。农村土地所有权的残缺主要表现在法律的限制性规定，包括:（1）法律对集体土地的利用进行严格的用途限制，一般只能用于农业生产；集体土地一般不能买卖、抵押[②]，在被国

---

①《中华人民共和国农村土地承包法》第七条规定，“农村土地承包应当坚持公开、公平、公正的原则，正确处理国家、集体、个人三者的利益关系。”

②《中华人民共和国物权法》第一百八十四条规定，“下列财产不得抵押:（一）土地所有权;（二）耕地、宅基地、自留地、自留山等集体所有的土地使用权，但法律规定可以抵押的除外。”第一百八十条规定，“债务人或者第三人有权处分的下列财产可以抵押:（三）以招标、拍卖、公开协商等方式取得的荒地等土地承包经营权”。《中华人民共和国农村土地承包法》第四十九条规定，通过招标、拍卖、公开协商等方式承包农村土地，经依法登记取得土地承包经营权证或者林权证等证书的，其土地承包经营权可以依法采取转让、出租、入股、抵押或者其他方式流转。但其中不包含家庭承包方式。

家征用（征收）时只能得到较低的补偿。这表明集体对其所有的土地不仅缺乏支配权利，而且集体所有权在经济上得不到充分实现。（2）由于承包经营权的物权化，在占有、使用、支配等方面对集体所有权形成的制约。（3）集体所有权的行使主体及方式等，均已经由法律做出具体规定[①]。农村土地使用权的残缺，主要表现在与市场经济条件经典产权的要求相比：（1）这种用益物权必须通过承包合同[②]由双方约定才可取得，本身仍带有债权的属性；（2）由于集体土地所有权的残缺及承包经营权与所有权的内在联系所决定，这种所有权亦缺乏对农民个体使用权的有效保护；（3）法律对承包地使用和流转方式做了相关限定，使得农民的使用经营权不能充分行使，不仅在权利内容上存在欠缺，而且具体的权利结构也相对简单，不利于发挥出最大的使用效益。还要指出的是：（1）虽然“政社合一”的人民公社体制已不存在，但国家及基层组织对集体产权的干预和控制有其历史惯性。国家广泛而深入地介入农村地权关系，不仅可以从国家对地权关系的宏观决策上折射出来（如国家在农村建立基本农田保护区[③]），

①《中华人民共和国物权法》第六十条规定，“对于集体所有的土地和森林、山岭、草原、荒地、滩涂等，依照下列规定行使所有权：（一）属于村农民集体所有的，由村集体经济组织或者村民委员会代表集体行使所有权；（二）分别属于村内两个以上农民集体所有的，由村内各该集体经济组织或者村民小组代表集体行使所有权；（三）属于乡镇农民集体所有的，由乡镇集体经济组织代表集体行使所有权。”《中华人民共和国农村土地承包法》第二十六条规定，“承包期内，发包方不得收回承包地”，第二十七条规定“承包期内，发包方不得调整承包地。”

②《中华人民共和国物权法》第一百二十七条规定，“土地承包经营权自土地承包经营权合同生效时设立。”

③《中华人民共和国土地管理法》第三十四条规定，“国家实行基本农田保护制度。”

也可以在微观层面上体现出来（如国家向农民征地[①]），这就是国家权力直接介入了乡村。尽管家庭联产承包责任制时代的地权制度与人民公社的财产权制度有很大区别，但在权力地位最终决定地权归属这一点上，农村改革前与农村改革后没有实质区别。权力对权利构成现实和潜在的威胁，这是中国农村土地问题的总根源。[②] 由于国家实际处于最终拥有者的地位，不仅可以对农村产权进行干预，还可以在它认为必要的时候中止对农民或农民集体的产权让渡（如小产权房[③]）。政府干预既是产权残缺的原因，又造成了产权残缺的结果，使农地集体产权不能形成对政府权力的有效抗衡。（2）农村集体土地社会保障功能对生产功能的替代，实质上也是国家对集体产权的一种挤压，国家把应由自己负担的费用强加给集体土地产权，削弱了集体土地的生产功能，也是导致集体土地使用不足的原因。由于产权残缺，特别是法律对集体土地产权流转做了过多限制，使得集体土地在市场经济条件下，仍然保持着相对封闭和凝固的特征。虽然有利于稳定农村土地关系，但流转性不足，不仅不利于土地使用效率的提高，也不利于集体所有权在流转中得到经济上的实现。

上述残缺也导致了农村产权的非均衡特征，主要体现在四个方面：一是集体土地所有权和国家土地所有权不平衡。农村集体

①《中华人民共和国土地管理法》第二条规定，“国家为了公共利益的需要，可以依法对土地实行征收或者征用并给予补偿。”

② 张孝直：《中国农村地权的困境》，《战略与管理》，2000 年第 5 期。

③《中华人民共和国土地管理法》第四十三条规定，任何单位和个人进行建设，需要使用土地的，必须依法申请使用国有土地；但是，兴办乡镇企业和村民建设住宅经依法批准使用本集体经济组织农民集体所有的土地的，或者乡（镇）村公共设施和公益事业建设经依法批准使用农民集体所有的土地的除外。

组织享有的土地所有权在很大程度上不能自己支配物权，由于受过多法律限制变得残缺，不具有所有权一般意义上的绝对性，与国家土地所有权存在交易地位不平等，不符合权利平等的基本市场准则。二是集体土地所有权主体模糊，且所有权主体的权利和义务没有明确界定。法律规定农村土地所有权属于农民集体，但由于农民集体与农村集体经济组织的内涵不清，土地所有权和承包经营权的界定不明，农村集体土地的所有者经常处于模糊或缺位状态。三是农村集体土地的所有权和使用权不平衡。农村集体土地的使用权具有较为清晰的物权属性，而农村集体土地的所有者权利则缺乏明确的法律界定。四是我国法律对集体土地产权的具体内容未做概括性规定，但对集体土地实体权利的运用则进行了诸多限制。如支配权方面，农民和农村集体组织没有拥有集体土地的交易权、转让权，承包经营权一般也没有抵押、入股等权利，一些政策赋予的权能还在试点并有待法律的确认。

由于基本权利的残缺和非均衡，这种产权制度的运作带有一定的不确定性、非排他性、外部性以及私人占有性。（1）农村土地集体产权的界定仍然不很清晰，各项权利缺乏明确具体的法律规定与制度保障，带有较大的变动性和不确定性。集体土地所有权的多重主体状态与实际土地管理中的无主体状态结合在一起，使我国农村的土地产权关系变得比较模糊和不确定。（2）集体土地所有权的三级享有，不仅使所有权主体不够清晰，也使所有权的排他性有所减弱。农民集体依照法律规定并不直接行使集体土地所有权，而由集体经济组织或者村民委员会、村民小组代表农民集体来行使，事实上形成了所有权主体、主体代表或行使主体等多主体参与的委托代理关系，也可能会弱化所有权真正主体的权利。目前集体土地使用者凭借集体成员权从事土地的家庭承包经营，由于人口变化等因素集体边界始终处于变动状态，从而难以避免周期性的土地调整。土地承包方案须经本集体成员依照法定程序决定，承包户也不得不经常性面对其他成员调整土地的要求及对自己产权造成的影响，导致承包经营权也缺乏足够的排他性。[①]（3）土地的平均分配可能会潜藏农地利用效率的损失，但其承担的一定的社会保障功能，对社会稳定和经济发展有着积极作用。[②]同时，集体土地承包经营权的取得以及相应的权利义务，表面看依据于承包经营合同，但实质上均由法律所规定，且权利并不以义务为对等，也并不依照“使用财产就要付费”的原则，使用者并不承担经营活动的全部成本和享受全部收益，可能会出现粗耕、弃耕等机会主义行为，这使承包经营权具有一定的外部性。（4）从集体产权的内部结构来看，集体中的成员凭借物权化的承包经营权享有较为完整的占有、使用和收益的权利，而集体除了法律意义上的归属权外，其他相关权利受到一定限制，使集体土地产权呈现出一定的私人占有性。另外，从剩余索取的角度看，集体成员可能会以弃耕抛荒或不交承包费等手段任意扩张个人土地权利，农村干部也可能利用行政权力控制或侵害集体利益。[③]由于存在上述问题，使得农村土地集体产权制度的功能还不能充分发挥，显而易见存在着较大外部利润空间，有待于在市

① 钱忠好：《农村土地承包经营权产权残缺与市场流转困境：理论与政策分析》，《管理世界》，2002年第6期。

② 姚洋：《集体决策下的诱导性制度变迁：中国农村地权稳定性演化的实证分析》，《中国农村观察》，2000年第2期。

③ 范兆斌、苏晓艳：《“资本雇佣劳动”与农村土地制度中的产权问题》，《甘肃社会科学》，2001年第5期。

场化和城市化的条件下进一步完善。

进一步的变迁，要在国家、集体、农民等参与主体之间达成更高层次的协调与均衡，这不仅需要产权结构的精密安排，也需要相关主体在现代社会条件下的变革和进化。历史不能假设，但未来可以预期，这将构成农村产权制度与乡村治理新的演进。

第三章　乡村治理主体有效性的产权解释

本章试图运用农地产权制度与乡村治理辩证关系的分析框架，分析乡村治理主体选择及其有效性的影响因素和发展方向，提出理应在完善农村产权制度，特别是在强化农村集体土地所有权的基础上，整合乡村治理资源，逐步强化乡村治理主体有效性的建设方略。

第一节　问题的提出

在社会转型和制度变革的背景下，我国农村出现了黄宗智（2006）所指出的土地细碎化、农业过密化、农民小而散等问题，或称为中国特色的现代小农经济现象。农地产权的残缺、国家责任的旁观和地方政府的产权侵害，使乡村陷入缺乏合理而有效的产权支撑的困境。然而，这并没有带来乡村自治的“理想国”。如前所述，与之相伴的却是农村公共品缺乏、共同体意识消散、土地纠纷频发等乡村治理的困境并相互影响至深。特别是以“乌坎事件”为代表的一系列治理失效事件，更加需要从多视角、多途径寻求新时期的乡村治理之道。

案例 3-1：乌坎村治理主体是如何失效的？[①]

位于广东省汕尾陆丰市东海镇的乌坎村，在 2011 年 9 月至 11 月间因土地、财务和选举等乡村治理问题连续发生村民群体性事件，并引发暴力冲突，一时成为舆论热点。“乌坎事件”的导火索是由于村内仅存的最大一块地被卖给地产开发商碧桂园。近年来，乌坎村村民委员会在当地居民不知情的情况下陆续转让 3200 亩农用土地，卖地款项达七亿多元人民币，而补助款每户只有 550 元，其余的全被村干部私吞。村民杨色茂说，“乌坎村共有三千多户村民，一万三千多人，原有集体土地三万多近四万亩，现在大部分已经被卖掉了。具体卖掉了多少，我和村民们也不清楚，都是原来的支部书记和村主任私下操作的。”其结果是村里几乎没有什么大片的耕地，村民的生存空间受到压缩。另一方面，村干部及其背后的宗族势力违法操纵村民选举，其结果是“四十多年来几乎每次选举村干部都会高票当选”，村民们没有民主选举的记忆，正如深得村民信任和尊重的林祖銮所说，“我们四十多年都没有表达内心意愿的机会”。几十年来，村干部利用选举的保护伞恣意侵吞集体资产，村民淡漠，基层政府“暧昧”，矛盾由此不断积累，步步走向了其必然性的一面。当地村民在屡次上访无果的情况下，最终选择了自行联合抗争的行为，引发了“乌坎事件”。

“乌坎事件”是近年来乡村治理困境的一个典型个案。“乌

① 根据《三联生活周刊》，2011 年第 49 期相关文字综合而成。参见吴丽玮：《乌坎村土地纠纷与宗族之争》，2011 年 12 月 20 日，http://www.lifeweek.com. cn/2011/1220/36080.shtml。

坎事件的发生有其偶然性，也有必然性，这是经济社会发展过程中，长期忽视经济社会发展中产生的矛盾所积累的结果，是我们工作‘一手硬一手软’造成的必然结果。”[①] 土地问题是“乌坎事件”中矛盾的根源，亦是乌坎村民抗争的焦点，“打倒贪官”“惩治腐败”“还我土地”等村民上访标语显示了其发生的“必然性”。在农村土地征用的过程中，作为治理主体的各个利益相关者的利益博弈过程显示，由于当前土地城乡产权不均衡及征用管理制度的缺陷，地方政府、农村集体组织、用地单位往往形成一个共谋利益集团，其行动目标指向农村土地转换的巨大价差，征占大量农地获取各自谋求的自身利益。而被征地农民只能得到失地的补偿，沦为利益博弈结果的被动接受者。

近年来，乌坎村集体所有土地在现实层面为村干部个人控制，并由此引发了乌坎村治理中各个行为主体的异化。其中：（1）基层政府未能及时、正确回应，甚至敷衍村民的合理利益诉求，致使矛盾扩大升级。乌坎村的上级镇、市级政府，本应执行中央与国家有关农村土地政策——与村民的立场与诉求是一致的。但遗憾的是，工作中并没有及时发现乌坎村村干部在土地上的问题，村民上访后也未引起重视，终致村民的正当诉求未得到有效解决。实际上，围绕土地发生在村民眼皮子底下的种种违法行为，如果没有市、镇两级政府的纵容、参与甚至庇护，最终也不会引起村民集体愤怒，村民在既得不到法律支撑，也得不到政府支持的情况，只能选择联合抗争。（2）作为村民自治组织，村委会负责人实际上已被乡镇政府或资本俘获，成为“村庄 CEO”，

①《广东省委领导回应“乌坎事件”》，2012 年 1 月 20 日，http://news.163.com/12/0120/11/7O75B2A300014JB6.html。

并形成了自身的利益圈层，走向了集体成员的另一面。（3）这一过程中，宗族势力的博弈以及以林祖栾为代表的村内精英的影响，也强化了村民选择集体行动维护自身合法权益的倾向。“乌坎事件”折射出我国农村土地产权制度变革异象和乡村治理失效的“双重困境”。正如一些学者的深思，村委会作为村民自治机构，怎么会走向农民利益的对立面？村民是怎样被迫走上采用个人力量进行抗争的道路？“中央关于赋予农民长久不变的土地承包经营权政策，怎么在实践中并不能保护农民的土地产权？”①

在现阶段条件下，乡村治理的核心命题体现为乡村治理各个主体之间的利益博弈和协调平衡，这为乡村治理的制度变迁提供了两条线索。一是产权制度安排，主要是指农村土地产权制度，这一制度变迁是农村问题的核心，也是农村矛盾的焦点；二是乡村治理主体，主要是指在特定产权制度阈限下，乡村治理主体的形成、选择及其资源禀赋的保证，构成乡村治理体制的主导因素。两者的特定关系和相互作用机制，既成为法律和政策层面推进乡村治理现代化进程的理论依据，又成为理解和评价社会主义制度下乡村治理绩效的主要依据。

从产权的视角来看，农地产权安排因为政策法律变化，或是在市场交易中利益结构的变动而变化，农民的想法就会跟着变，如何回应与解决这些利益诉求？农村的管理方式和治理机制又将如何变迁？周其仁（1995）首先把国家引入农村产权制度分析，他在德姆塞茨（1988）关于“所有权残缺”（The Truncation Of

① 赵俊臣：《乌坎事件的意义：真正把农户土地产权还给农户》，2011 年 12 月 29 日，http://3y.uu456.com/bp-333d7bfe0242a89s6bece41d-1.html。

Ownership)[①] 的理论基础上指出：农村产权既不是一种“共有的、合作的私人产权”，也不是一种纯粹的国家所有权，它是由国家控制但由集体承受其控制结果的一种制度安排。张曙光（2005）、刘凤芹（2005）等许多学者沿这一路径进行了大量研究，指出农村产权除存在一般意义上的所有权残缺之外，还具有来自于国家过多干预和强势产权主体侵害的所有权残缺，并提出了一系列农村产权制度改革的设想，并深入到对乡村经济社会组织和地方政府行为的分析。这对于把农村产权制度和乡村治理联系起来进行研究大有裨益。

第二节　产权制度与乡村治理的理论联系与历史回顾

在马克思看来，产权的实质内涵是生产关系，产权的发展源于生产力的发展变化。生产关系的总和构成社会的经济基础，决定着社会的上层建筑，上层建筑又反作用于经济基础，而乡村治理恰恰是上层建筑在乡村的表现形式。因此，农村产权制度决定着乡村治理的发展变化；乡村治理的发展变化要适应农村产权制度发展变化的要求。从这个意义上讲，土地作为农村的主要经济资源，其产权制度的存在状态直接影响到农村经济基础，进而影响乡村治理这一上层建筑。乡村治理在农村产权制度发生变革的

① 德姆塞茨在《一个研究所有制的框架》中指出，“权利之所以常常会变得残缺，是因为一些代理者（如国家）获得了允许其他人改变所有制安排的权利。对废除部分私有权束的控制已被安排给了国家，或已由国家来承担”。参见科斯、阿尔钦、诺思等:《财产权利与制度变迁——产权学派与新制度学派译文集》，上海：上海三联书店、上海人民出版社，2005 年。

时候，会随之在组织形式以及治理结构上发生变化，而这些变化同时又会促进或阻滞农村产权制度的变革。

站在乡村治理的历史演进角度来看，各个时期乡村治理体制的改革、乡村治理主体有效性程度都与特定的产权制度变革休戚相关。从早期人民公社的“一大二公”，到中后期“三级所有，队为基础”的农村土地产权制度，实质上是国家权力强制性变迁与折中的产物。在人民公社制度安排下，公社内部的任何成员都不拥有生产资料排他性的产权，使得成员的劳动成果不能量化到个人，对个体劳动的有效激励不足，导致“搭便车”行为的产生。同时，由于一个成员对其他成员监督而获得的成果并非归自己所有，而是要在全体成员之间均分，使得成员之间的劳动监督困难，也造成了明显的效率损失（林毅夫，1992）。与此同时，国家在制度上进一步巩固了对乡村社会的强力整合与控制，表现出政治“全能主义”倾向，弱化了以传统意义上“权力文化网络”为内容的乡村共同体意识，直接表现为国家和农民的双边关系①，农民的自主性和乡村发展的多样性受到抑制②，在国家力量的维系下，人民公社体制在20年里同样对农村生产力产生严重束缚。

始于20世纪80年代的“家庭联产承包责任制”，拉开了我国改革开放的序幕，进而形成了现行的集体产权制度。现行集体产权是以集体所有制为基础的产权形式，是基于集体共同意志对

① 刘涛、王震:《中国乡村治理中“国家—社会”的研究路径——新时期国家接入乡村治理的必要性分析》,《中国农村观察》, 2007年第5期。

② 徐勇:《现代国家的建构与村民自治的成长——对中国村民自治发生与发展的一种解释》,《学习与探索》, 2006年第6期。

集体财产进行占有、使用和支配的一组权利束，其基本特征是集体土地所有权归属于农民集体，承包经营权归集体成员。在家庭承包经营权的制度安排下，由于农户享有独立的经营权、决策权和相应的收益，其经营成果能够量化到个人，责任义务也相对明确，较好地解决了与公有产权相联系的许多外部性问题，使土地产权得到了有效的实现，显著提高了农业的产出。但相应地，集体经营这一层事实上被削弱了，而集体土地的所有权，也受到了来自使用权扩张的制约。农地产权及其利益从实质上的“一大二公”，先是“下倾”为“集体所有”，后又再度“下倾”到农户承包经营，但产权主体有效性的问题并未得到根本解决。作为对这一时期产权制度变革的适应性安排，“乡政村治”治理体制应运而生，即在乡镇一级建立人民政府，在乡镇以下建立村民委员会和村民小组，实行村民自治。在这一体制下，村民初步获得了管理村务的自主权利，乡村经济社会呈现较好的发展势头。然而，村民自治的推行并非是国家权力从乡村的全身退出，而是国家真正深入乡村社会的表现[①]，党的基层组织在相当程度上发挥着国家政权的职能作用[②]。乡镇企业一度兴起，又因政府的国有产权偏好而迅速衰落，也充分说明政府依然保有对乡村足够的干预能力。由于乡镇权力的急剧膨胀，乡村自治空间受到牵制和压缩，乡镇政府和乡村正式组织被赋予了行政代理人的属性，村民会议、村民集体组织或虚化，或异化为“委托—代理”框架中的成员。在市场经济外部冲击和国家城镇化政策诉求下形成的“压力

① 吴理财:《村民自治与国家重建》,《经济社会体制比较》，2002 年第 4 期。

② 刘涛、王震:《中国乡村治理中“国家—社会”的研究路径——新时期国家接入乡村治理的必要性分析》,《中国农村观察》，2007 年第 5 期。

治理”实践中，这一特征被发挥到极致。

随着市场经济的发展，乡村利益呈现多元化趋势，乡村治理的各个主体在作为市场主体参与市场的过程中，都形成了自己的利益诉求。由于农村集体产权主体的缺位，集体产权在市场交易中权力和利益边界不清晰，只得在国有产权和私有产权的夹缝中生存，农村和农民权益不断受到侵害。由于国家政策的限制，集体产权在很长时间里也没有进行对市场经济的适应性改造，使乡村治理的产权基础进一步滞后、弱化。而税费改革以后，地方政府失去了在乡村的直接利益，也断裂了向农村提供公共品的动力机制，实际上形成了国家和政府责任旁观的现象。特别是国家在政策层面宣示农地承包经营权“长期不变”，继而“长久不变”之后，农地集体所有权受到进一步削弱，农地产权接近私有程度。集体土地内部权利的下倾进一步削弱乡村集体的力量，典型表现为集体经济的进一步衰落，乡村治理又陷入公共品供给主体欠缺、供给能力缺乏的困境，乡村治理进一步失序。

产权理论的一个重要观点在于：产权是协调各方利益关系的边界，它的经济功能表现为对经济主体进行激励和约束，合理的产权关系能够有效降低交易成本，提高资源的配置效率，并协调各种产权主体之间的利益关系，它直接决定了一个制度中交易费用的高低以及经济、政治组织形式的替换。产权制度的效率性主要可以从两个方面衡量：一是交易自由，清晰的产权主体界定和交易规则功能，便于降低交易费用；二是产权的激励约束作用大小，一种产权配置的效率性在于它能够形成有效的激励结构，提供对外部性的内在化激励。

以此观之，在市场经济条件下乡村治理的实质是对利益关系的治理，通过合理有效的产权制度和相应的治理规则，引导各种正式组织与非正式组织、各个阶层与派系、各类精英与群众等社会力量在利益博弈中实现妥协和均衡的过程；在我国城乡二元经济体制下，其终极目标是指向乡村及其成员利益的最大化。具体而言，农地产权及利益关系的协调，应包含两个层面：一是城乡之间的利益均衡与最大化，其核心是生产要素在城乡之间的自由流动与公共服务在城乡之间的均衡配置；二是乡村内部之间的利益均衡及最大化，核心是乡村成员、乡村治理主体以及乡村成员与乡村治理主体之间的利益均衡。市场经济的发展要求各个市场主体能够平等参与交易，经济资源能够自由流动；建立城乡在市场经济中的平等地位，促进资源在城乡之间自由流动，是完善乡村治理的主要内容，这些在城乡统筹发展的实践得到了印证，进一步的改革绩效也正来源于此。

案例 3-2：确权颁证催生新型乡村治理机制[①]

2008 年初，成都市启动了一场以“还权赋能”为核心理念的农村产权制度改革，将农村耕地承包经营权、农村集体建设用地使用权、农村集体资产收益权、农房所有权和林地使用权，用权属证的形式确权到户，使之成为农民明确、法定的资产，并在此基础上建立耕地保护机制和产权流转体系，实现农村资源向资本的转变，为农村发展注入活力。面对确权需要统计的大量数据和复杂的实地勘测工作，干部和村民们一起想出了一个简便易行的办法：将每户土地依次排列绘制在一起，入户调查时带着图纸现场测量核准，直接

---

① 案例根据中国统筹城乡发展研究智库、四川三农新闻网、成都市人民政府门户网站有关内容综合而成。

在图上标明土地面积、类型、权属等基本情况，出现矛盾时由议事会协调解决，达成一致后[①]，由农户签名按指印确认，形成一张一目了然又清晰准确的“鱼鳞图”。在这些产权改革的基础上，乡村治理也发生了组织结构上的变化。各区县启动新型村级治理机制建设，村级治理新机制已基本成形，包括：村（社区）党组织为领导核心；村（居）民（代表）会议与村（居）民议事会决策；村（社区）监督委员会监督；村（居）民委员会执行；集体经济组织自主经营；村（社区）工作站高效服务；其他社会组织高效参与。与此同时，率先探索跨村联合议事会和集中居住区联合议事会，使得村务尤其是基础公共产品的供给实现了更大范围的联合。

在成都农村产权制度改革的过程中，确权颁证激发了村民的参与意识、民主意识，催生了新型乡村治理机制。为了协调解决产权争议，各地方也产生了不同的机构，有的叫“调解小组”，有的叫“产改监督小组”，也有叫“议事会”，由村民选出村里“德高望重”“说得起话”的村民组成。都江堰市柳街镇、鹤鸣村的村民，在党支部引导下组成了“村民议事会”，自主协调解决了确权过程中的各种矛盾。后来，在组织部门的统一下，这些机构都统一叫作“议事会”。确权改革方案的制订和实施，都由农民群众讨论决定，按民主程序处理改革过程中出现的矛盾和问

① 这里体现了所谓“一致同意规则”（Unanimity Rule）。布坎南（1959）指出，如果人们一致同意对规则做出变动，那就标志着根据先前定下的一套现存规则，所达到的结果或预期会达到的结果要小于按修改过的规则来进行交易所产生的结果，因此一致性是检验效率的最终尺度。同意一致性增进则制度变迁效率增进，反之则效率降低。不同利益主体相对平等的合作式博弈和同意一致性，是增进制度变迁效率的有效途径。

题，调查摸底结果、颁证程序、确权颁证情况必须上墙公示，做到公开透明、阳光操作，农民群众从始至终都能行使民主权利，发挥主体作用。[①] 市委在调查总结了鹤鸣村基层治理经验的基础上，结合都江堰推进乡村治理改革的实际需要，初步形成了以村民议事会与监事会制度相结合的新型村级基层治理机制，这种新型的集体产权实现机制，有效推动了农村产权制度改革的深入。

第三节　乡村治理主体与产权制度有效性的关系机理

乡村治理主体，是指参与乡村治理实践的政府和各个利益相关者及其制度和结构形态。传统中国的乡村治理主体，一般包括以保甲制度为代表的皇权势力、以族权为代表的宗族组织和以绅权为代表的士绅势力。在当代乡村社会，乡村治理主体区可分为体制性主体和非体制性主体，前者包括乡镇政府、村两委、村民代表大会和村民，后者包括各种农民组织、各种宗族势力和农村非体制精英。[②] 根据组织主导模式，也可将乡村治理主体区分为以村两委为代表的正式行政组织、以企业为代表的（如华西村）正式经济组织、以个人或宗族势力等为代表的非正式组织。[③] 在乡村治理活动中，治理主体的产生方式、组织机构、治理资源的

① 李娟:《成都农村产权制度改革确权颁证的 1000 个日夜》（下），2011 年 8 月 11 日，http://www.cdwb.com.cn/html/2011-08/11/content_1347577.htm。

② 任艳妮:《乡村治理主体围绕治理资源多元化合作路径探析》,《农村经济》，2011 年第 6 期。

③ 冯兴元、〔瑞典〕柯睿思、李人庆:《中国的村级组织与村庄治理》，北京：中国社会科学出版社，2009 年。

整合以及它和乡村社会的基本关系，构成了乡村治理机制。[①] 在此机制下，乡村治理主体应包括中央政府、地方政府、乡村集体、社会组织、乡村成员等，可简化为国家—集体—社会—乡村成员及其相应的正式和非正式制度。实际上，乡村治理主体及其结构的演化和博弈，更多地取决于其所掌握的治理资源，显性表达为以政治权力为内容的政治关系和以产权为代表的经济关系，前者以行政力量强势进入乡村治理，体现国家和政府意志；后者以产权尤其是土地产权权利参与乡村治理，反映市场经济的内在要求。总体而言，乡村治理主体是根植于特定的经济、政治和行政制度当中的，它的选择和变化，将取决于农村产权制度和社会结构的变迁及政府职能的转变。

由此考察乡村治理主体有效性，应从其治理资源禀赋和对于目标的实现程度来界定标准，治理主体具备参与乡村治理实践所凭借的资源禀赋是首要条件；其次，治理主体对于治理目标的实现程度为必要条件。从这个意义上，乡村治理主体有效性界定为乡村治理主体所拥有的资源禀赋及其实现目标的程度。

而产权制度的有效性，即产权配置的有效性，包括产权主体的有效、产权权能的完整以及产权交易机制的形成与完善，有利于治理主体形成必要的资源禀赋，构建有效的权利边界与作用机制，获取基于交易效率的产权制度的激励和约束，从而使得治理主体的利益诉求、行为方向符合产权制度安排的终极目标。一旦产权制度的效能不足，意味着产权对主体发挥激励和约束作用的动力机制弱化，难以出现产权制度自身所预定的主体行为和结

---

① 党国英:《我国乡村治理改革回顾与展望》,《社会科学战线》, 2008 年第 12 期。

果，最终导致治理主体失效。而有效的治理主体结构，能够有效聚合生产要素，组织好生产活动和安排好生产成果分配，能够对市场做出灵敏迅捷的反应，从而起到保护和优化产权配置的作用；另一方面，在市场利益泛化的条件下，与产权相关的治理主体往往有其自身的经济利益诉求，治理主体的公共性与合作性弱化，也难以形成有效的产权界定与保护机制，反过来也会影响产权制度的有效性，甚至导致产权制度低效、失效或锁定状态。

案例3-3：一种新型乡村治理机制——村民议事会[①]

成都市从2008年初着手积极推进村民议事会制度。2008年11月25日，成都市委、市政府出台了36号文件，决定在全市范围内推行“以村民会议为村最高决策机构、村民（村民小组）议事会为常设议事决策机构、村民委员会为执行机构”的新的村民自治机制。村民议事会成员由有选举权的村民选举产生，每个村的村民议事会成员不少于21人，其中村组干部不超过50%。每个村民小组应有两个以上村民议事会成员名额。村民小组议事会成员一般维持在3～5人。村民议事会在村民会议授权范围内讨论决定本村日常自治事务、行使监督职能。对涉及本村产业发展规划、土地综合整理、农村产权制度改革、社会事业发展等重大事项提出初步议案，召集村民（代表）大会对议案表决；配合相关职能部门进行农村土地承包经营权、集体建设用地使用权和房屋等确权登记工作；支持和帮助各类农村新型集体经济组

① 案例根据杨继荣《论乡村治理中的有效沟通——以成都市村民议事会为例》、彭大鹏《让基层民主有力地运转起来——对成都新村发展议事会的考察》以及《成都市村民议事会议事导则（试行）》相关内容整理而成。

> 织、专合组织正常运营，推动本村产业发展，等等。此外，村民议事会在授权范围内可以撤销和变更村民委员会不适当的行为。成都市将公共服务和社会管理村级专项资金纳入财政预算，改善村一级薄弱的公共服务和社会管理。2009年7月24日，《成都市公共服务和公共管理村级专项资金管理暂行办法》确定，对每个村（社区）每年的村级专项资金安排最低不少于20万元。其中，中心城区由区财政全额安排，近郊区（县）财政按市与区（县）5∶5的比例安排，远郊县（市）财政按市与县（市）7∶3的比例安排。[①]

2010年，成都市委组织部、成都市民政局制定了《成都市村民议事会组织规则（试行）》《成都市村民议事会议事导则（试行）》《成都市村民委员会工作导则（试行）》《加强和完善村党组织对村民议事会领导的试行办法》等4个配套制度，进一步规范和保障了村民议事会的运作机制。截至2010年9月，成都市2048个村和701个涉农社区，组建了由村民（户代表）直接选举产生的村民议事会和村民小组议事会，共推选村民议事会成员8.6万人、村民小组议事会成员17.2万余人。村民议事会已成为成都市建制村的决策机构，以期通过村委会行政功能和自治功能的有效分离，在代言农民权益、处理农村公共事务、化解农村社会矛盾、构建乡村和谐社会等方面发挥作用。例如在双流县三星镇双堰村，对集体经济组织成员进行身份、时间确认，“产量亩”与“实测亩”差异处理，本村居住、外地亲属赡养的散居“五保户”生前土地收益及死后土地归属等产权制度改革中的棘手问

① 谢佳君：《关注村级公共服务：专款怎么花 村民说了算》，2010年11月17日，http://news.chengdu.cn/content/2010-11/17/content_584420.htm。

题，无一不是通过村民议事会来解决的。

在村委会自治功能渐趋弱化的背景下，“随着市场经济与公民社会的互动发展和相互促进，乡村治理必然建立在国家与社会互动的基础上，其互动的前提必然是基层政府、村党支部、村自治组织、村民间组织、农民之间的有效沟通。”[①] 村民议事会的出现，促进了治理主体间的联系沟通、对话协商、互动合作，有利于政府、市场和农民在特定事务中形成合力，实现农民权利保护、乡村治理和社会发展的有机统一。在国家缺乏“地方性知识”的情况下，为尽快推进改革进程，政府需要让渡一部分权力给议事会等新型治理机构，这些治理机构在帮助国家完成确权改革的同时，也对乡村内部的权利进行再次分配。在现行制度框架内，村民议事会呈现出“二元性”特征：一方面是政府介入特征明显，议事会一般由村支部书记召集，且有市、县政府提供的村级公共服务资金做保证，并赋予其较大的决策职能，例如“在授权范围内可以撤销和变更村民委员会不适当的行为”等，政府介入的力度和作用增强了；另一方面作为村民自己的议事决策机构，又有一定自治的色彩，这体现在“确空权”之类的具体做法上，并不总是和国家目标相一致[②]。要实现合作治理，必须在政

① 杨继荣：《论乡村治理中的有效沟通——以成都市村民议事会为例》，《中共四川省委党校学报》，2012 年第 4 期。

② 在农村产权改革中，多数地方采取的是“确实权”的做法。也有一些地方的村组，根据农民平均发放耕保基金的要求，出现了“确空权”的做法——在土地承包经营权证上每人的土地面积是一样的，但与实际种植的地块和面积并不相符，也就是“动账不动地”。在保证总面积不变的情况下实现账面上的平均分配。一旦涉及土地的流转，或者土地权属出现纠纷，这样的“空权证”很难作为法律的依据，也不利于土地的流转，与国家“确权”的初始目标是相悖的。参见梁润：《要不要拿“钱”来推“权”？》，《21 世纪经济报道》，2010 年 4 月 27 日。

府控制和村民自治上寻求平衡。现实情况是，由于村庄精英和内生资源的流失，留守农民多为老弱妇女，议事能力有限，议事会往往被支部书记和村委会干部所控制，政府主导的色彩是比较浓的，且与原有的村委会又有叠床架屋之感，如何发挥乡村自治力量的作用还值得思考。

第四节 集体产权制度与治理主体有效性的现实考察

在现行二元社会体制下，我国农村土地集体产权制度实际运行层面存在效能不足，现实表现为市场经济运行体系中主体财产权的缺失（刘诗白，2009）。由于集体土地产权主体不明晰，使得土地很难作为一种与国有产权平等的生产要素进入市场，也缺乏明确主体追诉交易的权利。“集体土地所有权由于受法律过多限制，不具有所有权一般意义上的绝对性”，仅为“对归其所有的土地所享有的受法律限制的支配性权利”（王卫国、王广华，2002），这种残缺和受限制的权利，不仅难以流转，即使流转其交换价格也会低于合理的市场价格，导致土地利益单方面转移到国家及其代理人手中。此外，农村土地内部权利“下倾”，土地权利固化（更大的农民个体或农户家庭的土地权利）会导致任何土地的调整都无法进行，使之前的土地所有权变小，以前集体可以做的事情，从此不再可以做成（贺雪峰，2010）。税费改革后，又使得村组集体组织丧失了提供乡村公共品的资源依托和动力机制。同时，集体产权还面临着内部人的控制和其他强势产权主体的侵害，“难以避免在资产管理和利益分配上的监管风险。”[①] 从这个意义上讲，农地集体产权制度实质上处于一种有效性不足的状态，集体所有权主体缺位及其权利缺失，其“定纷止争”的产权功能失效，农村土地集体产权难免沦为无所作为的“僵尸产权”，这正是乡村治理主体有效性不足的根源。

在市场化进程中，随着社会改革和乡村治理的不断进行，逐步分化出各种不同相互联系的、职能作用各异的乡村治理组织或个体。在目前乡村治理体系中，国家权力（主要以县乡基层政府为代表）、村级组织、乡村精英及普通村民的多元治理主体格局已经成为事实模式。这其中，起主导作用的是基层政权和村级正式组织，包括乡镇政府、村级党组织、村民委员会和村民会议，而村级非正式组织和乡村成员，如宗族组织、经济性协会、乡村精英和村民等根据其所掌握的资源，也成为乡村治理的重要力量。在市场利益的驱动下，所有的社会组织和主体都有了自己的利益，利益最大化的诉求形成了行为的终极诉求，在农地集体产权有效性不足的约束下，利益分配失衡以及利益诉求失当等，都使得乡村治理主体普遍存在异化和失效现象。

（一）国家（政府）

国家权力凭借政治资源主导和干预乡村治理，改革开放以来可梳理出三个阶段：第一阶段是在市场化初期，基于政府的国有产权偏好“干掉”乡镇企业，导致集体经济的整体衰落；第二阶段是在城市化进程中，起初是大量转移农村剩余劳动力，继而通过征地途径把越来越多的农村土地转入城市版图；第三次是提供

① 李萍：《农村“新土改”需警惕四大风险》，《经济参考报》，2011 年 4 月 1 日。

城乡有差别的社会保障及公共服务，且农村获得相应的社会保障和公共服务，往往需要以付出土地为代价，从而国家得以借此空前深刻地介入乡村。

在转型时期，由于分税制上移了政府的财权重心，而事权则因服务型政府的改革，下移到基层政府，使其不得不想办法获取更多的财源，对“土地财政”形成高度依赖。一方面，基层政府直接介入征地拆迁、集体资产交易等活动“与民争利”，频发基层政府对农地产权的干预和侵害；另一方面，乡镇政府负责人往往不是按照体制要求扮演角色，而是凭借体制赋予的权力谋取私利，相应的却没有主动介入到农村、农民和农业事务中的积极性，其牟利者的角色侵蚀了自身的公共属性。金融时报记者拉胡尔·雅各布文章提到：“中国农村的土地名义上归集体所用，但官员们可用开发的名义将土地所有权托管，并换取补偿金。不过村民们常常认为补偿金过低，无法反映出土地出让带来的效益。”①

（二）其他村级正式组织

村级正式组织主要指村委会、村民会议、村民议事会等，而村党支部与基层政府属于同类性质的治理主体。由于法律上农村集体不具备法人资格，其代理人和集体所有制的边界并不清楚，作为其代理人之一的村级组织往往存在机会主义行为。行政村本身并不一定是一个合适的进行民主决策、监督和管理的载体，实际运行中的村治与乡政主要表现为合流与冲突的关系，并且合流

①《乌坎抗议活动升级》，2011 年 12 月 16 日，http://big5.ftchinese.com/story/001043113。

往往占主导地位，使村民自治正在逐步丧失其原有的意义。为了完成行政任务，基层政府也会要求村委会作为自己的“一条腿”，从而将村民自治组织行政化。税费改革以后，随着“村财乡管”以及村干部纳入财政补贴，乡镇政府对村委会的控制也进一步强化。目前，村级组织的管理职能要远强于其自治和服务职能的设置，更多是为了服务于政府的经济发展和社会管理需要。虽然在成都实践中，村民议事会具有一定的公共服务决策功能，但如前所述，其作为政府代理人的作用不可忽视。

案例 3-4：乌坎村的土地是谁的？[①]

“乌坎事件”的焦点是以村集体土地为代表的集体资产，根子上在于农村集体产权制度。理论上，集体土地应归全体集体成员所有，但实际上却被村两委干部控制，“以前我一直以为村里地都是书记的，他说要卖就卖……”村委会及其负责人，从集体经济组织代理人异化为独立的利益集团，而集体产权成为攫取利益的幌子，其“灵魂”——民主化的实现机制无从谈起，而地方政府及其成员作为利益的参与者的干预进一步侵害了集体产权，乌坎村村民将市镇两级政府对待土地问题的暧昧态度解释为“与村干部是一伙的”。农民对于集体土地产权及其收益的要求一直受到侵害，比如，村委会不按照合法程序转让集体土地，将参与买卖的土

① 从“乌坎事件”透视其必然性根源，根本上在于各方围绕以土地为代表的农村集体资产展开博弈，致使矛盾不断积累，最终引发乡村治理危机，是农村集体土地产权制度弱化和乡村治理主体异化的现实写照。根据《三联生活周刊》，2011 年第 49 期相关文字综合而成。参见吴丽玮：《乌坎村土地纠纷与宗族之争》，2011 年 12 月 20 日，http://www.lifeweek.com.cn/2011/1220/36080.shtml。

地抛荒，农民不仅无法获取土地交易信息，甚至连合理的征地补偿和土地作为社会保障的替代服务都无法获取，特别是在沿海地区，土地增值的空间很大，其增值收益更多，而这一部分，作为土地产权的一种权能，无法实现。在现实层面，如乌坎村的土地产权保护几成一句空话。

由于缺乏有效的集体产权实现机制，特别是权力制衡和监督机制的缺失，村委会等集体所有权的代理人往往形成少数村干部组成的利益集团，成为基层政权的代理人和农地所有权的实际掌控者。“所谓集体所有，在许多地方实际上就是村干部所有：一切由村干部说了算，什么法律，什么土地管理制度，都可以不管不顾”①，而乌坎案例也印证了这一点。北京市昌平区东小口镇马连店村一块663亩的土地，2002年分两次被北京市和昌平区政府作为建设用地批给一家房地产公司，但关于这两次的批地，村里的土地开发以及具体的土地补偿情况，马连店村民说当时他们完全不知情。②

另一方面，村级组织的公共服务职能渐趋消失。在国家税费改革后，村级政府财权几乎为零，而又要承担诸多管理事务。在农村社会现实中，一些基层干部已经“理性”地选择了机会主义行为，丝毫不关心村庄发展，部分甚至私自变卖集体资产，侵害农民权益。很多外出务工的农民也已不再依靠土地生存，这部分

① 文中所引为国务院发展研究中心徐小青的观点。参见黄培坚：《农地产权制度羁绊》，《发展》，2004年第6期。

② 村庄集体资源的实际使用缺乏民主决策在很多乡村都存在，实际上反映了乡村治理实践中村级正式组织的双向“代理人”倾向以及民主实现机制的有效性不足。参见康少见、陈荞：《土地出让未向村民公示663亩土地引发风波不断》，《京华时报》，2005年3月12日。

农民缺乏参与乡村治理的热情，这使得村委会职能缺位，村民自治形同虚设，甚至村镇形成“一把手”一人说了算的格局，最终村民自治可能失去原有意义。根据贺雪峰（2011、2010）的分析，“农村公共品供给成了个体农户的私事”，税费改革以后，村一级几乎不再有从乡村内部获取资源的可能性，且基于村民利益诉求多元化的现实，乡村资源持续外流，“村干部既缺少治理资源，也缺少治理积极性与主动性……村组干部事实上不再履行与农民生产生活基本服务密切相关的公共品供给的责任。”以乡村水利建设为例，村社集体作为基本的灌溉单元基本失效，村社干部丧失了介入农田水利的积极性，从而导致千家万户搞水利的局面，形成集体行动成本极高和收益极低的局面。

（三）村级非正式组织

村级非正式组织也称为非体制性治理主体，包括经济合作组织、协会、宗族组织、黑恶势力、乡村精英、村民等。这些治理主体虽然缺乏强大的政治和经济资源支撑，但一定程度上是乡村社会和文化资源的掌控者，在乡村治理中发挥着不易察觉的重要作用。一是由村级正式组织衍生出的各类协会，如乡村水利协会、各类农产品市场组织、财经监督小组。这一类组织的一个最大优势在于能够获得农民的较高认同，如给予其一定的治理资源和激励，其参与能量将得到有效发挥。

二是宗族势力与地方势力。从“乌坎事件”来看，这两种势力已经成为乡村治理中的重要力量。随着市场经济的冲击和传统乡村共同体意识的消散，它们也可以形成基于血缘关系形成的互帮互助能力，以及基于利益一致形成的集体行动能力等，然而这种效果是双重的，既有可能推进乡村治理，也可能干扰甚至破坏乡村治理秩序。乌坎村民对于村两委的土地问题、财务问题以及选举问题一直持忍气吞声的态度，其背后实质是对宗族势力的一种恐惧。在乌坎，每个姓氏都有自己的理事会，其中村支书所在的薛姓为乌坎村第一大姓，其背后的支撑势力令村民敢怒不敢言。宗族势力由于其血缘基础和绵延日久，一旦被乡村利益小团体利用，也容易异化为乡村黑恶势力。

三是乡村精英。在相对弱小而分散的农民个体中，乡村精英的存在和壮大，已成为村庄公共参与和村民自治的重要主体。在乌坎案例中，林祖銮是一位关键人物，他被村民尊称为“领袖”，在村民利益诉求表达和冲突化解过程中表现出很强的影响力，体现了乡村精英在乡村治理中的重要作用。

四是普通村民。单个农民，在面对庞大的政府科层化体制时是渺小的。随着家庭承包制的长期实行，农地产权日益分散化、细碎化，村庄共同体意识和集体行动能力已大不如前。在市场化和城市化进程中，村民收入来源也趋于多元化，对乡村的依赖程度显著降低，更多的人专注于“打工挣钱”“发家致富”，对于村庄事务的参与热情和程度也都降低了。由于青壮年人口流动大，留守村民大多是老弱妇幼，对乡村治理也是有心无力。

尽管乡村治理实践一直处于探索和创新的过程中，但由于集体产权主体和权能的模糊与残缺，导致各个主体在乡村治理中的定位与职能模糊不清甚至异化，已经成为绕不开的制度条件和体制障碍。特别是城乡之间产权力量和资本实力失衡，导致乡村内生性的制度供给和治理资源不足甚至流失，相应地治理主体的有效性大为减弱。尽管国家近年来不断向农村渗入法律、政策等政治资源，但这些资源缺乏与乡村的结合，无法有效地转化为治理资源，甚至由政府主导的村民自治章程和村规民约，也大多呈现政治化和形式化倾向，还可能削弱传统乡村社会文化资源的治理力量。

市场经济和国家意识打破了传统的乡村社会边界，传统集体的保护、责任和控制已经弱化，建立在集体经济和政治控制基础上的农村社区或基层共同体走向衰落，而农民对于原有的集体及村社区的认同和归属感已经淡化[①]；同时，各个治理主体利益诉求的多样化，农民对于乡村官制治理结构和乡村公共事务丧失参与兴趣，乡村治理成为事实上的无效治理，其本质上是现行农地产权制度背景下治理主体的失效。

第五节　产权视角下乡村治理有效性增进的路径选择

在乡村治理当中，农村产权制度尤其是土地产权制度，是城乡统筹背景下乡村治理的基础以及内生机制。乡村治理的困境，根源于农地集体产权制度缺陷下各主体有效性的不足，在此基础上是难以建立起有效的乡村治理机制的。在传统社会向现代社会转型的过程中，发生如此普遍的乡村治理主体异化现象，是一件令人惊异的事情。当然，如果把视线放在乡村以外的社会现实，就并不足以大惊小怪了。并且，市场化和城镇化的变迁过程，既带来了乡村治理的困境，那是因为变革还只进行了一半；也提供了改善乡村治理主体有效性的契机，我们应当充分把握后半程还

① 项继权：《中国农村社区及共同体的转型与重建》，《华中师范大学学报》（人文社科版），2009 年第 3 期。

是正确的方向。乡村治理的诸多探索及其成效，从根源上取决于农村产权制度如何变革，必须“跳出乡村治理看乡村治理”，如此才能形成一个更为广阔视野之下的变迁路径。

在社会主义初级阶段，仍须坚持国家所有和集体所有两种土地所有制形式，并改善农村集体产权的存在和运行状况，恢复集体产权及其主体的有效性。从法律和政策层面，消除国有土地产权和集体土地产权在产权主体、产权权能以及交易安排的不平等，使农村在产权上与城市处于“均势”；并通过不断完善农村集体产权制度，探求多样化的集体产权形式，实现农民利益与社会利益的平衡。在统筹城乡发展中，加快构建城乡统一的登记体系、建立城乡统一的土地市场，坚持农村集体土地以平等主体参与市场交易，回归产权制度的效率性，从而对农村产权制度变革形成良性的倒逼机制。

集体产权并不是一种典型的物权概念，它的实现必须依靠内在的民主管理、民主监督方式来解决，并注意消除内部团体的控制。应当明晰集体土地所有权所包含的内容、集体土地所有权和承包经营权的关系，促使相关主体归于其位，构建有效的集体产权实现机制，防止多重强势权利主体的限制和干预，在国家、地方政府、集体（集体代理人或农户）中形成良性博弈，实现产权主体利益结构的均衡。

在完善家庭联产承包责任制的基础上，促进和健全统分结合的双层经营体制，充分发挥集体产权在村庄共同体维系、公共品提供、农村生产力提升等方面的积极作用，构建农村依靠自身力量发展的内生机制。出于国家安全和社会稳定的考虑，还应强化对于土地规划、土地征用、耕地保护等的规范和控制，加快改革土地征用制度、财税体制和政府考核方式，促使地方政府回归其公共属性。

从长远看，正如杜润生（2003）所指出的，人民公社组织已经取消相当长的时间，三级所有、队为基础的制度安排已经不能作为法律依据，应当本着耕者有其田的精神明晰集体产权的含义。这是值得探索的集体产权目标模式和变革路径，其要旨在于形成劳动者与生产资料相结合的新的生产方式。社会主义新农村建设将为这样的变革创造有利的条件，包括农村产业化、工业化和生产力的发展，农村剩余劳动力的转移和农民素质的普遍提高，以及城乡统筹的社会保障体制和市场体制的完善等。

在市场经济中，多种经济成分共同发展和多种产权制度共同运行，经济人单纯追逐自己利益的动机难以奏效。集体产权能够存在发展，也有赖于多种经济成分的相互影响和相互促进。正如计划经济时期的集体经济名存实亡，随着市场经济和家庭经营的兴起，集体经济才真正有了活力。从某种意义上说，集体产权和集体经济只能存在于具有多种产权并存的时期。当此情况下，合作可以更好地实现不同主体的利益，甚至很多时候，只有合作才能实现各自利益和社会利益，合作成为不同利益主体从事经济活动的重要动机。

产权的实现是通过社会的强制而实现的选择权利，有赖于政府的力量、日常社会行动以及社会伦理和道德规范。在现代国家体制下，建立新型的国家—集体—农民关系，形成乡村既有民主自治又有政府责任关怀，既有主体利益边界又能够平衡协调的新乡村治理机制。将政府干预纳入法制化轨道，严格限制基层政府及其代理人和成员对于集体土地产权配置和交易的干预，以立法的形式避免干预的无限性和逐利性；同时生发乡村社会和民间的监督与自制，包括道德、法治、信仰、价值与集体意识重建等。在此基础上，依托有效的产权制度，形成合理有效的乡村治理结构。

第四章　农村产权主体化及其治理机制

本章承接上一章关于产权和治理主体有效性的命题，进而从财产权主体化的一般机理出发，分析农村土地集体所有权空洞化的表现和成因，以及集体所有权主体确定及其权利归位等相关问题，进一步探索农村集体产权的有效性及产权关系的治理机制等问题。

第一节　财产权主体化的一般机理

刘诗白（1998）指出，财产权是经济活动中的主体权利，产权分析的重要方面是财产权占有主体的性质、形式和职能。财产权具有占有的排他性、权利的不兼容性和主体的不重叠性等特征。德姆塞茨（1988）认为，排他性是指决定谁在一个特定的方式下使用一种稀缺资源的权利，即除了所有者外没有任何人能坚持有使用资源的权利，也可以拓展到包括所有者决定谁可能使用一种资源的权利，他还从外部性的角度阐释说，与社会相互依赖性相联系，没有一种受益或受损效应是在世界以外的。产权的重要性在于它能帮助一个人形成与其他人进行交易时的合理预期，产权的所有者拥有他的同事同意他以特定的方式行事的权利，并能阻止其他人对他的行动（在权利界定中不受禁止的）的干扰，从而导引人们实现将外部性较大地内在化的激励。[①] 菲吕博腾和配杰威齐（1972）也认为，产权是指由物的存在及关于它们的使用所引起的人们之间相互认可的行为关系。[②] 综合这些论述，可以得出一个简单的产权公式：产权＝产权的主体＋主体的权利。

产权作为围绕物的占有而形成的排他性关系，其主体和主体的权利都应当是特定的、确定的，占有或不占有的主体之间应当是相互认可和没有争议的。如果产权的主体及其权利边界不明确，就会出现一个行为主体的成本与收益不一致的情形，也就无法形成主体与其他人进行交易的合理预期，使外部性无法内在化而导致产权功能的丧失。因此，产权的主体化包括界定产权的主体和产权主体的权利两个方面，是产权关系得以形成并实现其功能的前提条件。

在市场经济体制下，土地要素配置、土地资产经营实质上是土地权利的契约化交换，必须建立在产权清晰界定的基础上。产权的合理界定可以发挥其基本功能：一是内部激励和约束功能，合理界定产权可以对产权主体产生更有效的激励，并且可以约束土地使用者的机会主义行为。土地产权强度的提高可以更好地阻止侵权行为的发生，并提高土地价值；二是提供外部交易功能，为土地在不同主体之间进行交易提供产权载体，当土地利用存在外部性时，产权可以使外部性内在化，并且使土地资源得到优化

① 德姆塞茨：《一个研究所有制的框架》，《财产权利与制度变迁——产权学派与新制度学派译文集》，科斯、阿尔钦、诺思等，上海：上海三联书店、上海人民出版社，2005年。

② 菲吕博腾、配杰威齐：《产权与经济理论：近期文献的一个综述》，《财产权利与制度变迁——产权学派与新制度学派译文集》，科斯、阿尔钦、诺思等，上海：上海三联书店、上海人民出版社，2005年。

配置。应当指出的是，产权的实现是通过社会的强制而实现的选择权利，有赖于政府的力量、日常的社会行动以及社会伦理和道德规范。

一项产权的主体化程度，即产权主体的明确或是模糊，以及主体的权利完整或是残缺，决定着产权的强弱程度及其相对地位。巴泽尔（1997）指出，人们对资产的权利（包括他们自己的和他人的）不是永久不变的，是他们自己直接努力加以保护、他人企图夺取和政府予以保护程度的函数，资产将产生的净收入取决于权利的界定，也就是说，取决于权利受到怎样的保障。阿尔钦（1987）认为，私有产权的强度由实施它的可能性与成本来衡量，这些又依赖于政府、非正规的社会行动以及通行的伦理和道德规范。[①] 可以看出，产权的强度事实上表现为产权的主体与其他权益相关者之间的关系。如果主体及其权利是明确界定的，表明产权主体拥有权益相关者的同意或认可，产权即是完整和有强度的，不会在产权结构中处于受侵害的境地，反之，如果产权主体的权利是不明确或受限制的，那么这个主体就不能有效阻止其他人对他的行动的干扰，则会表现出弱势产权的特征。这种比较模糊和残缺的产权，在产权的相互作用和影响中，甚至可能出现产权或所有权异化的现象。

这种不同产权主体之间的地位均势，来源于不同产权主体的权利平等，而不同产权主体的权利平等，则有赖于对不同产权主体平等保护的产权制度和运行规则。在产权清晰、政府平等保

① 阿尔钦：《产权：一个经典注释》，《财产权利与制度变迁——产权学派与新制度学派译文集》，科斯、阿尔钦、诺思等，上海：上海三联书店、上海人民出版社，2005 年。

护、市场规则明确的情况下，不同产权主体拥有均势地位、平等权利和合理生存空间，通过竞争和学习机制发生产权制度变迁，比如承包制在国有企业改革中的运用，股份制在农村的运用等，这也是现代产权制度必要性的一个解释。对不同产权主体的法定认可，对政府与各产权主体平等地位的法定认可，成为其地位均势和权利平等，以至实现利益均衡的路径依赖。

第二节　农村土地集体所有权的空洞化及其表现

在我们对整个社会进行产权制度分析的时候，总是有意无意地忽视了一个事实，那就是农村的发展依托着一个相对弱势的产权——集体产权，这正是“三农”等诸多问题发生的根源。集体产权作为庞大农村地区和农村人口的生产生活的根本保障，却是一个观念和法律名义上的存在，在实践中尚未充分展开，在法律上未能规定完善。我国城乡发展不均衡的根本原因，也正在于农村土地集体产权尚未构建起有效的产权主体化及其治理机制，由此造成城乡土地权益失衡，进而导致集体所有权和农村生产力的空洞化。

农村土地产权制度在农民财产权利保护中处于基础性地位，然而现实却是集体产权的空洞化状况，不仅集体产权主体模糊不清且主体权利残缺不全，而且农民集体及其成员对产权的保护能力弱，权益相关者的侵害行为严重，政府的干预较多而保护不足，都使之成为一个相对弱势的产权。

从集体产权的主体角度分析，集体土地所有权主体归属不清。宪法笼统地界定为农民集体所有，民法通则界定为乡（镇）、村两级所有，土地管理法和农业法中则界定为乡（镇）、村或村内农业集体经济组织所有，物权法界定为村农民集体所有、村内两个以上农民集体所有和乡镇农民集体所有。这种对所有者主体的不确定指称，折射出人民公社体制遗留下来“三级所有”关系的变动和混乱状况，也是农村现实土地关系的反映。法律虽然明确了“农民集体”的所有者地位，但“集体”概念具体化为乡镇、村、村民小组三级体系。三级体系是传统集体所有制时期一个行政化的概念，三级本身存在一定的包含和上下级关系，不利于确定集体土地所有权，也不利于市场经济条件下平等主体关系的形成。总体上说，现行法律虽然确立了农村土地集体产权的原则，但未能确立起集体产权的主体及其整体构造，农民权益得不到落实和保证。即使认为法律的表述对于土地权属边界的规定是明确的，这种权益边界也会由于地方政府、社区集体组织、村民小组甚至是地方家族势力等方面的影响而变得模糊，而这又往往成为各方主体争夺利益的借口。

从集体产权主体的权利角度分析，集体所有权的权能和利益弱化。尽管在法律承认了农村集体对集体土地所有权的主体地位，但其权能又必须由其他政策规定来形成，或由其他主体来行使，从而形成了集体土地所有权主体权利不明晰的空壳现象。一方面，国家及其各级代理人通过行政权力对农地产权进行限制和分割；另一方面，通过长期承包经营，农民享有对农地产权的众多分割。农民集体作为农村土地的所有权主体，并不能自己选择农地使用制度，这已由国家做出统一安排，集体只能遵照执行。集体的权利和义务是不对称的，其权利实际上是虚拟的，它不拥有土地的收益权、抵押权，也必须把耕地发包给农户，只能够对农户使用土地进行监督。集体有义务保障农户的土地承包权利，要为农民提供服务，还要保障政府土地规划的落实，却又没有相应的收益来履行自己的义务。《农村土地承包法》实际上显示了国家、集体和农户对土地所有权的分割，且没有明确合理地界定它们之间的权利边界，集体的土地所有者权利受到极大的限制。这里暗含了一种立法思想，即试图把集体的土地所有权“名义化”（党国英，2005）。农民集体作为土地所有权主体却无权买卖集体土地，集体土地只有经国家征用或征收后才能出让、转让，法律也不允许集体之间相互买卖土地，农村集体公共设施、公益设施建设用地也必须由县级以上政府批准，农民集体和集体经济组织没有批准权。这样，集体并不能作为所有者对土地的相关权利负责，在土地分配、土地流转等事务上没有制定政策的权利；在遇到外部（主要是国家）需要征用农村土地时，也几乎没有同意与否以及维护相应利益的谈判能力。

于是，“集体”或者是国家管理农村的一个虚拟中介，或者是具体个人管理农村的一个合法名义，它如何能保证对农村生产力的促进，尤其是如何保证农民能够获得由这种促进带来的利益，都是不确定的（孙津、郭薇，2006）。作为正式制度安排的集体所有权，在其成员中却只获得较低的认知度[①]，这与

---

① 对于农村集体土地所有权主体的认知，徐旭等（2002）在浙江所做的一项调查显示，有22.8%的被调查农户认为承包土地的所有权属于个人（家庭），有48.7%的农户认为承包土地归集体所有，有26.7%的农户认为承包土地的所有权归国家所有。该调查结论认为，这反映出法律上的农地产权主体在现实中被架空的事实。陈小君等（2004）在山东、湖北、广州等地所做的田野调查中，有60%的人认为是国家的，27%的人认为是村集体的，7%的人认为是生产队（小组）的，5%的人认为是个人的，还有0.4%多的人认为是其他人的。曾福生（2012）对湖南省2009年398户农户样本的调查中，48.5%的农户认为自己从村集体承包过来就应该属于个人所有，31.2%的农户认为农地的所有权属于国家，11.4%的农户不确定农地的所有权主体，8.9%的农户认为农地的所有权归村集体所有。此外还有不少调查可印证。

所有权本身的缺陷有密切关联，至少应在厘清公私法的基础上去实现集体所有权的主体化、完整化。如果在法律上确认了农民的集体土地所有权，而实践中又严重限制和弱化这一所有权的权能，那么集体土地所有权只能变成一个无实际内容的空泛概念。

要解释空洞化的集体产权长期得以存在的原因，正是国家权力的全面干预，通过一系列法律和政策对集体产权的利益关系进行安排，以维持集体产权的存在。这既是造成集体产权空洞化的原因，又在一定程度上“填补”了集体产权的空洞。集国家和基层政权的法律、法规、政策而形成的产权规则，其中有积极的方面也有消极的方面，这也正是集体产权和家庭承包责任制适应性与局限性的根源。农村土地集体产权的基本原则和制度安排，并非由农民集体和农民自主创设，而是由国家法律和政府政策从外部加以制定和调整，如集体土地的权利束的设置，农民集体和农户的权利及行使规则，所有权与承包经营权的分离等，这种行政化的产权关系不是市场交易的产物而是国家赋予的，也隐藏着国家对农民土地权利侵蚀的“合理性”。此外，由于受农村中残存的准行政关系的影响，各农民集体（乡、村、组）之间的地位和所有权边界实际上是不平等和不确定的。在这些方面，需要国家对集体产权和农民利益给予真实的界定和保护。

按照交易成本经济理论的观点，不同的资产专用性决定了不同的治理结构。土地作为具有承载功能的物质基础，资产专用性本身不是很强的，其交易应当适用于市场化的治理结构①，但必须看到我国农村土地却具有很高的“资产专用性”，这并不是由土地本身带来的，而是由于法律和政策对土地用途、土地权益等方面的过多限制造成的，因而表现出来的是由国家出台一系列政策规定设定统一的治理结构，其缺点是政府治理的成本和市场“交易”的成本都很高，而集体土地的市场价值却无法完整地实现。这时我们看到的，就是由于“所有权残缺”带来的农地资产专用性的异化。

农村土地集体所有权的空洞化，也导致了农村经营体制的残缺。虽然名义上建立了统分结合的双层经营体制，但家庭经营与集体服务二者没有协调发展和相互促进。承包制使农户获得了很大的生产自主权，但也相对削弱了集体的功能，使得依靠集体来搞的一些社会福利事业和农业基本建设成为薄弱环节。双层经营体制的残缺，使得家庭承包经营这种农业普遍采用的经营形式，难以发挥出其全部绩效。乡镇企业一度创造了乡村工业化的奇迹，但很快在政府主导的整顿和改制中整体衰落，并导致乡村工业化长期滞后。随着农村集体经济变成“空壳”，原有的统分结

① 如果资产投资不具有专用性，无论交易是偶然发生还是经常发生的，都应该采用市场治理结构。在市场中，标准化的商品和服务以及标准化的合约可以保证交易是有效率的。在市场治理结构中需要依靠法律法规来提供制度性支持，以此来保护交易双方的权利。在成熟的市场经济中，除范围限制很小的因公益目的而进行的土地征收（征用）以外，土地几乎都是采用市场交易进行，甚至大多数征收（征用）也采用征购的市场谈判方式，由市场确定交易价格和契约安排，因而适用于市场治理结构。此外，由于在农村范围内的土地具有普遍的农用属性，集体组织内部土地的流转可以认定为经常发生的（理由是这种内部行为是可以被集体成员观察到的，且在一定的年限内这种交易是会经常发生的），在此状态下可以采用双方治理模式。具体来讲就是交易土地流转的内部成员，基于自身信誉和未来利益等方面的考虑，会自觉地遵循交易契约的内容，当发生纠纷时能够互相之间进行协调。

合的双层经营体制逐渐名存实亡，使我国农村呈现出现代小农经济的图景。

集体产权空洞化也表现为农民对土地的实际利用不足，使得农村生产力日趋空洞化。虽然《土地管理法》和《农村土地承包法》强调了农民对土地的耕种，但实际政策却是鼓励农民作为剩余劳动力进城务工，所以农村优质劳动力实际上并未与农村土地很好地结合，同时还出现了具有一定规模的土地撂荒现象，使得农村土地总体上利用不足。在相关政策的配合下，农民大规模向城市转移，虽然解决了城市化所需的廉价劳动力问题，但"三农"的面貌并未因此发生根本转变。由于农村承包经营权的刚性存在，进城农民大多不会放弃农村的土地产权，因而农村人地比例并未根本改变，但耕种土地的农民却实实在在地减少了。大量情况表明，农村劳动力供求关系正在发生重要变化①，只能维持土地等生产资料与较低水平的劳动力的结合，制约了农业生产力的进一步提高。农村优质劳动力的普遍流失，仍属农村支持城市的第一个"普遍性趋向"的发展阶段，也是农村生产力空洞化的一个表现。

从产权的角度分析，主要原因在于：（1）现行集体产权制度与政策的取向，使承包关系稳定而非变动，即使农民存在某些机

① 国务院发展研究中心 2006 年在全国 17 省区 57 个县市的 2749 个行政村的调查，农村青壮劳动力外出打工或就地从事非农产业的比例平均为 54.12%，比全部劳动力转移率 47.9%略高；3/4 的村庄已无青壮劳动力可向外转移，大部分村的干部认为能够转移的农村青壮劳动力大都已经转出。韩俊（2007）认为，农村劳动力"既过剩又不足"，农村劳动力的时间和总量是过剩的，还有不少老、弱、低文化的劳动力，但农村青壮劳动力基本转移出去了——尤其是东部沿海地区，中西部尚有少量，同时受过培训的技术工人十分短缺。蔡昉（2007）认为，农村尚有 1.5 亿或 1.6 亿剩余劳动力的判断属明显高估，目前农村 40 岁以下的剩余劳动力，绝对数量只有五千余万。

会主义行为，一般也不会轻易丧失，有关政策为农民转移实际上开了绿灯；（2）现行集体产权的构造，维持着较低的土地规模化经营程度和农业劳动生产率水平，以及乡村工业和其他产业的缺乏，促使优质劳动力转而寻求更高的比较收益。在市场化、工业化、城镇化和经济全球化的过程中，农民既需要有家庭经营做基本的保障，也需要集体经济、集体组织和乡村工业，否则只有可以预见的相对贫困甚至破产，而这些都需要集体产权，以及集体产权的主体及其权利结构在市场经济条件下的适应性构造。

第三节　农村集体土地所有权的主体化：确权颁证

根据产权经济学的基本原理，在由狭义所有权、占有权、支配权和使用权等权利组成的产权束中，狭义所有权是最根本的权利，其主体的状况决定产权关系的性质和状况，其他产权主体应当由其决定或选择。并且，产权关系的变动应当以狭义所有权即归属权状况为限度，如果超出一定限度，就必然引起产权关系和所有制性质的改变（黄少安，2004）。从集体产权内部的结构看，集体产权的主体化包括集体所有权、使用权、支配权等各项权能的主体化。集体所有权体现着集体产权的性质，它的确立是集体产权构建的核心问题。

在集体产权可以分割的条件下，不同权利项可以有不同的主体，但这些不同权利项主体之间的关系，是依据集体所有权的性质、形式和职能而展开的，因此集体所有权的主体化是集体产权主体化的主导方面，不仅使农村特定的土地归属于某一农民集

经济组织还不是集体土地的所有权主体，而只是集体土地所有权的行使主体。

物权法对于所有权主体直接行使所有权未做一般规定，而将所有权的行使赋予所有权主体代表[①]，即具体的经营、管理主体，包括:（1）村集体经济组织或者村民委员会;（2）村内该集体各经济组织或者村民小组;（3）乡镇集体经济组织。这实质上是法律代行了所有者选择代理人的权利，或者说限制了所有者对代理人的选择权利。虽然《物权法》第五十九条规定，所有权主体有权依照法定程序决定土地承包、承包地的调整、土地补偿费、集体企业的所有权变动等重要事项，第六十三条规定集体经济组织、村民委员会或者其负责人做出的决定侵害集体成员合法权益的，受侵害的集体成员可以请求人民法院予以撤销，但这并不是所有权的全部内涵。从某种意义上讲，物权法承认了农民集体的权利地位，却没有直接承认其所有权主体权能或者民事主体资格。

现代市场经济的运作，需要在多样的所有主体与经营主体之间做好财产权的安排。所有者对其代理人要赋予一定范围的对财产的支配、使用以及处置权，构建起代理人的财产权（经营权），以形成委托代理经营的活动与职能，又要使经营权约束在所有权的基本框架内。农民集体和集体经济组织是两个不同属性和层次的概念，虽然集体经济组织也是由一定范围内的全体农民组成，

① 《中华人民共和国物权法》（2007 年 3 月 16 日第十届全国人民代表大会第五次会议通过）第六十条规定:“对于集体所有的土地和森林、山岭、草原、荒地、滩涂等，依照下列规定行使所有权:（一）属于村农民集体所有的，由村集体经济组织或者村民委员会代表集体行使所有权;（二）分别属于村内两个以上农民集体所有的，由村内各该集体经济组织或者村民小组代表集体行使所有权;（三）属于乡镇农民集体所有的，由乡镇集体经济组织代表集体行使所有权。”

但并不等于农民集体本身。若农民集体不享有法律人格，势必不利于其对外以自己名义进行民事活动，维护农民集体的权益。这样，由于法律规定与产权结构的内在要求之间不匹配，决定了所有权主体与代理主体之间必然产生矛盾，这种矛盾一旦难以化解，就会为政府干预留下空间。《物权法》的立法意图实质上是通过法人化的所有权主体代表来实现农民集体所有权，但需要进一步理顺有关委托代理机制。其中两个问题应予以重点关注：第一，由谁委托的问题。应明确集体有直接行使所有权的权利，并让集体所有权主体真正拥有选择自己财产代理人的完整权利。第二，委托给谁的问题。法律和相关政策规定只需要确立公平、公开、竞争性的程序及相关的监督检查机制，就可以确保农村基本经营制度的进一步完善（陈剑波，2006）。如何重建农村基层组织，不仅涉及农村财产体系的重构，也涉及行政体制改革和法律体系的调整。

从现在情况看，完善农民集体的法律地位，关键在于依法定形式（物权）明确客体物（土地）的权利归属，赋予权利主体以民事主体地位。[①] 为便利集体组织对外开展活动和维护集体权益，法律应把农民集体确立为一种特殊的民事主体，建立健全农民集

① 从民事主体结构看，要么承认农民集体是法人或非法人组织，要么承认农民集体是一种新类型的民事主体。法人和非法人组织可以自己的名义从事民事活动，有自己的名称、财产和管理机构，有特定的设立和解散程序。而农民集体不能随意创设，不能随意合并，更不能自行解散。从社会学的角度，团体可分为自然结合的团体和自愿结合的团体，前者包括血缘团体和地缘团体，后者包括营利的公司和非营利的各种学会等。农民集体是血缘和地缘的共同体，是自然结合的团体，是自发形成的村落秩序。因此，农民集体是不同于法人和非法人组织的民事主体，在未来民法典中必须明确其独立的民事主体地位。参见申惠文：《法学视角中的农村土地三权分离改革》，《中国土地科学》，2015 年第 3 期。

体法人的组织机构和治理结构，规范农民集体的成立运行，以便通过法律手段调整农民集体与集体经济组织之间，也就是所有权主体与其代表或行使主体之间的关系，而不必再留有政府干预的空间。在立法上，应当规定村民大会或村民代表大会为农民集体的最高权力机构，集体经济组织作为所有权主体代表对集体土地的一切重大处置，均需经集体经济组织的农民集体表决同意，以充分行使所有者的权利。要进一步完善农民集体内部的民主管理机制，扩大农民集体表决的适用范围，明确规定相关程序，使得集体土地所有权主体与主体代表相制衡。农民集体可以召开成员大会直接行使权利，使得集体有实现自己意志、行使自己权利的途径。否则，以集体经济组织或其他自治组织代替农民集体，失掉了集体产权及集体所有制的真实含义。

对于集体经济组织而言，则要完善集体土地所有权的行使机制，建立法人的治理机构包括法人的权力机构、执行机构和监督机构等，使其发挥重要的主体代表作用，真正发挥集体土地所有权实现过程中应有的经济功能和经济效益。应当明确集体经济组织是集体土地所有权主体代表的一般形式，逐步取消村民委员会、村民小组作为所有权主体代表的情况，避免出现多头代表、多种组织职责不清的现象。村民委员会和村民小组可以代表农民集体行使监督权，一定程度上制衡集体经济组织行使集体土地所有权，真正维护农民集体的合法财产权利。

第五节　农村土地集体产权主体化的治理机制

集体产权并不是一种典型的物权概念，其治理机制也应当有所不同。从历史渊源上说，近现代的集体所有权是从源于西方的合作制中产生的，其基本特征与合作的基本原则具有天然的内在一致性。任何形式的合作都必然导致和包含着集体所有权，即便是小生产者在个别私人所有的基础上进行的股份合作，也因合作组织和合作成员平等、民主地占有支配共同财产（包括）股金而获得了集体所有的性质。从逻辑上说，任何合作组织或集体经济组织，只要它采取开放和民主的经营管理方式，就终究会发展出一定范围内的社区性集体所有权来（马俊驹，1993）。

我国《物权法》虽然未对“集体所有”的内涵做详细解释，但从第五十九条“农民集体所有的不动产和动产，属于本集体成员集体所有”的规定来看，实际指出“集体所有”的内涵为“本集体成员集体所有”，并特别强调了应当“依照法定程序经本集体成员决定”的有关事项，这也反映出“集体所有”的实质意义在于，其所有权由本集体成员平等、民主地决定。我国法律对集体经济组织的相关规定也与此一致，如《宪法》规定“集体经济组织实行民主管理，依照法律规定选举和罢免管理人员，决定经营管理的重大问题”，以及《物权法》规定“集体经济组织或者村民委员会、村民小组应当依照法律、行政法规以及章程、村规民约向本集体成员公布集体财产的状况”等。一定范围的集体和集体组织成员在直接管理处分集体财产时，必须遵照全体成员以民主的方式形成的集体意思，必须严格执行一人一票、民主管理等合作制原则。集体意志是集体产权行使的前提，法律必须保证集体建立一个保障成员民主权利得以充分发挥的机制，以确保集体产权的正确行使。

集体所有权是个人和一切其他成员共同拥有的对集体财产的

所有权，个人作为集体内部的一员，一方面他既是集体财产的所有者的一份子，另一方面他又不是集体财产的所有者，因为他没有属于个人的所有权，作为个人只有和其他一切成员结合，共同构成集体财产的所有者的时候，他的权利才有效，才能发挥作用。个人作为集体的一员既是所有者，又是非所有者，构成了集体产权关系中个人的二重规定性。这一规定性决定了个体和集体既有利益上的一致性，但个体又是与集体相区别的利益主体，个体未必关心和维护集体产权，同时集体也未必包含和保护个体的利益。当个体利益与集体利益不一致的时候，个体缺乏维护集体利益的激励，会导致集体所有权的弱化，从而使各自利益的保护都会变得更加困难，容易受到外部产权和政府干预的侵害。集体产权的现实构造，既要避免单个私人单独享有权利，又要解决集体成员集体享有权利时的意志协调问题。如果一个大的团体的成员在理性地追求他们的个人最大福利时，就不会起到使他们的共同或团体目标利益进步的作用（奥尔森，1962）。倘若集体活动的目标不是为了实现其成员利益的最大化，也会使集体产生异化。在计划经济的很长时间里，乡村集体的主要目标是向国家提供尽可能多的剩余产品。在市场经济时期，集体的代理人或是集体中的少数人为获得更多个人利益，也使集体活动偏离共同利益目标，出现了诸如集体资产流失等问题。集体在什么程度上能够实现成员的共同利益，取决于国家对集体产权的保护程度和普通成员在集体中的地位，也取决于集体自身的组织结构和运作机制，这是由集体的组织特点所决定的。

与现代公司中的治理结构相比，集体产权制度中不存在个人所有权且产权分散而平均，造成集体行动较大的困难和较高的成本，以及一些内在的委托—代理难题，而且这些难题难以通过集体以外的竞争性市场来加以解决。另一方面，由于集体所有的主体不像国家所有权的主体那样范围广大，集体在必要时可以直接行使所有权，从而避免代理人造成的损害。关键在于，这种直接行使的机制本身应当是健全和完善的，集体产权的成员对于代理人的行为，几乎随时可以被观察和监督到。因此，强调集体产权必须依靠内在的民主管理、民主监督方式来解决就十分必要。这也正如宋磊、孙晓冬（2012）所指出的，经济民主本应是社会主义市场经济转型目标的题中之意。

在集体内部，集体意志的形成需要有一系列较为复杂的协商程序，如召开成员大会决定重要事项等，所有成员联合达成一个最优行为的协议的谈判成本往往很高。因此，集体产权的实施通常通过集体成员民主选举的代理人进行，但如果代理人的利益取向出现偏差，集体活动最终实现的利益就可能与集体成员应获得的产权利益不一致，可能出现集体产权的委托—代理问题。当一个集团组织内的成员为数很少时，成员之间有可能进行充分的谈判并一致同意开展集体行动。集体成员越多，以正确的比例分摊收益与成本的可能性越小，“搭便车”的可能性越大，离最优化水平就越远；集体规模越大，为开展集体行动进行讨价还价的人数越多，从而讨价还价的成本会随集体规模的扩大而增加（奥尔森，1995）。同时，集体中有较强影响力的部分小团体可能控制着集体产权的具体实施。在大多数决策中，一个控制代表或是一个小的管理团队成了事实上的所有者，会造成集体权利的虚化和对其他成员利益的损害。

可见，集体产权的实现有赖于合理的治理结构、适当的规模、内部的协调性并消除内部团体的控制。首先，要通过一定的组织（权力机构）和程序使集体意志得以形成，对集体土地的支配做出决策，然后，由一定的组织（执行机构）来贯彻集体决策，同时要有一种常设组织（监督机构）来监督集体意志的贯彻情况，保护集体利益和成员利益不受侵犯（张安毅，2006）。

第六节　土地确权之后的乡村治理

在市场化条件下的乡村治理，最根本的是要加强对集体土地产权的界定和保护，对集体产权进行市场经济的适应性改造，重新构建农村地区的产权基础。在转型时期，“还权赋能”不能因“确权颁证”结束而结束，相反，不仅“还权”还在路上，政府在界定了产权之后，保护产权的责任也才刚刚起了个头。顺应这一要求，政府所要做的是使政府干预从农村集体产权制度中有序退出，但却既不是要转向国有化，也不是转向私有化，关键在于恢复集体产权应有的产权主体地位，使之受到保护和拥有的实在权利，并构建各类基本产权主体共同发展的和谐产权关系。

当前，政府应当从明晰农地产权主体及其权利、完善农地产权交易的市场制度、构建城乡土地一体化登记管理体系、提高农村劳动生产力等四个维度，切实履行政府在社会主义产权制度建设中的职责。（1）必须坚持城乡二元土地所有制，改变目前农村产权与城市产权的失衡现状，遏制土地要素从农村到城市、土地权益从农民集体到国家的大规模单向流动，实现城乡土地产权的均衡和权益平等。在进一步的市场化改革中，政府应该打破现有体制对农村集体产权的诸多限制，明晰农地产权主体及其权利，使土地本身的要素属性和资产属性凸显出来，促进土地要素的自由流转和市场化治理，确保农民能利用自己的土地资源，自主完成从农民到市民之间的资本积累。这样，既能降低政府治理和市场交易成本，也更能促进城市化进程。（2）在“确权颁证”之后，政府也并没有完全退出，不合理的征地、市场分割和各种限制也还在继续。当前要特别注意的是，要加快建立城乡间土地平等交易和产权转换的一整套具体规则，加强城乡一体的土地市场建设，规范相关各方交易行为和利益分配，使集体土地的权益得到平等有效的保护。（3）我国《物权法》明确了建立一个统一的、一元化的产权登记体系的原则，而现行的城乡二元土地登记制度，不能适应农村土地产权变动的需要，阻碍和限制了农地产权权能实现及城乡土地要素流转，应当依据物权公示和登记生效的原则，从制度设计上构建一套覆盖城乡的统一的土地登记管理制度。（4）政府还应统筹城乡劳动力的合理配置，加大城乡劳动者人力资本投资，促进集体土地与优质劳动力的结合，完善统分结合的双层经营体制，进一步发展农村劳动生产力。

农村土地确权之后，农民和农户家庭经济更加分散化，农民如何面对市场，如何联合、合作、实现产业化是乡村治理面临的重要问题。由于农村土地集体所有权的整体性和承包经营权的均分性，以及土地所有权与承包经营权必定分离的特有的产权结构，可以在承包经营权而不是所有权基础上建立起股份合作，将分散的农民个体组织起来，集中小块土地等生产资料进行合作经营，构建农村依靠自身力量发展的内生机制。在集体产权制度基础上，进一步探索集体所有制的多样化实现形式，壮大集体经济，丰富农村公共品的供给渠道。

土地财产权是一种法律权利，农民土地财产权的确立，在国家、集体与农民之间引入法律因素，从而决定了国家调控基层社会的基本模式，将由行政权力主导转变为以契约关系主导的乡村治理模式的变革。如都江堰市采用了“鱼鳞图”这一确认形式，从法律属性上讲，“鱼鳞图”是村民之间关于产权确认的民事法律文件，对所有参与签字盖手印的村民产生法律上的约束。确权之后，产权保护就成了农村产权改革的核心工作，而产权的保护也有利于乡村法治建设，促进乡村治理走向法治之路。为维护农村和农民在生产要素城乡流转中的合法权益，四川在律师协会中设立统筹城乡法律服务专委会，成都将农村产权维护纳入政府法律援助范围，也是值得探索和总结的做法。

在构建农村集体土地主体化的治理机制中，要注意防止政府的不当干预。行政权力对于各类产权主体都有干预的动因，防止行政干预的关键不在于确权给哪一级主体，而在于制度的有效约束。这一方面需要完善集体所有权主体及行使主体的治理结构，使乡村治理主体拥有更大的自主空间和自主能力；另一方面需要基层政府和基层组织的转型，在市场经济中进行重新定位。由于农村土地集体产权得以明确，基层政府和其他行政性组织将逐渐失去直接管制权，主要承担行政性的社会管理职能和服务职能，如乡村的规划、基础设施和公益事业的建设等，成为农村公共产品的提供者和农民与市场联结的中介。

作为公有产权的一种形式，集体产权必然要反映社会上一部分人共同占有他们所拥有的生产资料和生产成果的关系，需要在社会利益、集体利益与成员利益之间协调平衡。在城乡二元体制和城市化的特定阶段，乡村治理离不开“国家—集体—农民”这一框架下的任何一个，农村需要国家承担相应的责任和投入，农民也需要乡村共同体的保障和公共品的提供，关键在于国家、集体和其他主体与农民的利益关系如何构造与治理。从多元主体合作博弈的视角，我们要寻找国家和乡村社会能够接受的一条道路，把乡村社会嵌入到国家关怀下，把国家的治理融入乡村发展中，实现社会的有机整合。

第五章　农村产权市场化交易关系的治理结构

本章从关于交易成本和契约治理的基本观点及其拓展出发，尝试将其拓展到非典型的农地产权交易中，进一步分析了征地过程中农地资产专用性的变动机理，考察了农地集体产权残缺的表现及相关的机会主义行为，探讨市场化条件下农地交易契约关系的治理路径，从一个新的视角探索我国农地产权制度变革及其治理问题。

第一节　关于交易成本和契约治理的基本观点及拓展

产权作为由法律、习俗、道德等界定和表达的，得到人们相互间认可的关于财产的权利，需要有形的或无形的、书面的或非书面的、正式的或非正式的契约或约定来维系。因此，产权也可看作一种社会契约或社会工具，不同内容的产权交换形式就是不同的契约结构。为了实现产权的价值和资源的最优配置，产权必须是可交易的，交易的过程也是复杂的契约过程，需要有各种机制来保证契约本身可以低成本实施。如果将产权看作是一系列契约组合的话，那么产权交易就是契约的治理问题，不同的产权交易形式会衍生出不同的契约形式。

契约（Agreement），在法律意义上是指合约或协议。现代经济学的契约既指法律意义的合约，也包括被人们默认的合约。在19世纪70年代以前的古典经济学时期，尽管没有系统地构建起契约理论，但是契约问题却成为这一时期著作论述的核心。古典经济学所推崇的自由竞争是古典契约理论的内在实质。孟德斯鸠、卢梭等把契约自由原则扩张到社会领域，形成了关于人的社会契约理论；霍布斯认为平等和自由是契约的重要精神；洛克认为人是生而平等的，为了保证人的生命、自由和财产等权利，就需要限制国家权力的滥用。20世纪七八十年代，威廉姆森提出了“契约人”概念，即经济中的人都处于各种交易关系中，都会受到隐蔽的或者是显性的规则的约束。他在不完全信息、有限理性和机会主义行为基础上，系统提出不完全契约的思想。在现实世界中，由于人的知识和能力的有限性、环境变化的复杂性、信息的非完美性等因素的制约，人们不可能穷尽交易的所有信息，也不能超然地想到协议中的所有内容，使得交易者对契约的细节等不能穷尽，而在契约的执行环节，也可能由于机会主义行为而出现欺诈和不完全履约行为。

在威廉姆森的交易成本理论中，人们的经济活动就是交易活动，不同的经济活动体现不同的交易关系。在交易活动中，由于交易当事人有限理性和机会主义的行为特征，因而需要提供一个足以支持具有成本优势的解决方案的治理结构，或者说设计一个相应的治理机制，以避免不可预测的扰动引起参与各方“适应不良”的风险，这是一个永恒的主题。更一般地说，研究治理所关心的正是对契约风险的全部形式的辨别、阐释与缓解之道。[①] 由于契约形式的不完全性和多样性，不同的契约关系适用于不同的交易关系，达成不同的契约形式会耗费不同量的交易费用，也会产生不同的效果。

威廉姆森将影响交易费用的因素分成两组：一组是“交易因素”，尤其指市场的不确定性和潜在交易对手的数量及交易的技术结构，包括资产专用性程度、交易频率等；另一组是“人的因素”，其对契约人的行为假定是有限理性、具有机会主义行为倾向。[②] 交易成本理论把资产专用性及其相关的机会主义行为看作是交易成本的主要因素，把专用性投资作为核心经济变量，进而把企业制度的选择看作是资产专用性的函数。资产专用性是指某项资产在不牺牲其生产价值的前提下能够重置于备择用途的程度，以及该资产被备择使用者重置的程度。资产专用性可以采用多种形式，人力资产转型的形式只是其中一种；资产专用性不仅引起复杂事前的激励反应，更重要的是也引起了复杂的事后治理结构反应。按照威廉姆森的区分，资产专用性主要包括六大类：（1）场地的专用性；（2）物质资产专用性；（3）人力资产专用性；（4）专用资产；（5）品牌资本；（6）临时专用性。[③] 依据专用性的程度，也可以分为非专用性资产、混合型专用资产和高度专用性资产。在交易中，交易双方会做出投资选择，即进行专项投资还

①〔美〕奥利弗 E. 威廉姆森：《治理机制》，石砾译，北京：机械工业出版社，2016 年。

② Williams, H and A G Wilson. “Some comments on the theoretical and analytical structure of urban and regional models”, *Sistemi Urbani*, 1980.

③〔美〕奥利弗 E. 威廉姆森：《治理机制》，石砾译，北京：机械工业出版社，2016 年。

是一般性投资。专项投资可以节约成本，由于其不能轻易地改变用途，故存在着被“敲竹杠”等战略性的危机。一般投资的适用性比较强，可以灵活地转换用途，但是交易费用可能会很高。如何权衡？这就需要随着交易类型和契约治理结构的变化而变化。

一种交易活动，是适合市场组织或是适合内部组织，取决于不同的交易的特征和相关的交易成本。为了有效规制交易行为，可以采取市场化和非市场化协议的方式，可以利用三方关系契约和等级契约，可以采用收益分享、成本分享、第三方仲裁以及自我履约机制等，以保证契约的有效性。由于交易的属性不同需要不同的契约关系与之相匹配，而不同的契约关系需要设计不同的治理结构，以降低交易成本（见表 5-1）。治理结构主要可分为四类：市场治理、多方治理、双方治理和统一治理，但具体交易究竟选择哪种治理结构来完成，则取决于对交易属性的分析。多样性契约治理结构的意义在于，无论是契约多样性本身，还是契约多样性关系的治理选择，都强调契约各方的适应性，以充分认识和分析交易潜在冲突产生的因素和对契约关系治理结构的选择，并提供有效的治理方案。

表 5-1　多样性契约关系的有效治理结构

		资产专用性		
		非专用的	混合的	高度专用的
交易频率	偶然的	市场治理	三方治理	三方治理
	经常的	市场治理	双方治理	统一治理

资产专用性通过影响人的行为属性影响交易成本的高低，资产专用性越强，人们的机会主义倾向越严重，交易成本越高，治

理结构也越复杂。理想的治理结构应该是能够节约交易成本的结构，不同的交易活动需要建立不同的治理结构与之相适应。当一项交易不涉及资产专用性时，无论交易频率高低，都属于古典契约，适合于以标准的市场治理结构来完成；当交易涉及资产专用性时，资产一旦投入后就很难再改变用途，具有资产专用性的一方就可能出现机会主义，或者被另一方"敲竹杠"，这会产生交易成本。因此，以某种相对固定的合同来对双方的行为进行约束，甚至某些中介力量的介入可以确保合同的执行。当投资的资产具有高度专用性时属于某种关系型契约，无论是偶然的还是经常的交易，双方都更愿意采取统一治理结构的方式，因为资产的专用性越强，其用途就越是单一，资产的沉没性也就越大，交易过程中任何的波动和不确定性都将给交易双方带来重大损失[①]。统一治理是针对复杂交易建立的高级治理结构，它主要通过科层或严格的计划来完成；市场治理是最简单的治理结构，只需按照市场机制来完成。处于两者之间的属于新古典契约和另一种关系型契约，分别对应于第三方治理和双方治理，通过除市场和科层之外的混合形式来完成[②]。三方治理，由于资产投资具有混合型和专用性特点，其发生的投资成本很高，如何保证这种偶然的或者是一次性的交易是成功的，需要设计特殊的治理机制，比较流行的做法是在交易双方中引入中介，主要是仲裁委员会等，因此又称为调解治理结构，主要适用于可信性交易和竞争性交易。采

① 牛晓帆、贺翔:《资产专用性及其相关问题研究》,《商业时代》, 2006 年第 4 期。

② 聂辉华:《交易费用经济学：过去、现在和未来》,《管理世界》, 2004 年第 12 期。

用三方治理，不是将所有的问题都提交给法庭来裁决，而是借助第三方来解决纠纷。当资产投资具有混合性质，交易是经常发生的，可以考虑应用双方治理结构。因为交易是重复发生的，进行混合型投资的成本虽然高，但是可以在经常性交易中获利，从而激励交易双方做出投资决策。如果扣除为建立双方治理结构的费用后，交易者获得的净收益是正的，就会有动力去建立此类治理结构。双方治理适合于持久的、复杂的、具有适应性的交易，这种治理结构的关键在于交易双方的相互适应性。

在市场化条件下农地产权的交易和流转，实质上也是一种契约交换形式。在我国现行的农地制度中，存在以下几种可能的产权交易契约：(1)农民与集体之间长期的土地使用契约。具体来说就是在集体所有之下，农户与集体间形成的土地承包经营契约；(2)农村集体内部的土地使用权交易契约，其实质是土地的使用权在集体内部的流转；(3)农民、集体与国家之间转换土地所有权和使用权的契约。这是一种具有强制性转换的契约，也是现实中最难治理的契约，因为参与契约者涉及拥有土地最终处分权的国家；(4)农户、集体和其他土地利用主体之间的契约，这主要涉及土地的转租、入股等形式的契约，这些契约的形成和履行是需要相应配套的治理结构来支撑的。

结合农地交易关系具体来说，在不同情形的土地交易属性下，需要采取不同的契约治理结构：

(1)市场治理。如果资产投资不具有专用性，无论交易是偶然发生还是经常发生的，都应该采用市场治理结构。在市场中，标准化的商品和服务以及标准化的合约可以保证交易是有效率的。在市场治理结构中需要依靠法律法规来提供制度性支持，以此来保护交易双方的权利。在成熟的市场经济中，除范围限制很小的因公共利益而进行的土地征收（征用）以外，土地几乎都是采用市场交易进行，甚至大多数征收（征用）也采用征购的市场谈判方式，由市场确定交易价格和契约安排，因而适用于市场治理结构。

（2）三方治理。在交易是偶然发生的，资产投资具有混合性质或者是专用性质时应该采用三方治理结构。第三方的引入可以对交易双方的行为做出评价，同时可以建立有效的协调机制，及时解决交易中发生的纠纷。在农地流转和交易特别是对集体以外的流转及交易中，此时集体土地与外来交易者的产权性质并不相同，且作为一个产权整体在流转方面所受的限制较多，特别是在征地、抵押、入股、集中连片流转等交易中，往往政策性很强、涉及农民利益重大，必须采取更加有保障的交易治理结构。由于农民集体作为农地所有者和发包方的特定身份，以及集体经济组织、村委会、乡镇政府等正式组织作为其代表，往往充当这样的中介、担保或协调机构，可以降低外来者与农户之间交易的搜寻成本、谈判成本和监督执行成本，使得农地流转和交易能够进行。

（3）双方治理。在双方治理结构中，交易双方都具有合作的长期意愿，双方都可以从交易中获得利润，当遇到纠纷时双方能够协商解决。在农地流转与交易中，特别是对内的流转及交易中，由于交易方同属一个集体，因为流转和交易是可以重复发生的，声誉机制和合作博弈机制可以发挥作用，因而在农村广泛存在双方私下协商流转、口头协议流转等转租、转包及代耕、代种等情形，且这些非正式协议也能得到集体的认可甚至政府的默认。

（4）统一治理。如果资产的专用性越来越强，专用资产转作他用的可能性就越来越少了。在这种情况下，采用纵向一体化就是比较合适的治理结构。纵向一体化的优点在于它可以集中交易双方的所有权，以便快速适应交易条件的变化。在农地交易关系中，由于土地资源的稀缺性及土地管理的严格性，国家确定承包政策、流转政策、征地政策成为必要，使得一些本可以三方治理、双方治理甚至市场治理的交易，不得不“上升”为统一的治理结构。由于土地征收（征用）主体的特定性，国家权力确定交易主体、交易价格、交易程序成为一种常态化的制度安排，当征地中的不规范行为甚至纠纷广泛出现的时候，甚至不得不成为近乎“合理”的治理结构安排。

第二节　征地过程中农地资产专用性的变动机理

在一般情形下，农村土地的资产专用性主要体现在：

首先，区位条件、土壤肥沃程度、气候条件、经济规模、技术水平、灌溉设施配套状况等，在很大程度上决定了一块农地的资产专用性。一般条件的农地属于非专用性的土地资产，而气候条件独特、区位、市场、交通运输等条件优越的农地则具有天然的资产专用属性。通过资金、技术、人力的投资或转变用途，非专用性或中等程度专用的农地可能转变成为特殊专用的资产。从农地流转尤其是以专业化经营为目的流转来看，农地在流转过程中其专用性程度往往会发生变化，对转入土地的一方而言，对土地进行专用性投资才有利可图，反之则获利甚微甚至毫无利益可言。[①]

第二，农村土地本身用途的资产专用性。在不改变农用地用途的条件下，以耕种为目的的土地流转主要用于收获农产品。当农地用于某种农产品的生产后，就不能同时再种植其他农作物。由于自然区域的气候和土质千差万别，而不同区域适宜生长不同的农作物，超出一定范围，土地的经济用途就会大大减弱甚至消失，这使得农业生产具有区域的特性。此外，当改变农用地用途、转化为建设用地时，如建造城乡住宅和公共设施、交通水利设施、军事设施等，就很难再将其还原为农用地。

第三，农地产权交易中人力资本的资产专用性。一般而言，专用性人力资本包括四个主要方面：与特定时间和地点相关联的知识、操作特定机器设备的技能、关于特定的生产流程和信息沟通的知识、特定的工作团队和人际关系技能等，这在农村和农业领域是普遍存在的。农地交易中人力资本的专用性，可以理解为从事农地耕种和经营的人的技能受制于生产环境、产品特性等客观因素，当这些因素发生改变后，农地耕种和经营技能变得几乎毫无价值。

但在我国，农村土地交易具有自身的特点。我国土地基本制度包括国家土地所有制和集体土地所有制，也称为二元土地所有制，这与城乡二元经济体制是密切相连的。我国《宪法》第十条规定，城市的土地属于国家所有，农村和城市郊区的土地，除由法律规定属于国家所有的以外，属于集体所有；宅基地和自留地、自留山也属于集体所有。我国《土地管理法》第四条规定，

① 参见黄英良:《资产专用性及对农地使用权流转的影响》，2006 年 7 月 13 日，http://www.chinavalue.net/Finance/Article/2006-7-13/37134.html。

国家实行土地用途管制制度。国家编制土地利用总体规划，规定土地用途，将土地分为农用地、建设用地和未利用地。严格限制农用地转为建设用地，控制建设用地总量，对耕地实行特殊保护。[①]这样，城市土地主要用于房屋、道路和生产设施等建设，而农村土地除集体建设用地外，主要用于农作物的种植。由于我国二元土地所有制和土地用途管制，使得农村土地所具有的用途和位置上的资产专用性，在很大程度上复合在一起，由此导致了城乡土地权利的失衡和城乡土地交易的不平等关系。

在农地流转关系治理中涉及的主体，主要包括：中央政府、地方政府、村集体组织、农民以及外来企业。（1）中央政府是土地政策的制订者，从宏观层面谋求土地资源的最佳配置，综合考虑社会、政治、生态等各方面的因素，以提高农民收入、保证农民利益、促进农村发展为目标，一方面稳定农户长期的土地承包权，以农地安全维护粮食安全；另一方面保留将“农业用地”转为“非农业用地”，将“集体土地”转为“国家土地”的权力，以推进工业化、城市化的用地。（2）地方政府是中央政府的代表和土地政策的具体执行者，相对中央政府而言，地方政府具有独立的利益，可能与国家利益存在差异或不同程度的对立，形成中央与地方之间利益博弈的格局。土地性质的转换意味着巨额的土地出让金，地方政府可以利用“国家”代理的身份，拥有事实上审批、管理和分配土地的权力，在很大程度上成为最直接的土地

①《中华人民共和国土地管理法》第四条规定，农用地是指直接用于农业生产的土地，包括耕地、林地、草地、农田水利用地、养殖水面等；建设用地是指建造建筑物、构筑物的土地，包括城乡住宅和公共设施用地、工矿用地、交通水利设施用地、旅游用地、军事设施用地等；未利用地是指农用地和建设用地以外的土地。使用土地的单位和个人必须严格按照土地利用总体规划确定的用途使用土地。

受益人。(3)村集体组织是法律认定的农村土地所有权的行使人。在土地流转过程中，村集体组织往往代表村民与政府双方的利益，参与土地补偿的谈判现场，比较容易利用手中资源换取利益，可能出现与村民利益不一致的逆向选择。(4)农民处于土地交易信息的末梢，寻找土地补偿的完全信息成本也很高，加之个体村民“搭便车”心理，往往难以形成有效的集体行动，导致监督失效。此外，农民的非农就业存在不稳定性，对外出务工的农民而言，农地的保障功能更重于耕地的生产功能，因此在土地流转中，农民只能想方设法地提高土地的补偿价格。一旦遇到土地补偿标准过低、社会保障机制残缺和失业等问题，农民会自觉不自觉地采取维护甚至反抗等行为。(5)与农地相关的外来企业，主要是城市化进程中的房产商和工业化进程中的企业。农地的流转(包括宅基地)会增加土地的供应，也会带来巨大的开发收益。房地产商和企业作为用地者，在交易中选择不同的合作者和交易策略，会带来不同的利益和风险成本。

在农地流转过程中，相关利益主体谋求获取各自利益本属正常行为，但农民作为土地拥有者却是一个相对弱势的群体，地方政府、农村集体组织、用地单位往往利用优势地位，形成一个针对农地的共谋利益集团。例如，在许多征地行动中，面对这样的共谋利益集团，被征地农民只能策略性地被动接受集体土地被征占的失地补偿，沦为地方政府、用地单位、农村集体组织三方利益博弈结果的被动接受者。利益最大化的追求和不规范的逐利行为，最终导致利益失衡。这场围绕农村土地进行的利益博弈，始终是一场以被征地农民之所失，满足其他利益主体之所得的“零和”博弈，甚至各方全输的博弈。这种博弈不仅耗费社会资源，由此还引发层出不穷的纠纷和冲突。

随着城镇化的快速推进，一方面由于承包经营权的固化，农村土地在集体内部的交易并不活跃；另一方面，农地交易日益表现为农地产权在集体与国家之间、农用地与建设用地之间或者城乡之间的大量转换，这是城镇化进程中我国农地交易的一个显著特点。《物权法》第一百二十八条规定，土地承包经营权人依照《农村土地承包法》的规定，有权将土地承包经营权采取转包、互换、转让等方式流转，但实践中由于农地所具有的社会保障功能，这种流转受到很大限制。而据统计，仅 1987 ～ 2002 年全国非农建设就共占用耕地 3689.4 万亩。① 依据国家法律规定，这些被占用为城市建设用地的农村土地，在理论上应当位于城市土地规划的范围内。

国家对土地用途的管制，是通过土地利用总体规划来实现的，国家征地范围也应当在土地规划中城市用地的范围内。② 虽然现在是农用地，但依据土地规划和公共利益需要可以转化为城市建设用地，此外则不允许。因此，这样的土地具有双重属性：一方面是现实的农用地，另一方面又是潜在的城市建设用地，或者说最终必然是城市建设用地。这样，无论城市规划范围内的农用地上现在种植的是什么，它在交易中作为农用地的资产专用性实际上都是不存在的，因为它的用途指向是建设用地，这时它的

① 叶兴庆:《关于促进城乡协调发展的几点思考》,《农业经济问题》, 2004 年第 1 期。

②《中华人民过共和国土地管理法》第四十四条规定，建设占用土地，涉及农用地转为建设用地的，应当办理农用地转用审批手续。在土地利用总体规划确定的城市和村庄、集镇建设用地规模范围内，为实施该规划而将农用地转为建设用地的，按土地利用年度计划分批次由原批准土地利用总体规划的机关批准。

承载和建设功能与其他建设用地相比并无不同，其资产专用性并不是很高的，因此，在土地规划的城市用地范围内的一块农用地进行交易，即国家实行征收（征用）时，并不适合于按照其作为农用地的资产专用性，而应当按照其作为建设用地的最终属性进行治理，而较低的资产专用性应当适用于市场化治理，也就是说，应当由这块土地的所有者依据市场需求自主进行交易。只有当农用地已经转变为城市建设用地后，它的地段及相应的经济价值才会与其他建设用地相区别，从而具有另外的资产专用性，而这只是同类土地的经济价值在量上的比较，并不涉及土地用途这样根本性的区别。

但是，《土地管理法》第四十三条规定，任何单位和个人进行建设，需要使用土地的，必须依法申请使用国有土地，并明确指出“国有土地”包括国家所有的土地和国家征收的原属于农民集体所有的土地。这样，国家土地利用规划原本赋予这部分土地的权利消失了，“国有土地”成了建设用地市场上唯一合法的交易品。但是，城镇化建设又需要这部分土地“进入”建设用地市场，其唯一“合法”途径是被国家征收为国有土地，否则，就只能保持其原有的农用地用途，而由于土地用途和耕地红线的管制政策，农用地改作建设用地后将无法恢复，这样的农用地的资产专用性是很高的，就要通过统一治理或三方治理来实现。也就是说，一块土地是作为农用地还是建设用地，既取决于符合国家土地利用规划这个前提条件，但关键在是否被征收为国有土地。这就制造了一个国家垄断的建设用地市场，并把符合城市建设用地规划的农村土地及其农民集体，关在了建设用地市场之外，从而无法进行自主的市场交易；同时，这样的土地也只能按照其农用地的用途进行交易，因为只有这样才能实行国家统一的治理结构，以“规范”市场，这就是征地补偿制度的一个解释。[①] 我们看到，在这样的“交易”过程中，土地征收的实质是把集体所有权纳入到国家所有权之内，正是一种典型的纵向一体化的治理结构。由于国家作为交易一方的特殊性，它既是市场上国有土地的产权主体，又是土地交易的社会管理者，所以这种治理结构同时带有统一治理或是特殊的三方治理的色彩。

在农地流转为城市建设用地的过程中，政府先是采用征地补偿的办法获得了农村土地，把农村土地的集体所有权转变为国家所有权（现实征地中许多“征用”也演变为“征收”）；然后通过“招拍挂”等形式把土地配置给企业等土地需求者。从土地征收（征用）到土地被重新配置到新的用途，政府参与了两次交易；政府重复参与土地要素市场的交易，实际上是增加了交易费用。如果土地的供给者和使用者之间直接就交易的细节进行谈判，不仅可以节约交易费用，而且农村集体和农户可以得到土地市场价值的收益。

而农村人力资本所具有的资产专用性也是交易中往往被忽略掉的。同许多行业一样，农业也具有较高的人力资本专用性。如

---

① 正如《中华人民共和国土地管理法》第四十七条规定的，征收土地的，按照被征收土地的原用途给予补偿。征收耕地的补偿费用包括土地补偿费、安置补助费以及地上附着物和青苗的补偿费。征收耕地的土地补偿费，为该耕地被征收前三年平均年产值的六至十倍。每一个需要安置的农业人口的安置补助费标准，为该耕地被征收前三年平均年产值的四至六倍。但是，每公顷被征收耕地的安置补助费，最高不得超过被征收前三年平均年产值的十五倍。征收其他土地的土地补偿费和安置补助费标准，由省、自治区、直辖市参照征收耕地的土地补偿费和安置补助费的标准规定。被征收土地上的附着物和青苗的补偿标准，由省、自治区、直辖市规定。这实际上是确定了征地中农地所有权转移的“价格”。

对当地的气候、土地特点、耕种方式、正确的播种收割时机等的了解掌握，对于其耕种的土地的熟悉程度，以及农业的经验与技能等。但这些经验和技能又具有明显的专用性，离开了原来的生产条件就会失去价值。由于知识结构的限制，普通农民转行的成本很高，一旦离开了农业，他们在农业生产中形成的专用性知识都会贬值，甚至毫无价值。有时，国家也通过对失地农民的培训或是其他方式进行补偿，但并未纳入到土地交易范畴之内，而是作为配套或保障政策出现的。

这样的契约结构之所以存在，是因为对于农地交易中资产专用性的变动机理认识不足造成的。实际上，这种专用性并非自然发展过程所形成的，而是由行政权力对土地的附加限制所导致的。在农地的征收（征用）交易中，国家通过一系列政策干预甚至法律规定，对集体土地人为赋加资产专用性来实现其目的，国家对集体产权的限制越多，就越需要采取更加严格统一的交易办法，使得本可以由市场治理、二方或三方治理的结构，变为从上到下、范围宽广的统一治理结构，其缺点在于政府直接治理的成本是很高的。

我们看到，国家运用社会管理权力，设置针对农村土地的各种用途管制，自然也可解除用途管制。因为，国家对农村土地“设置”较高的资产专用性，这种资产专用性在市场上交易成本是很高的，但国家或各级政府通过行政权力强制性地征地，则可以用较低的交易成本来取得；而在此之后，政府为了在市场上卖出更高的价格，则“解除”其管制，释放其资产专用性，在充分竞争的土地市场上实现其市场价值。这就是征地的奥秘。其中的根源，一是国家及各级政府既是社会管理者，又是国有土地产权的主体和代理人，有着将其他产权主体的利益向国有产权输送的经济动机，并且，作为社会管理者又可以运用公共权力，通过行政式、计划式的手段来实现，或者说它是市场经济中可以穿梭于市场和计划两种资源配置方式之间的超级主体；二是集体所有权人——农民集体，它是站在集体土地前面的弱势主体。这时我们看到的，就是由于“所有权残缺”带来的农地资产专用性的异化。①

第三节　我国农地集体产权残缺与机会主义行为考察

考察我国农村土地集体产权制度，现行农村集体产权在所有权、使用权等基本权利上仍是相对残缺和不完全的，产权残缺特别是所有权残缺是其重要的现实特征，由此导致了在我国农地产

① 德姆塞茨（1988）指出所有权残缺（The Truncation of Ownership）的原因在于，“权利之所以常常会变得残缺，是因为一些代理者（如国家）获得了允许其他人改变所有制安排的权利。对废除部分私有权束的控制已被安排给了国家，或已由国家来承担”。参见德姆塞茨:《一个研究所有制的框架》,《财产权利与制度变迁——产权学派与新制度学派译文集》，科斯、阿尔钦、诺思等，上海：上海三联书店、上海人民出版社，2005 年。菲吕博腾和配杰威齐（1972）认为，通过限制性措施的强制所导致的私有（或国有）产权的“削弱”，会影响所有者对他所投入的资产的使用的预期，也会影响资产对所有者及其他人的价值，以及作为其结果的交易的形式，而导致产权“削弱”的“大多数限制是由国家强加的”。参见菲吕博腾、配杰威齐:《产权与经济理论：近期文献的一个综述》,《财产权利与制度变迁——产权学派与新制度学派译文集》，科斯、阿尔钦、诺思等，上海：上海三联书店、上海人民出版社，2005 年。菲吕博腾和配杰威齐还指出，“削弱”一词代表了一个很重要的概念，它常常是意味着在以下方面存在对所有者的权利的某种程度的限制:（1）一种资产的形式、地点或本质的改变;（2）对一种资产的所有权利以一个共同协议的价格转让给其他人。

权的特殊资产专用性被“创造”和“解除”的特有现象。

集体土地所有权的残缺表现在法律对集体所有权的限制性规定，主要有:（1）法律对集体土地的利用进行严格的用途限制，一般只能用于农业生产；集体土地一般不能买卖、抵押，在被国家征用（征收）时只能得到较低的补偿。这表明集体对其所有的土地不仅缺乏支配权利，而且集体所有权在经济上得不到充分实现。（2）由于承包经营权的物权化，在占有、使用、支配等方面对集体所有权形成的制约。（3）集体所有权的行使主体及方式等，均已经由法律做出具体规定。

集体土地使用权的残缺，主要表现在与市场经济条件中经典产权的要求相比:（1）这种用益物权必须通过承包合同由双方约定才可取得，本身仍带有债权的属性;（2）由于集体土地所有权的残缺及承包经营权与所有权的内在联系所决定，这种所有权亦缺乏对农民个体使用权的有效保护;（3）法律对承包地使用和流转方式做了相关限定，使得农民的经营权不能充分行使，不仅在权利内容上存在欠缺，而且具体的权利结构也相对简单，不利于发挥出最大的使用效益。《土地管理法》第二条本来规定，土地的使用权可依法转让，这包括国有土地和集体所有的土地，但时至今日对集体土地使用权的转让，还没有做出任何具体的规定。

还要指出的是:（1）虽然“政社合一”的人民公社体制已不存在，但国家及基层组织对集体产权的干预和控制有其历史惯性。国家广泛而深入地介入农村地权关系，不仅可以从国家对地权关系的宏观决策上折射出来（如国家在农村建立基本农田保护区），也可以在微观层面上体现出来，例如国家向农民征地，便是国家权力直接介入农村（张孝直，2000）。从某种意义上说，家庭承包责任制的内涵就是农民通过向国家让渡部分权利，以换取对土地的剩余索取权。由于国家实际处于农地产权最终拥有者的地位，不仅可以对农地产权进行干预，还可以在它认为必要的时候中止对农民的产权让渡。政府干预既是产权残缺的原因，又造成了产权残缺的结果，使农地集体产权不能形成对政府权力的有效抗衡。（2）农村集体土地社会保障功能对生产功能的替代，实质上也是国家对集体产权的一种限制，把应由自己负担的费用加于集体土地产权，削弱了集体土地的生产功能，也是导致集体土地使用不足的原因。由于产权残缺，特别是法律对集体土地产权流转做了过多限制，使得其即使在市场经济的条件下，仍然保持着相对封闭和凝固的特征。虽然有利于稳定农村土地关系，但流转性不足，不仅不利于土地使用效率的提高，也不利于集体所有权在流转中得到经济上的实现。

有学者（冯秋燕，2006）指出，在政府与开发商的土地交易中，农地权利人被排除在利益主体之外，其权利不断遭受侵害已成为当前社会矛盾最严重、公权力侵害私权利最集中的问题。[①]这一方面源自国家和政府权力对农地权利的侵害，但归根结底还是农村集体土地产权的残缺。市场是产权明晰与否的试金石，行政化的交易说明土地市场发育不成熟、不统一，交易价格偏离市场价格说明集体产权的不完整，政府对交易的干预说明产权主体不到位，交易程序的不规范说明产权不稳定、强度低。这些问题反映到实际交易中，就是土地流转的信息费用、谈判费用、拟定合同费用、执行及监督费用、赔偿费用等诸多交易费用的

① 冯秋燕：《不动产征收冲突的法律制度性成因及化解路径分析》，《法学杂志》，2006 年第 5 期。

产生。

从更广的视角看，可以将我国的农地集体产权制度安排看作是国家、集体与农民个人之间签订的一种不完全契约。契约的不完全性将导致合约双方从事机会主义行为，以增加他们获取准租的份额，以至最终导致交易的效率损失以及农业生产的效率损失。这些机会主义行为表现在：其一，耕地保护问题。国家作为社会管理者（委托人）将耕地保护的职能委托给集体组织，但是集体组织出于短期利益考虑，具有违背委托人意愿，放弃耕地保护，甚至变相买卖耕地的行为倾向。如许多地方的集体土地管理者，为谋取土地流转收益，擅自以联营、入股等方式将农地转为建设用地；在"四荒"使用权拍卖中，不少集体组织不仅拍卖真正的"四荒"地，也将抛荒土地作为"四荒"拍卖，有的甚至将农户正在使用的耕地收回再以"四荒"的名义拍卖，其中很多改变了用途。农民由于农地权利可能受侵害的不确定性，也会出现掠夺性经营和利用，导致耕地资源恶化、生态污染等问题，同时对自身农业技能等的投资不足，以减少其人力资本专用性可能会受到的损失。其二，土地收益分配问题。乡村干部利用对集体土地的实际控制权，在土地调整、土地流转中攫取私人利益。有些地方的集体经济组织在对外发包土地过程中，既没有实行公开招标，也没有按照规范的合同文本签订承包协议，只是由村干部与承租者达成口头协议。这种土地的非市场化配置方式，为村干部提供了巨大的寻租空间。在征地中，乡村干部与征地方相勾结损害农民利益的情况更加普遍而严重。其三，政府公共属性失范。虽然绝大部分农地所有权界定给农民集体所有，但政府依然保留了土地征用权、土地利用总体规划权以及土地管理权，这些实际控制权使政府甚至拥有了比所有权主体更大的权利。政府可以凭借这种权利在城镇化过程中低价征地，将集体土地国有化，然后高价拍卖出售，攫取土地财富，使其看起来更像是一家企业或是公司。

第四节　现阶段农地产权交易关系的治理路径

对我国农村而言，城镇化和市场化是复合进行的。城镇化一方面是城镇不断扩展的过程；另一方面就是农村土地，尤其是城镇郊区土地不断通过征收征用转变为城市土地的过程。虽然农地产权的权益边界还不是很清晰，但市场化毕竟为农地交易提供了平台和可能性。在农业用地内部，由于农业经济规模化和产业化的需求，土地的流转也成为一种趋势。在市场化和城镇化的交互作用下，也催生了以“土地财政”为代表的政府逐利取向。由于兼具公共属性与市场属性的政府的参与，使得农地产权交易关系的治理结构变得更为复杂，而且往往需将政府角色作为一个有着自身利益的市场主体来考虑。从种种角度而言，我国现阶段都还是一个比较初级的社会主义市场经济，还存在着进一步市场化变革的需求和动力。这一阶段的治理具有鲜明的自身特征，即市场化进程中的产权交易关系治理。

在土地资源配置过程中，市场本应是最基本的手段。目前土地市场中存在各种问题的根本原因是市场配置的范围过窄，其作用远未发挥出来。所以，要实现农地产权的合理流转，关键在于如何完善市场制度，建立和规范市场配置程序，扩大市场配置范围，以恢复农地的市场交易及其契约关系的市场化治理特征。一方面，探索企业、政府和农民（或农民集体）共同参与的土地交易市场机制，这是土地交易制度改革的重点；另一方面，建立政府只作为土地市场交易规则的制定者和监督者的土地要素市场交易模式势在必行。政府职能应定位于提供公共服务、维护公平的市场环境、完善订立契约的外部条件，如制定土地交易规范、完善农村社会保障、培育市场中介组织等。

在市场经济体制下，土地要素配置、土地资产经营实质上是土地权利的契约化交换，必须建立在产权清晰和完整的基础上。前者可以通过"确权颁证"，后者应当赋予农民集体土地资源的交易权，只有具有交易权，才会发生市场交换、形成价格，土地资源配置也才能够通过流动实现优化。在市场经济条件下，建设用地管理的核心是实现土地的集约利用和土地收益的合理分配，而不是土地所有权必须由集体转为国有，为此应当打破政府对建设用地市场的直接垄断。如果广大农村土地缺乏交易权，市场价格将无从形成，市场机制的作用也就难以发挥。现行《土地管理法》的基本思想，仍然停留在计划思维上，其中关于建设用地的指导原则，主要是为了满足国家建设和各项经济建设对于土地的需求。应当修订相关制度规定，赋予集体土地与国有土地所有权的平等地位；在此基础上，赋予集体土地所有者直接进入土地市场的权利，实现"两种所有权、同一市场"。按照土地利用总体规划和明晰产权的要求，改革集体建设用地的所有权实现方式，形成新型的集体土地产权制度。应当明确规划期内集体建设用地的最终规模、统一比例，界定集体建设用地范围，明晰集体土地所有权、使用权的各种潜在权益，创新集体建设用地使用权取得和流转制度。在集体土地所有权下，设立集体出让土地使用权、集体划拨土地使用权、集体出租土地使用权等，构建与国有土地产权外在形式相一致，内在权益相同的完整土地产权制度[①]。在符合土地利用规划和年度供给计划的前提下，将集体土地推上市场平台，让农民集体自主地通过土地用途变更实现经济利益，这是城市化进程中有效保护农民土地权益的制度安排。

根据中国人多地少的国情，以及土地征占农民权益普遍受损的现实，应严格控制征地规模，尽快建立符合市场经济和法治要求，能够有效保护耕地，维护农民权益的征地制度。适应经济社会发展要求，应当以明晰完整的土地权利体系为基础，按照市场公平交易原则沟通土地供给和需求，完善农村集体建设用地的价格体系，以土地产权转移和交易取代原来的征地补偿机制。应当坚持市场化改革方向，以市价交换原则替代行政补偿原则，让农民和农民集体实在分享城镇化过程中土地增值部分的收益，促进社会公平和效率。现行法律仅规定保持土地收益不降低显然是不够的，土地性质改变后意味着资源配置效率提高了，征地后集体所获得的收益应高于农业生产经营的平均水平，被征地农民的生活水平应接近城镇居民的生活水平。征收集体土地，应当通过多元化补偿途径及税收政策，调节新土地所有人与国家间的收益分配。在不需要征收的集体建设用地范围内，开展留地安置、土地入股等多种模式试点。

最后，无论多么普通的农民，也拥有最低水平的农业生产技能，在被动失地后如果转为“市民”，其原有人力资本几乎降低

① 四川省国土资源厅:《关于统筹城乡改革试点中农村土地管理和使用制度改革的研究报告》,《四川改革》, 2009 年第 3 期。

为零。因此，在目前征地中除了对物质资本的补偿之外，还应对农民的人力资本进行补偿，可以综合土地经营状况、产出、技能水平进行测度，至少确定一个最低值进行补偿，以使其在交易收益中有一部分能够用于参加其他行业的技能培训和就业。

第六章　农村产权社会化及其治理趋向

本章以马克思产权社会化理论为生发，分析农村产权内部的矛盾运动和结构演化，探讨农村集体产权“公地”的典型变迁过程，解析了三权分置下承包权的产权特征，以及农村产权流转的内在逻辑与治理趋向。

第一节　产权社会化的理论解释

社会化产权具有不同于私人产权的特征。在自然经济时期，产权是完全私人性的。随着商品交换的产生，出现了产权社会化的趋势和低级的表现形式，如物物交换时表现出来的产权流动性、可交易性。随着生产社会化程度的提高，财产关系、产权形态和产权观念发生深刻变化，产权的归属和行使都逐步社会化了。产权社会化的实质，就是产权越来越趋向于可以由更多社会成员拥有和行使，每个社会成员都可以通过社会认可的途径和方式拥有或行使产权，并由此获得相应的收入。[①] 产权社会化也引起产权内部结构变化，出现了财产权分离现象，产权已经不再是完整的绝对的财产权利，新的财产权利会不断地从已有的产权内

① 林广瑞:《论产权社会化》,《河北学刊》, 2006 年第 2 期。

部分离出来，取得相对独立的产权形式，围绕同一个物的不同利用形成多个权利主体。[①]

马克思产权理论认为，资本主义社会化大生产要求生产关系相应发生变革，即生产的社会化必然要求生产关系的社会化。由于生产关系的变革可以通过产权关系和产权运动表现出来，从而形成“生产力—生产关系”、“生产社会化—产权社会化”的辩证关系和分析框架。在《资本论》中，马克思恩格斯使用“社会的生产资料”“生产资料的社会化形式”“生产资料的社会性”“社会化的生产资料”“社会资本”“社会企业”这样一些概念，在概括资本主义生产关系和产权运动中揭示出产权社会化的历史趋势和过程。从马克思的分析来看，产权社会化并不是一个特定阶段的具体目标，而是一个适应生产力发展要求的产权运动过程，或者“生产社会化—产权社会化”的辩证统一过程。生产社会化过程有其复杂性，它并不是单线进行的，可能出现生产集中与生产分散交替或并存的情况。作为与生产社会化相适应的产权社会化，并不是指产权的公有化或私有化，虽然在一定生产条件下是这样的，但其意旨在于产权社会化与之的适应性。在一切社会里，生产力的状况也总是多样化的，从而产权形式也必然是多样化的。产权社会化是一种总的适应性，当然应当具有这样的包容性，特别是在产权变革的运动中，各种不同的产权形式可以通过一种相互影响和学习机制，促进产权结构的更高适应性，这样的包容性也意味着产权社会化是一个开放的、相互联系和相互作用的演化过程。从演化过程看，生产资料的公共所有制并不是产权

① 陈建兵:《马克思产权社会化思想研究及启示》,《当代财经》, 2013 年第 6 期。

社会化的唯一内涵，也不是演进过程中的唯一形式，中间还有很多产权社会化的过渡形式，只有具备严格的生产力条件才能实现这种高级形式。马克思曾经指出，由于生产力发展的“无声命令”，在资本主义制度下出现了社会化产权的萌芽形态，他把股份公司和合作工厂看作是“由资本主义生产方式转化为联合的生产方式的过渡形式”。只不过，股份制是旧形式里的最后一个形式，而合作制是新形式里的第一个形式，或者说对旧形式打开的“第一个缺口”。

20 世纪 90 年代初，学者探讨的多是国有企业产权社会化，主要是指出产权社会化所谓的“高级形式”，即传统公有制或全民所有制脱离生产力实际的弊端，而没有把初步取得改革绩效的较“低级”公有制形式，即农村集体所有制和集体产权社会化作为讨论重点，因为不是当时的主要矛盾，而当城市发展特别是国有企业改革进行到今天，农村产权的问题变得日益突出了。

集体产权相对于个人或个体产权而言是社会化的，但局限于一个相对固定的集体内部，且不同权利主体重合交叉。随着农业生产的产业化和社会化，越来越要求农村产权关系进一步社会化。在 20 世纪 50 年代，我国农村通过合作化与集体化改革，把刚建立起来的农民所有制改造成为集体所有制，可以说是农村产权第一次的社会化过程。当时的主流观点认为，产权的私人占有与生产的社会化出现矛盾，阻碍着社会生产力的发展，因此应将私人产权社会化，并通过全民所有制和集体所有制来实现。但集中的产权社会化形式，并没有取得很好的集中生产绩效，并在改革开放之初，由生产者个体利益的诱致，进入了分散性的农业生产。这时，农村土地的所有权与使用权出现了一定程度的分离，农户家庭获得了相对独立的承包经营权，这是农村产权的第二次社会化过程。随着承包经营权的确认和硬化，这种分散性的生产也获得了分散性的产权支撑。但这种分离并不是完全彻底的，不仅承包经营权本身在集体所有权与使用权之间割舍不断，而且它的流转与优化配置，也大抵不能越出“集体”的雷池一步，也还是有期限、范围较小、有诸多限制的，合约也是不大规范的，甚至很多也没有书面合约而仅是口头的“君子协定”，并没有完成产权社会化的典型设计，或者说它还只是集体内部的社会化或市场化，对外则是非社会化的。虽然在传统条件下，具有农业才能的人的确主要在集体内部，但在现代农业条件下，新的生产力要素可能并不在集体内部，也不在传统农民。不仅如此，一个产权主体单一、产权无法流动和交易的产权制度，是难以对社会资源进行合理配置的。市场经济的深层含义就是产权市场化流动，产权的主体和权利内容是确定的，并能够在不同主体之间流转，从而实现资源优化配置。产权的流动和市场化配置，是要建立在产权开放性与多元化基础上，特别是集体产权中不同权利的细分、主体的开放。产权社会化还要求多元产权的融合与渗透，如混合所有制，也并不必然转向更加“公有”或“私有”等其他性质的社会化，更多是采取社会化的运作与交易机制。这样的任务现在也还未完成，特别是在广袤的农村。于是，在市场化和农业现代化进程中，农村产权表现出分散性、封闭性和凝固化的局限。同时，这种产权与农村户籍的关联，还制约着劳动的社会化，即农民事实上无法离开这种特定的产权依靠。因此，作为产权社会化产物的集体产权，还将面临新的社会化过程。

承包经营权从农民集体土地所有权中分离出来，实现“一权变两权"，是土地承包经营权的第一次分离，激活了"人"（农民）的积极性，但尚未有效解决农地资源优化配置问题。特别是在大量农村劳动力向二三产业转移，农村社会结构深刻变动的条件下，也出现了"一亩三分地"细碎化，"有田无人种""有人无田种"等现象，这种资源配置方式不适应农业生产力进一步发展的要求。经营权从土地承包经营权二次分离，能够激活"物"（农地）的灵活性[①]，是对农村经营主体变化、经营方式转变等生产力发展要求的适应性调整。在承包权可以保留的前提下，经营权流转能够满足农民离土离乡或留土离乡的诉求，有利于解决"地从哪来、地由谁种、地怎么种"的问题，促进新型农业经营主体培育，有利于农村生产力进一步解放。

在市场经济中，所有制下的产权关系已经更为复杂化，集体所有制需要并且出现了多种相互交织的实现形式。在现阶段，农村产权社会化的主要实现形式有：一是农民所有权、承包权、经营权"三权分置"，尤其是承包权和经营权的"两权分离"，让更多有农业先进技术而没有承包权的人进入现代化的农业生产。农村产权制度已不是单纯的所有权关系，在农村集体所有权的前提下，通过其他产权权益的明晰，赋予农民较长期的占有、支配、使用的权利和其他行为准则的界定，为农民提供更大的自主权，有利于实现产权与要素的合理流动；集体所有权也可以在必要时候保护农民的权益，并发挥协调整合的作用，有利于促进土地规模经营。二是在农村集体产权的基础上，既可以采取家庭承包制

①《农村生产关系变革将释放巨大改革红利——国土资源部有关负责人谈土地承包经营权"再分离"》，2013 年 12 月 29 日，http://news.xinhuanet.com/politics/2013-12/29/c_118754004.htm。

下的分散经营形式，也可以组成合作经济组织，其中既有股权成分又有劳动者参与成分。这种合作不是私有财产所有者之间的合作，而是集体公有条件下个体使用者之间的合作。如果没有承包经营权，也就没有农业的家庭经营，农业的合作经济也就失去了存在的前提。但这并不意味着农业生产本身要以合作制的形式运作。历史经验表明，在耕作方面的合作组织并非是有效的组织。农民合作经济组织的意义，在于农民在家庭经营的基础上，将许许多多小规模、分散的农业家庭经营单位，联结成从事购销或加工的有效载体，提高了农业的社会化生产能力。由于集体化的记忆和旧体制的影响，农村合作经济组织发展空间虽大，但也面临一些实践中的困难。合作既需要产权基础，也需要信任基础。由于人口流动频繁、共同体意识淡薄、利益相互冲突等原因，村民之间、村民与政府之间、村民与工商企业之间，难以建立起合作必要的信任。在“人手一份，利益看得见”的市场条件下，当前股份制更易接受，在制度安排上许多地方选取了股份合作制这一过渡形式。在苏州模式的股份合作社中，土地承包关系不变，农业生产经营自主权不变，以家庭承包经营为基础的双层经营体制不变，土地及生产资料的所有权关系不变，主要提高农民生产的组织化程度，体现了农民主体性原则和集体主义原则的统一。①

① 苏州市自2008年被江苏省委、省政府确定为全省唯一的城乡一体化发展综合配套改革试点地区，之后又被列为国家城乡一体化综合配套改革联系点、全国农村改革试验区。苏州大力发展以股份合作为主的新型集体经济，走出一条“户户有资本、家家成股东、年年有分红”的强村富民之路。到2012年底，全市农村集体资产总额达到1205亿元，村均稳定性收入582万元。截至2013年11月，全市新增农村各类新型股份合作组织141家，累计达到4069家，持股农户比例超过96%。参见李力：《如何深化城乡一体化改革——解读“苏州样本”》，《经济日报》，2013年11月14日。

合作社是由社员自愿入股组建起来的，不论用资金入股，还是以实物、劳务入股，参股入社是农民专业合作社的重要组织特征。社员取得资格以后，合作社必须以发股金证、社员证和建立股金账户等方式为其明晰产权，严格规定股金的转让、馈赠、继承等办法，不是一讲合作就“归大堆”。农民专业合作社有利于实现农产品的规模经济，改善市场交易地位，抵抗和化解市场风险，提高农业产业化经营水平，并使农户获得更大收益。合作社也有助于改变传统农民的孤立和封闭状态，增强农民的民主与利益意识。在日益市场化的经济环境下，合作社的身份确证矛盾越来越突出，其内在的共同体属性渐益模糊，而企业属性越发明显。在世界合作社运动的历程中，合作社几乎必然地更加趋于股份化，虽然如此，其共同体属性可能会淡化，但不会消失。① 三是股份制作为公有制的实现形式，不仅可以改变国有企业产权，还可以改造集体产权。由于农民不再向集体缴纳承包费，土地承包经营期限长久不变，目前立法和中央土地改革文件中使用的土地承包经营权或土地承包权概念，都不足以表达农民对集体土地的权益。在赋予农民更多财产权利的政策下，农民对集体土地的份额权日益强化。② 而在农村，由于合作制具有深厚的组织基础，股

① 吴彬、徐旭初:《合作社治理结构：一个新的分析框架》,《经济学家》, 2013年第10期。

② 从解释论的角度，根据《物权法》第五十九条第1款规定“农民集体所有的土地，属于本集体成员集体所有”，可以延伸出农民成员权的概念。土地承包经营权变成份额权，农民变“股民”，有利于实现比较自由的流转。对于已经进行或者将要进行股田制改革的地方，承包地的边界被打乱，颁发股田证成为新的需求。参见申惠文:《法学视角中的农村土地三权分离改革》,《中国土地科学》, 2015年第3期。

份制又往往和合作制联系在一起。以股份制改造后的“集体”，是农村集体所有制在新的历史条件下的实现形式。农民的集体成员权益或者农民作为农村土地集体所有者的身份，以股权的形式得到了明确表达和实现，集体的每一个成员在价值形态上对集体土地享有可以辨认和流转的份额。股份制改造后的土地集体所有制，还一定程度上实现了集体土地的社会保障功能与生产要素功能的分离，有利于土地流动和农业适度规模经营的发展。在集体资产管理中股份制的运用，也通过资产的股份化，使集体成员可以通过持有股份而实施管理监督，在更广阔的城乡领域从事生产活动。过去，绝大多数农民并不清楚集体资产的底数。在昌平区，当土地未被征占时，集体资产货币化的数量有限，矛盾还不十分突出。一旦土地被征占并转化为数量可观的货币后，集体资产管理模式的弊端立刻显现。昌平采取不动存量动增量的办法，为了保证增量分配的公正合理，将现有的集体资产以股份的形式明晰到个人，使每个人都清楚自己在集体资产中所占的份额，以便在增量的分配中按股分红。在集体财产量化比例和股权的配比上，必须通过村民代表大会的表决，按大多数人的意愿办，使看似复杂的集体资产量化工作得以顺利进行。集体资产按股份量化到个人身上后，已经很难沿袭党支部书记或村委会主任几个人管理的传统模式，因此由股东大会选出董事会和监事会，成立股份经济合作社性质的集体资产经营公司。该公司每年将经营利润的30%交给村委会发展公益事业，其余的70%按股份给个人。在经营活动中的重大决策、重要投资项目需经全体股东讨论决定，这种做法彻底改变了集体经济的产权形式、治理结构和分配制度。[①]

第二节 农村产权的公地与反公地解释

农村产权社会化的曲折历程，它时而社会化、时而非社会化的特征，还可以从农村产权的使用方式的变迁，即农村产权的“公地悲剧”与“反公地悲剧”中，得到进一步的说明。

在建国初期，当时农业生产力还没有达到大规模社会生产的水平。通过调整生产关系而强制实施“集体化”和“社会化”生产，虽有其短暂成效，但这样的产权社会化过于超前而背离了生产力的发展要求，集体所有、集体经营并不能带来社会化生产的更高效率，反而造成了“公地悲剧”式的效率损失。林毅夫（1992）认为在人民公社制度安排下，公社内部的任何成员都不拥有生产资料排他性的产权，使得成员的劳动成果不能量化到个人，对个体劳动的有效激励不足；由于一个成员对其他成员监督而获得的成果并非归自己所有，而是要在全体成员之间均分，也使成员之间的劳动监督困难，导致“搭便车”的机会主义行为产生。在“铁板一块”的集体产权下，理性经济人选择“出工不出力”，呈现出缺位的所有与低效的使用。

与土地集体化完全取消了农民所有权，个人所有权无偿地转变为集体所有，并且不承认集体所有制内的个人权益不同，家庭

① 根据有关资料整理。参见《农村集体经济产权制度改革的理论与实践研究——以北京市昌平区为例》，2012年8月24日，http://www.bjnyzx.gov.cn/ywgz/cx/201208/t20120823_302769.html;《“资产变股权 农民当股东”改革思路敲定》，2006年11月24日，http://business. sohu.com/20061124/n246580701.shtml。

承包制是在农民集体所有的条件下，农户以承包方式获得土地耕种权。德姆塞茨（1988）指出，当稀缺资源的所有制是共有的时，没有人会节约使用一种共有资源。当资源是完全共有的时，排他性可以通过资源的实际使用而获得。[①] 家庭承包制正是通过集体土地的实际使用而获得了排他性，从而在很大程度上将外部性内部化了，克服了农业领域公有产权的弊端。在这一制度安排下，农民享有独立的经营权、决策权和相应的收益，其经营成果能够量化到个人，责任义务也相对明确，有效解决了"搭便车"以及监督困难的问题，以及与公有产权相联系的许多外部性问题。从总体上说，这种产权制度适应农业生产特点和我国基本国情，显著提高了农业的产出，促进了农村生产力的发展。产权社会化的实质在于使更多社会成员拥有和行使，家庭承包制并没有从根本上改变集体所有制，可以看作是在"拥有者"并没有减少的同时，而出现了会有更多投入的"更有效"的使用者，从而农村产权也获得了社会化的因素，实现了集体产权效率的增进。

现行农村产权制度的绩效所在，是由于其克服了传统制度的弊端，具有某种"帕累托改进"或至少具有"卡尔多改进"的性质。均分的土地制度是人口大国在社会保障机制不健全的情况下，实现"人人有饭吃"目标非常现实的制度选择，是整个工业化和城市化低成本快速推进，实现经济渐进式转轨的重要保障。虽然家庭承包制把农地经营权由集体转移到每一农户，在一定程度上改善了土地资源与人力资源的配置效率，但并没有把使用权

① 德姆塞茨:《一个研究所有制的框架》,《财产权利与制度变迁——产权学派与新制度学派译文集》，科斯、阿尔钦、诺思等，上海：上海三联书店、上海人民出版社，2005 年。

集中到最优的使用者（大部分农户仅仅是较优的使用者）那里，土地资源与人力资源的配置效率没能进一步改善。在集体产权的制度安排下，任何一个使用者对土地的使用方式的优劣不会影响农户的承包经营权份额，劣质使用者与优质使用者具有平等的"承包经营权份额"。也就是说，没有办法约束在土地使用过程中的机会主义行为。即使种田能手也可能出现土地的劣质使用，只要这种方式能给他带来最大收益。既然没有对劣质使用土地的约束，也就不能产生人们对土地优质使用方式的发明的激励。

有学者（海勒，1998）论述了集体产权下的"反公地悲剧"：当多个所有人中的每一个人都被赋予相对于其他人的一种稀缺资源的排他性权利时，没有人拥有该资源的有效使用特权；当太多所有人拥有这种排他性权利时，这种资源也会倾向于使用不足。[①] 实际上，这种"反公地悲剧"其实也是"公地悲剧"的一种情形。阿尔钦（1967）在论述非实在的产权时，一方面指出由于边际产量低于每个使用者的平均产量，会导致每个使用者做出过度使用的反应；另一方面，他也指出另一种可供选择的结果是，如果共有产权意味着现有的使用者能阻止更多的使用者，那么当前有成员在使个人的平均产量而不是边际产量最大化时，资源就会利用不足，其结果将是较少的使用者。在承包经营权的构造中，集体成员趋向于拥有排他性的使用权，集体内部出现了多个排他性利益主体，不同利益主体之间的协调成本会增加，形成集体意志的难度也会增加，集体所有权对使用权的制约会减弱。

① Heller Michael A. *The tragedy of the anticommons:property in the transition from Marx to Market*, Harvard Law Review 111, 1998.

而农户凭借法定不会取消的承包经营权，在务农的机会成本和非农收益的权衡下，可能对实际占有的集体土地，采取粗耕、弃耕甚至撂荒等机会主义行为。

在集体土地分户承包经营的情况下，农户成为自主决策、自主分配的排他性利益主体，也会限制集体采用更有效率的使用方式，如规模经营、机械化或新的种植技术等，同样会产生集体土地使用不足的效应，这是统分结合的双层经营体制必要性的一个解释。我国实行规模经营的土地面积还很有限，这里论述的可能是承包经营权的一个潜在的弊端，但成员拥有资源的排他性使用权利，对于不同成员间形成合作更为有利，因此，承包制必须与合作制、股份制形成联系，否则由于“反公地悲剧”的存在，也可能造成集体产权效率新的损失。

因此，承包制以个体化、分散化的经营权及其收益，很大程度上解救了传统集体所有制的“公地悲剧”，但在工业化、城市化过程中，受激励的个体又被更高的非农收益所吸引，导致“反公地悲剧”式的激励失效。随着农业的产业化、规模化、现代化进程，也将引发农村进一步的产权社会化变迁。

第三节　三权分置：承包权的产权特征

从产权的内涵来看，（1）产权是一种权利束，它可以分解为多种权利并统一呈现一种结构状态，而且这多种权利是可以分割开的，即在同一财产之上，可以成立分属于不同主体的多项产权的性质，即“一物多权”，同一财产之上的各项产权在各自的界区内并行不悖，这使产权更容易流动和交换，可以提高产权的资源配置功能，也降低产权运作的成本。进入市场交易的产权，是由若干独立权利组成的权利束，这个权利束会随着市场化的发展不断演绎和细化出新的权利，并且每个独立权利都应当可以市场化。（2）产权本质上是一组权利，收益不过是权利行使的结果。任何一项可分割的权利项中，均应有收益的内容，产权是权能和利益的统一。权利在主体没有做出具体的选择和决定之时，只是一般的抽象存在，只有在主体实施了特定的行为后，方可成为一种具体的实在，才能产生实际的利益。利益又是使一定权能成为产权内容的条件，单纯的权能不构成产权，无利益的产权也是不存在的。（3）产权是一种排他性的权利，也应当是可以平等交易的法权，而不是不能进入市场的特权。产权可以在不同的主体之间进行交易、赠予等支配行为。正因为如此，产权才构成市场机制的基础和运行内容，否则便没有市场经济。

在“三权分置”的预设下，承包权其实是一项“新”的权利。《物权法》没有单独列出“承包”的权利。[①]《农村土地承包法》规定，农村集体经济组织成员有权依法承包由本集体经济组织发包的农村土地[②]，算是对“承包权”的正面表达。这样一种“依法承包”的权利，是依据“农村集体经济组织成员”而得到，可见其包含在集体所有权而非承包经营权中，从理论上讲本

①《中华人民共和国物权法》第一百二十七条规定，土地承包经营权自土地承包经营权合同生效时设立。第一百二十五条规定，土地承包经营权人依法对其承包经营的耕地、林地、草地等享有占有、使用和收益的权利，有权从事种植业、林业、畜牧业等农业生产。

②《中华人民共和国农村土地承包法》第五条规定，农村集体经济组织成员有权依法承包由本集体经济组织发包的农村土地。任何组织和个人不得剥夺和非法限制农村集体经济组织成员承包土地的权利。

身就是与经营权分置的。回溯变革，承包权是与集体产权变革的主体行为逻辑有关，本来与所有权相联系，但这种变革的指向是更加有效的利用，所以与使用权放在了一起，并成为农村产权变革的一种特殊权利架构。这一变革行动的主体，是农民集体与农民集体中的个体，对应的是发包与承包，所以作为个体分配到承包权，并与同样属于个体的经营权结合在一起，是符合改革与制度变迁逻辑的。它也并非典型的产权权利，而是一种成员身份权[①]，虽然是成员身份权，但又与财产权利相联系；它可以分割出来，却无法进行让渡或继承，因此是一种特殊的权利形式。但是，这种特殊的权利架构，一遇市场化的交易条件，便立刻显现出最初厘定时的欠缺。

无论对集体内外的经营者来说，由于没有对特定土地的承包权，仍然存在承包地被索回的可能，自己的经营关系始终不能稳定；在对集体财产的管理和分配上，即使是集体内部的经营者，也没有基于特定承包地的相应权利，集体成员以外的经营者更无法参与集体财产的管理和分配，同样的经营却只能得到较少的权益；承包权人在转包或租赁承包地时，更多从个人利益而非集体利益角度选择经营者，会使集体难以监督经营行为。承包权与经营权的分离，一种情形是出现一个拥有承包权而不直接经营的群体；一种情形是分离出来的经营权与未进行分离的承包经营权并行，前者必然是一项相对较少的权利，中间的差额可以理解为承包权的收益。

①《中华人民共和国农村土地承包法》第十五条规定，家庭承包的承包方是本集体经济组织的农户。

也就是说，作为与财产权利相联系的成员身份权，它同样符合权能与利益相统一的产权规定性。作为一项可以分割出来的权利，它应当是有其利益的。事实上，拥有承包权而转包或流转土地，的确是可以获得利益的。而且，这种收益具有绝对地租的属性。不仅转包或流转是特定主体才拥有的权利，而且这个特定主体还拥有优先索回，而非市场上平等交易“购回”的权利，以及其他法律规定的特殊权利，如承包期内发包方不得收回土地、不得调整承包地；承包方可以在一定期限内将部分或者全部土地承包经营权转包或者转租给第三方，承包方与发包方的承包关系不变等，以至于它看起来比发包权还顶用、比经营权更绝对。

对于集体中的个体而言，承包权是其集体所有的所有权的一种转化形式，它天然与所有权相联系，却在变革中意外地与使用权粘连在了一起。换句话说，如果承包权是一项独立的权利，它本身就是在使用权之外的，它本不必从使用权中分离出来，它只在使用权的来源而非权利构成的意义上与之相联，它之所以冠名于经营权之前，实在仅仅表明了经营权取得的方式，而非其中的一项权利。作为一项权利，它更适合或者说必然应当从所有权中分离出来。因此，承包经营权天然就是可以流转的，事实上在没有明确承包权和经营权可以分离的时候，它已经通过很多方式在集体内外流转了，而且农村土地承包法关于承包经营权流转的条款早就已经存在，经营权前面的“承包”二字，并不构成对经营权流转的阻碍。承包经营权的实质就是经营权，承包经营只不过是对经营的一个注脚。承包权一旦分离而成一项权利，事实上是无法流转的，因为它依存于农民的集体成员身份；集体之外的受让者无法获得这样一项权利。承包权本不在承包经营权之中；一旦与经营权“分离”，它立刻就回到了集体所有权之中。

虽然承包权与经营权本来分别处于所有权与使用权中，但如前所述，集体产权的独特性在于，集体所有权与承包经营权是内在一致、相互依存的，与一般产权的可分割性仍有不同，它应当是分而不离的。从集体产权的本义来讲，它的所有者是初始的使用者的集合，最初的使用者集体构成所有者；要在市场条件下完成适应性构造，应当在解决承包权退出的前提下，才能获得完全的交易性，也才有完全意义上的流转，从而促进产权的社会化和生产的社会化。但现有机制只解决农民自愿放弃承包权的情形[①]，而不能新增加承包权人，也就意味着承包权人会越来越少，以至于集体所有权可能面临无主财产权的境地。

因此，应当创设一种机制，保持集体所有权人或者农民集体的存续与更新。新的承包经营权人应当按照集体制定的规则和程序，民主地参与集体产权的运行，行使自己的权利，并承担维护集体权益的义务，这是集体产权的本质所在。这样，整个集体范围承包地的农业属性依然保留，集体产权的性质并不发生变化，只是成员的构成发生了变化，新的承包经营权人替代了原来的承包经营者。[②]

①《中华人民共和国农村土地承包法》第十八条规定，土地承包应当遵循以下原则:（一）按照规定统一组织承包时，本集体经济组织成员依法平等地行使承包土地的权利，也可以自愿放弃承包土地的权利。第二十九条规定，承包期内，承包方可以自愿将承包地交回发包方。承包方在承包期内交回承包地的，在承包期内不得再要求承包土地。第二十八条规定，下列土地应当用于调整承包土地或者承包给新增人口:（三）承包方依法、自愿交回的。新增人口是否成为新增承包地的承包权人，还取决于集体对于“长久不变”及新增地承包的政策。

②《中华人民共和国农村土地承包法》第四十一条规定，土地承包经营权应当转让给“其他从事农业生产经营的农户”。

当农民在城市拥有相对稳定的就业机会和收益后，城市理所当然应予以接纳，虽然实践中城乡的鸿沟仍然存在，但在理论上农民享有做市民的权利。农民集体也应按照一定的原则与程序，对外来承包经营权人予以接纳，因为这些承包经营权人也享有做农民的权利或者本身就是其他集体的农民，并且，在这种接纳中保持集体自身本质意义上的存在。当然，集体土地农业属性的延续，有赖于新的承包经营权人的农业生产技能，这也正如农民到城市就业需要相应的非农技能一样。这种承包经营权的流转，也显现出农业人力资本的重要性，更加有利于农村劳动者与土地的有机结合。

第四节　农村产权的社会化流转与治理

如前所述，流转的难题并不在于承包经营权的产权构造。与农村经营性建设用地所受的限制不同，承包地流转的阻碍并不在于其产权性质，而在于农业用途限制，以及承包地不得买卖的终极限制。虽然农民存在“怕流转出去了收不回来”的顾虑，但主要是因为对流转政策不了解所致[①]；或者担心“土地流转期限过长会丢了承包权”“农民会以要回承包权为理由，随时收回流转土地”，这是把承包权看作承包经营权的一部分而形成的顾虑。实际上，从宏观动力看，中国快速的工业化、城镇化进程引起的

① 受访者认为，“土地流转的最大困难是群众对政策了解得还不深、知道得还不全”。参见《关注农村土地流转问题》，2014 年 1 月 7 日，http://www.zgswcn.com/2014/0107/304604.shtml。

农村人地关系发生剧烈变化，以及农业经营方式面临的历史性挑战，才是土地流转速度加快的最根本原因。从允许土地合法流转的 1988 ～ 2008 年[①]，20 年间承包耕地流转面积比例为 8.8%，但 2008 ～ 2014 年上半年迅速提高到了 28.8%，整整上升了 20 个百分点。[②]2014 年底，有 5800 万农户将承包地流转给其他经营者。截至 2015 年底，我国承包耕地流转面积达到 4.43 亿亩，比 2010 年增长了 2.4 亿亩，占全国承包耕地面积的 33.3%。[③]这与我国城镇化加速、农业发展方式转变的进程是相吻合的。从流转方式看，据四川 118 个规模户调查，采用转包（指规模户通过转包形式转入本村农户耕地）占 72%；出租（指规模户通过转包形式转入外村农户耕地）占 14.4%；股份制占 10.2%，其他形式占 3.4%。[④]在成都及所属区市县等地的土地流转中，出现了如业主租赁模式、股份公司模式、土地股份合作社模式、村企合作模式、股份制模式、"两股一改"模式等诸多土地流转模式。不同地方的模式在操作层面存在相当差异，但其核心逻辑无一不是

① 1988 年《宪法修正案》第 10 条第 4 款规定，土地的使用权可以依照法律的规定转让。

② 2011 年，流转到公司的承包地 2170 万亩，占流转总面积的 9%，比重还不到 10%，但增长趋势明显。截至 2012 年底，经营面积在 100 亩以上的专业大户、家庭农场就超过 270 万家。2012 年和 2013 年流入到公司的承包地面积同比分别增长 34% 和 40%。参见邵挺：《土地流转的"名"与"实"——政策演变与实践冲突》，2015 年 4 月 9 日，http://www.chinareform.org.cn/Economy/Agriculture/ Practice/201504/t20150410_222687.htm。

③ 张云华：《家庭农场是农业经营方式的主流方向——发展家庭农场的国际经验及对我国的启示》，《中国经济时报》，2016 年 4 月 22 日。

④ 国家统计局农村司、四川调查总队课题组：《农村土地流转状况调查——基于四川省调查数据》，《调研世界》，2014 年第 10 期。

围绕农村土地要素市场化主线展开的。[①]从流转去向看，流入方仍以农户占较大比例[②]，但新型农业经营主体流转的比例逐步上升。截至2015年底，安徽省耕地流转率达46.8%，达到2921.9万亩。全省农民合作社6.3万个、家庭农场3.2万家、现代农业产业化联合体近900家，规模以上农产品加工企业5922家，农机和植保社会化服务组织超过1.8万个，新型农业经营主体成为流转主力军。随着流转平台和配套政策的完善，土地流转由农民间自发流转为主逐渐向政府引导、市场对接为主转变，除原有转包、转让、互换、租赁等形式外，股份合作和土地托管成为新的流转形式。[③]据国家统计局成都调查队8个乡村和80户农户的调查，调查村户共流转耕地148.5亩，主要流向大宗土地经营户，其中45.3%流转给了专业大户，21.9%流转给了其他经营组织（企业），15.6%流转给了农民专业合作社，10.9%流转给了家庭农场。[④]截至2015年6月底，四川省乐至县农村土地流转面积15.52万亩，占耕地面积的23.57%；农户之间流转7.12万

① 参见刘灿主持的2013年度四川省哲学社会科学规划重大项目《四川农村土地产权制度改革调研报告》。

② 在对乡村土地自发流转的分析中，王德福指出，每个家庭都会理性确定农业经营规模，由此形成乡村社会非正式的人情化的土地流转，它实现了村庄内部（也就是集体土地所有制单位内）土地的有序流转和有效利用。这种流转是可逆的，农户的土地经营规模会随着家庭生命周期和进城节奏而调整，既可以流转也可以收回，很少发生公然毁约（尽管是口头约定）。这个分析指出了缺乏固定合同、固定期限的非正式契约，也有其现实合理性和优越性。参见王德福：《乡土中国再认识》，北京：北京大学出版社，2015年。

③ 王永群、桑强兵：《安徽求解农地颁证后五大难题》，《中国经济时报》，2016年4月8日。

④ 参见《成都土地流转：出租超八成　收益可达流转前4.4倍》，2015年6月24日，http://cd.house.163.com/15/0624/08/ASS4Q0EC0224011I.html。

亩，占 45.88%；流入新型农业经营主体 8.4 万亩，占 54.12%；规模经营面积达 6.23 万亩，占 40.14%。[①] 据不完全统计，2012 年全国经营耕地在 30 亩以上的专业大户近 900 万户，经营耕地在 100 亩以上的种粮大户约 48 万户 [②]。2014 年底，全国共有家庭农场 87.7 万个，经营耕地面积达到 1.76 亿亩，平均经营规模超过 200 亩，占全国承包耕地面积的 13.4%[③]，这些数据都反映出流转促进了农地的规模化经营。

案例 6-1：全国首个土地流转信托项目落户安徽宿州 [④]

2013 年 10 月，安徽省宿州市埇桥区政府与中信信托有限责任公司合作推出土地流转信托项目。土地流转信托是指以农村集体组织或农户个人将合法拥有或具有处置权限的

① 在乐至县的调查中，流转去向按多少顺序依次是：农民合作社、工商企业、种养大户、家庭农场。参见黄娟：《乐至县适度规模经营现状及对策研究》，西南财经大学硕士论文，2015 年。

② 乔金亮：《农民增收：政策空间还很大》，《经济日报》，2013 年 3 月 5 日。

③ 张云华：《家庭农场是农业经营方式的主流方向——发展家庭农场的国际经验及对我国的启示》，《中国经济时报》，2016 年 4 月 22 日。

④ 根据资料整理。参见《全国首个土地流转信托项目落户安徽宿州》，2013 年 10 月 21 日，http://news.xinhuanet.com/house/hf/2013-10-21/c_117802220.htm。信托运用于土地流转是一个新事物，一开始便具有市场化、规范化的现代特点，但由于土地所有权与使用权的分离、土地流转定价问题、农民后续保障问题、农业项目收益率较低问题等，土地流转信托仍处于初期探索阶段。对于农用地土地信托而言，委托人将其享有的农村集体土地经营权信托给受托人设立财产权信托，信托财产的初始状态是土地经营权，确权颁证仍然是“土地承包经营权证”，如何从权利凭证上分离出“经营权”，仅对农村土地经营权设立财产权信托进行确认登记，而不触碰农村土地承包权，是亟待解决的现实问题。此外，信托财产登记的主管机构、登记方式尚无统一规定，这是确定信托财产边界、确保受托人管理和运用信托财产权利的关键环节，也需要进一步完善。经济周期性波动，税收、补贴和产业政策变动，以及农业经营的风险等与农民要求持续稳定的收益之间也存在一定矛盾。参见王小霞：《全国第二单土地流转信托调查》，2015 年 10 月 26 日，http://www.cet.com.cn/ycpd/sdyd/1654924.shtml。

农村土地使用权作为信托财产，委托给信托公司进行经营管理，从而定期获得信托收益。流转土地范围包括农用地的土地承包经营权、集体建设用地使用权以及宅基地使用权。“中信·农村土地承包经营权集合信托计划1301期”项目，是以实现农村土地流转为出发点和目的的，促进土地使用权规范有序流转，加快农业现代化和新型城镇化建设。信托计划期限12年，信托受益权采用结构化设计，涉及流转的土地面积达5400亩。流转后土地拟建设现代农业循环经济产业示范园，由安徽帝元现代农业投资有限公司作为服务商提供服务。园区规划为五大板块，涉及二十多个子项目，具体包括：现代农业种植及水资源保护工程、现代化养殖、生物质能源和基质肥项目、设施农业和农业物联网、农业科研平台，具备示范效应和可复制性。当地区政府负责人介绍，农民收益将从之前的单一地租转变为“基本地租＋浮动收益”模式。今后将探索增加土地信托的金融属性和价值开发，妥善平衡和维护农户、农业专业公司以及投资人间的相互利益，引导公平、效率、经济的最优化配置，推动当地城镇化建设以及现代农业的发展。

农地产权的社会化流转，初衷是为扩大土地经营规模，提高农业经营效率[①]，应当坚持以农为本的原则。相比于工商业的利润率，农业的利润率较低；在农业内部比较，种粮的利润率又低

① 农业部孙中华指出，如何通过建立土地承包权的退出机制，既充分发挥土地的财产功能，为进城农民提供原始积累，又发挥土地的生产要素功能，促进土地资源优化配置，让留在农村的农民种更多的地，这将成为今后一段时间深化农村土地制度改革非常重大的问题。参见李成刚:《以市场化为方向探索多元土地流转改革》，《中国经济时报》，2016年3月18日。

于种植经济作物的利润率。这种利润率的差别，很可能使土地使用配置因土地经营权流转而发生大的改变，土地呈现非农化、非粮化倾向，前者在城镇周边土地最容易出现，后者在距离城市较远的地区容易出现。土地经营权的抵押、担保等融资权能的出现，也容易使土地成为一个纯粹的融资工具，而背离其生产资料的本质属性。在推进农地社会化流转时，必须保证农地用途不变，保证粮食产量不变，保证农民权益不受侵害。应当尽量鼓励土地在农户之间互换流转，扩大单块土地面积和自家经营规模，并考察土地流转的经营前景，使得农户因种粮所得不少于种植其他经济作物所得。另一方面，构建新型农业经营体系，需在坚持家庭经营的基础上实现多元互动、多元互补[①]，既要遵循现代产业组织专业化、规模化的共同要求，又要符合农业生产特殊的自然规律[②]。国家应当充分认识到小农经济、传统农业和家庭经营的重要性，以及小农经济将长期存在的合理性和重要性，[③]在农地流转中要尊重农业发展实际和农民意愿，保护农民和农村的利益，防止超越发展阶段的强行流转，在制度设计上不能急于求成，要维护流转各方的平等权利，让不同的利益主体在长期博弈

① 刘奇:《构建新型农业经营体系必须以家庭经营为主体》,《中国发展观察》,2013年第5期。

② 张占耕:《构建新型农业经营体系的思考》,《上海农村经济》,2013年第5期。

③ 贺雪峰指出，在还有占中国人口总数大约一半的农村人口，仍然需要从农业中获得收入与就业的国情中，如果通过国家政策甚至财政手段来推进农村土地从农户手中流转到专业大户甚至工商企业，那么，仍然留居农村的如此庞大的农民就不仅失去了农业收入，而且失去了农业就业。没有农业收入与就业，如此巨大的不可能立即体面进城的农村人口将导致严重问题。因此，支持家庭经营而不是推动土地流转，至少还应是未来十年甚至二十年农村政策的基本方面。参见曹晖:《支持家庭经营，而不是推动土地流转——华中科技大学中国乡村治理研究中心主任贺雪峰访谈录》,《中国老区建设》,2014年第5期。

中寻找最佳的均衡状态。[①]

而真正的难题是，作为从所有权中分离出来的承包权却很难流转，因为，它意味着个体从集体所有权中的退出，放弃承包权就意味着放弃了集体所有权，这也正是实现城市化或现代化所希望的情况。即使有承包地流转的市场，政府为这种并非交易的流转还创造了市场内的交易条件[②]，但这个市场能否形成，与能否产生有效的农地供给和需求有关。尽管较低的土地产品价格、较高的土地经营生产性和非生产性成本等因素有助于增加农地供给，但较高的农地经营的非生产性收益（如社会保障）等因素又极大地强化了农户对农地的需求，从而使我国农地承包经营权的流转面临着刚性的需求约束（钱忠好，2003），且由于农业经营效益长期偏低，流转价格也不会很高，农民对土地流转的积极性不高。承包经营权的流转，进一步强化了承包地的权利，虽然提高了土地流转的价值内容，但并未创建有效的供需机制，表现为农村土地流转的相对凝固化。由此可见，弱化农村土地的社会保障功能，恢复其农业生产资料的本来功用，是农用地市场建立的重要外部条件。此外，也有的农民担心如果流转期限过长，或者

① 乔瑞庆:《农地三权分离制度安排应做到“三防三保”》，2014 年 1 月 21 日，http://comment.scol.com.cn/html/2014/01/011024_1539637.shtml。

② 成都市于 2010 年正式注册成立全国首个综合性农村产权交易市场——成都市农村产权交易所有限责任公司。目前涉及的土地产权交易，包括农村土地承包经营权、集体建设用地使用权、农村土地综合整治腾出的集体建设用地挂钩指标、占补平衡指标的交易等。2013 年 5 月，四川内江市第一所区域性农村产权交易所——四方农村产权交易服务中心在向义镇四方村成立，主要开展政策咨询、信息发布、代办证书等服务。截至 2013 年底，中心已流转承包土地 4771.93 亩，合同流转金额 1870.28 万元，涉及 3 个镇、6 个村 2138 户，户均每年可增加财产性收入 875 元。现有 2581.69 亩土地流转信息已挂牌公告。参见刘灿主持的 2013 年四川省哲学社会科学规划重大项目《四川农村土地产权制度改革调研报告》。

反复易手流转，承包地可能“流着转着就收不回来了”。农民内心还是认同“耕者有其田”的，如果转出去，自己长期不耕种，似乎除了政策的保障外，道理就不是那么硬气了。

如何看待类似于集体经营的适度规模经营、企业经营和合作社经营的回归？我们看到，现在的新型经营方式不仅产权基础不同，它是建立在分散化的承包经营权上，而不是集中化的集体所有权基础上的，主要政策取向应当是提高村社集体为小农进行公共服务的能力。① 而且，它是通过市场化经营、企业化生产的手段，面向市场和依托市场进行的社会化经营。它要求承包经营权通过市场进行流转和配置，实现农地由低效率所有者向高效率所有者之间的转移，实现农地的规模经营，提高土地的使用效益。它是市场条件下克服小农局限和小农风险，以及向现代农业过渡的必然过程。由于时代条件的不同，它实现了虽然与“集体经营”相似但绝不相同的螺旋式的上升。进一步的改革，应当更多考虑农村现代化和农业现代化发展的要求，从城乡制度和体制建设一体化出发，根据比较稳定的生产力条件和利益主体诉求状况，在法治比较规范、治理比较有效的情况下，选择一个时点进行新的关于基础性制度的整体性构建。但毫无疑义，国家公共职能的另一个最基础方面，是界定和保护产权。由于土地承包经营

① 贺雪峰指出，因为农户经营规模过于狭小，单个农户很难解决产中环节的公共服务问题，比如灌溉、机耕道、植保等环节事物。若村社集体有一定能力，可以为农户提供公共服务，就可以解决单家独户小农不好办和办不好的事情，可以极大地提高农业生产的效率。这方面最重要的是，要真正让村社集体掌握一定的资源，要让自上而下的国家资源，在村庄一级与农民自下而上的需求的表达结合起来。简单地说，国家资源下乡，相当一部分应该用于村社集体组织能力建设，应该是在资源下乡的同时，提高村社集体的组织能力、服务能力。参见曹晖：《支持家庭经营，而不是推动土地流转——华中科技大学中国乡村治理研究中心主任贺雪峰访谈录》，《中国老区建设》，2014 年第 5 期。

改革还只是一种“半截子”产权改革，农民的土地财产权至今不能确立。[①] 也许现阶段建立一个合理有效的农地产权结构，还并不具备成熟的时机，但保护产权却可以在至少不加之新的侵害的意义上去努力做到。一个较高的治理水平，意味着较好的农村产权制度，并促进农村生产力的进一步解放和发展。它将超越耕者有其田这样的传统社会理想，以及特殊国情这样的政策考量，实现制度变迁更加广泛的同意一致性，它可能是一个现代性的东西。

正在进行的改革，将为这样的改革和制度变迁创造条件。承包经营权确定为“长久不变”，但分置后的两权是否“长久不变”，现有政策并未做出说明。承包权也许应确定为长久，但长久还应意味着排他和继承[②]，如果法定继承人在城市或其他的乡村谋生，这在城市化和教育大众化进程中是大概率事件，就将失去父辈作为承包者必备条件的农村户籍[③]，也将实际失去在父辈

① 党国英:《我国乡村治理改革回顾与展望》,《社会科学战线》,2008 年第 12 期。

②《中华人民共和国农村土地承包法》第三十一条规定，承包人应得的承包收益，依照继承法的规定继承。林地的承包人死亡，其继承人可以在承包期内继续承包。第五十条规定，土地承包经营权通过招标、拍卖、公开协商等方式取得的，该承包人死亡，其应得的承包收益，依照继承法的规定继承；在承包期内，其继承人可以继续承包。这表明除林地及特定方式取得之外，承包权本身也并不能继承（继续承包）。

③《中华人民共和国物权法》第六十条规定，对于集体所有的土地和森林、山岭、草原、荒地、滩涂等，依照下列规定行使所有权:（一）属于村农民集体所有的，由村集体经济组织或者村民委员会代表集体行使所有权;（二）分别属于村内两个以上农民集体所有的，由村内各该集体经济组织或者村民小组代表集体行使所有权;（三）属于乡镇农民集体所有的，由乡镇集体经济组织代表集体行使所有权。也就是说，不是农民，以及不在村、村内或乡镇的农民，将不具有集体所有权人资格，因之也不能享有承包权。《中华人民共和国农村土地承包法》第二十六条规定，承包期内，承包方全家迁入设区的市，转为非农业户口的，应当将承包的耕地和草地交回发包方。承包方不交回的，发包方可以收回承包的耕地和草地。虽有“全家迁入设区的市”的条件，但其中暗含非农业户口不应具有获得承包地资格的意味。

乡村继续承包的资格，以及父辈作为集体成员的资格，并且不能由其他人顶替。随着农地生产要素的流转、新型经营主体多样化和农业生产及服务的社会化，这日见减少的从承包经营权分置转化而出的承包者，将成为这块农地的守望者而非主要的经营者，而后者将与农地更加亲近。一部分潜在的承包者离开乡村，一部分承包者将成为经营者的农业雇佣工人，一部分有着较高农业生产技能的承包者，如家庭农场、种植大户，将与相对先进的经营者一起，如合作社、农业企业等，共同成为多样化的乡村经营主体。法律上的原承包关系与实际的经营关系会变得越来越相去甚远，而新的乡村经营主体将会比法律上的承包者更关心集体和村庄的命运，因为原承包者与集体的法定关系是长久不变的，而且他并不一定和他的权利同时出现在村庄。随着农民资产的多样化运用，他作为所有者权利的承包权，转而为股权所替代，股权人而不是承包者最后参与着集体资产的治理和享用，而最后者也将因为集体这个共同体的消减，归于本来意义上的不在。这并不是数量意义的失去，而是一个新时代的产生。如果城乡分治的二元户籍制度变迁走在前面，这一进程可能会加快，它意味着更多主体而不只是同质的小农对乡村的现实占据。

与小块土地的生产及流转相联系，小农将在现代化进程中逐步消失。以何种方式完成这一进程并不是最重要的，最重要的是小农命运在这进程中，如何“较为过得去一些”，这正是国家治理的应当责任。正像恩格斯在《法德农民问题》中写到的那样，“我们在这个意义上为了农民的利益而必须牺牲的一些社会资金，从资本主义经济的观点看来好像只是白花钱，然而这却是一项极好的投资，因为这种物质牺牲可能使花在整个社会改造上的费用节省十分之九。因此，在这个意义上说来，我们可以很慷慨地对待农民。”历史经验也说明，“我们预见到小农必然灭亡，但是我们无论如何不要以自己的干预去加速其灭亡。”20世纪50年代我们曾经通过合作化，以“自己的干预去加速”过一次；但小农仍然以家庭承包制的顽强实践，又回到自然历史过程的轨道。在今天，也同样不能“以自己的干预去加速”家庭承包制的消失，而只能积极地等待和创造条件。但在干预之外，为了农民的利益“很慷慨地”牺牲一些社会资金、提供社会帮助则是应当的。因此，“多予”与“放活”一样应当是极为重要的政策，它将为生产关系变迁提供更大的可能性。特别是针对农村生活条件差、人口日益老龄化的现状，建立符合实际的社会保障，加强行政给付与服务，直接改善留守老人妇女儿童的生活、教育和医疗状况，同样是乡村治理紧迫而长期的任务。

国家通过向农村转移支付，特别是新农村建设，积极改善农村水电路等基础设施，提供新农合、新农保及低保和困难救助，但单靠输血不能完全解决好内生发展和长久发展的问题。国家看到了一些突出问题，但不能仅凭自己的理解去看问题，特别是在村庄传统治理秩序和治理力量弱化的情况下，应当致力于促进村庄这样的基础性建设。国家虽然主观上希望直接面对和作用于松散的单个小农，使之直接受惠，但一己之力有所不足，它依然需要一个代理与合作的主体。国家的扶助应当与农民的需求表达结合起来，并通过村庄组织加以承接，有效解决“最后一公里”的问题。此外，村庄生产生活即使颇为单调，时至今日也依然有大量一家一户“办不好、不好办和办起来不合算”的事务，不仅涉及生产生活，也涉及乡村文化和伦理道德，也可以称之为村庄的公共事务，仍然需要有着公共属性的组织来考虑，也就是说，随着集体产权向着家庭承包经营权的下倾，集体组织却不能丢失而是应当转型，并在村庄事务中找到自己真正的位置。国家在取消集体从下而上筹集资源能力的同时，应当从上而下赋予其一定的资源，增强集体在村庄公共服务方面的能力。

国家为治理乡村，不仅要努力提供现代国家应当提供的普遍的、趋于均等化的公共服务，还应当发育乡村的社会组织，包括各种集体、村社组织，规范并使之在村庄公共治理和服务中发挥积极的促进作用。只有把乡村自治与国家责任有机结合，进而吸收其他市场组织和社会主体，形成多中心治理的良性机制，才能使乡村利益得到彰显。此外，中国农村小农经济、政府控制和资本缺乏的实际状况，使得小农总是处于被政府和资本重重控制的经济社会链条的最末端。在政府和小农的矛盾中，政府居于矛盾的主要方面；在资本和小农的矛盾中，资本居于矛盾的主要方面，由此决定了制度创新的关键，在于维护弱势农民的主体地位。[①] 未来可能的改变将取决于农户博弈能力的提高、经济组织之间以及与其他经营主体之间的竞争、政府的规制和导向、农村民主政治进程等。

---

① 肖红叶、毕美家:《发展合作经济是做好“三农”工作的重要基础》,《农业经济问题》，2007 年第 8 期。

第七章　农村确权颁证与乡村治理的实践

本章以统筹城乡综合改革实验为背景，在分析农村产权制度改革典型案例的基础上，进一步探讨乡村治理中的实践变化和存在的问题，探讨多重治理逻辑变迁视野中治理模式的演进路径，并提出乡村治理变革的路径取向。

第一节　土地确权后乡村治理的变化

2007 年成都开始统筹城乡综合配套改革，2009 年成都、重庆被批准为全国统筹城乡综合配套改革试验区，陆续开展土地整理、确权颁证和基层治理机制等方面的系列改革。与此同时，四川还分类分层推进统筹城乡综合配套改革试点，试点地区在农村土地制度改革等方面取得一系列重要进展。在全国，如北京、浙江、广东等地注重清晰界定农民的财产权利，实现土地生产要素合理流动与优化配置，逐步探索科学规范的现代农村产权制度，并促进了乡村治理的新发展。

农村土地的确权和登记已经成为保障农民土地权益的基础。土地确权登记发证的过程，是进一步查清宗地的权属、面积、用途、空间位置，建立土地登记簿的过程，确认农民集体、农民与土地长期稳定的产权关系，可以进一步激发农民保护耕地、节约集约用地的积极性。2010 年，成都率先基本完成了 255 个乡镇（街办）、2622 个村（社区）、3 万多个村民小组、170 余万农户的确权登记发证。从四川全省情况看，2010 ～ 2013 年末，集体土地所有权发证率达 99.5%，集体建设用地使用权发证率为 94.7%，宅基地使用权发证率为 96.35%。在确认农民集体、农民与土地长期稳定的产权关系上，这将有利于维护农民在工业化、城镇化和农业现代化进程中的权益。

（1）初步落实了农民对土地的财产权利。土地要流转，确权是前提。确权颁证有助于土地的财产性权利硬化，也有利于财产权的保护。通过对农户土地、房屋、林权的调查、测量及公示等工作，颁发《集体土地所有权证》《房屋所有权证》《集体土地使用权证》《集体林地使用权证》和《农村土地承包经营权证》，基本解决了农村承包土地权属模糊、账实不符、边界不清等问题，给承包地拿上了“户口本”，让农民群众吃上了“定心丸”，使农民享有法律赋予的相应财产权利，有助于促进土地依法、自愿、有偿流转，以市场化机制配置农村土地等生产要素。确权登记颁证后，农户承包土地面积比二轮承包面积普遍增加，农民流转土地的收益也随之增加。内江市 2014 年已经开展产权改革的村，二轮承包登记的耕地面积为 61.4 万亩，实测面积为 86.1 万亩，测涨 24.7 万亩，解决了诸如“产量亩”、计税面积与实际面积不符等问题。安徽省金安区马头镇和横塘岗乡实测面积 78687.3 万亩，比二轮承包面积增加了 20267 万亩，多出 45%，当地农民土地流转租金总收入平均增长 30%左右。[1]

① 王永群、桑强兵：《安徽求解农地颁证后五大难题》，《中国经济时报》，2016 年 4 月 8 日。

案例 7-1：瓦窑村“长久不变”的探索[①]

2009 年 6 月，成都市双流县瓦窑村的 714 户村民领到了新的农村土地承包经营权证。与以前不同的是，承包期限一栏由以前的 30 年变成了“长久不变”。具体做法就是 2008 年土地确权时确认的时准，在时间点之内在册的本村农业人口，属于本村集体经济组织成员，以后新增人口不再确定为集体经济组织成员，也就不能获得土地承包经营权，只能继承。2008 年确权以后到 2009 年 5 月 31 日之间的新增人口定性为特殊成员，只能享受集体资产收益的分配权。2009 年 11 月，四川星慧集团与成都市双流县瓦窑村村民签订协议，流转 1200 亩承包地和林地，期限为 40 年。这一协议已经远远超过了土地承包法的规定，因为第二轮农村土地承包期限只有 30 年，到 2028 年截止。“长久不变之后，他们也感受到这个政策的作用，土地承包时间长了，企业敢去投资。”全村土地面积 5500 亩，承包地 3019 亩，目前已经有 5 个比较大的企业进入，村里土地流转只余下 1000 多亩。瓦窑村也在摸索壮大集体经济组织，“我们现在采取土地入股的形式，注册成都兴隆瓦窑农业有限公司。由 30 户农户、村委会和几个自然人出资，前期注册 12 万，现在增资 10 万。主要搞市场效益比较好的产品。”

（2）进一步探索了村级治理机制。在土地确权颁证过程中，过去土地发包、承包以及之后承包关系调整中积累的一些纠纷集

① 案例根据资料整理。参见《双流瓦窑村 试点土地承包经营权长久不变》，2010 年 6 月 2 日，http://www.sc.xinhuanet.com/content/2010-06/02/content_19961648_1.htm。

中爆发出来。在各地开展土地确权工作中，为了让这类纠纷得到妥善解决，政府引导村民建立群众议事制度和监事制度，通过民主选举，推选一些德高望重的农民牵头主持公道、调解矛盾，以理顺并解决农户之间、农户和集体之间的矛盾，划清并确认承包地、宅基地、自留地的边界。这些措施，注重探索在村或各级政府领导下的自我协调机制，加强群众在乡村治理中的主体地位，改变了原来村内农户简单服从的老机制，形成了村党组织领导、村民（代表）会议或议事会决策、村委会执行、其他经济组织广泛参与的新型村级治理机制，促进了乡村治理机制的创新发展。一些地方探索了“三自一引”以及组织动员、调查测绘、方案议决、结果公示、确权颁证的“五步工作法”。通过政府积极引导，让农民了解到“为什么确权，确的什么权，怎么确权”，让农民自主、自愿、自治共同参与确权工作，发挥农民的能动性和自治能力，通过农民自己确定确权方案，协调土地测量之中的矛盾和历史问题，最后达成共识，在一定程度上实现了农民的事情自己做主，减少了“官家”为主确权中可能产生的很多矛盾。

案例 7-2:“三自一引”工作法

内江市坚持农民主体、尊重农民意愿，探索形成了凡农村产权改革中的重大事项，均由农民以自愿、自主、自治的方式讨论决定，党委政府加强引导的“三自一引”工作机制，探索出群众路线与乡村治理相融的路子，最广泛地凝聚改革共识。第一，深入发动，让农民“自愿改”。先后召开村民院坝会一千八百余次，发放宣传单、年画、春联等一百万余份，并组织村民代表外出参观，让广大农民知晓“为什么改、改什么、改了有什么好处”，充分调动农民参与的积极性和主动性。第二，村民议决，让农民“自主改”。开展农村产权制度改革的所有村、组均民主选举产生了议事会、监事会，组建了指界小组、丈量小组、调解小组，测绘由村民到场、指界由村民确认、确权方案由村民议决。第三，矛盾化解在基层，让农民“自治改”。市县乡村四级建立了纠纷调处机构，充分尊重农民群体的利益诉求，由群众通过互相协商，自主解决确权颁证中出现的问题。第四，抓基层党建，由支部“引导改”。选好配强村党组织带头人，将村级工作经费由每年1万元提高到每年2万元，进一步加强对村、组议事会、监事会的指导，规范运行机制，促进组织意图与群众意愿的有机统一。

（3）为农村配套制度改革开辟了空间。农村产权改革带来了生产关系的进一步变化。在促进农村生产要素流动，提升农村生产力水平上，农村土地产权改革只是起了个头，一些改革也还受阻于有待修订的现行法律规定。确权登记后农民的土地承包经营权由原来的合同管理转变为登记管理，承包地作为农民的不动产产权必须与现行法律法规相衔接，但《土地法》《土地承包法》和《担保法》等关于农村土地承包经营权调整、期限、抵押担保的具体内容有待梳理修订，集体经济组织内部土地承包经营权变更、互换、转让、户口注销等造成的产权变动也需要依法明确程序要求，建立规范的登记、审核、备案制度，此外还面对土地承包经营权财产性权利实现方面的障碍，以及惠农政策与确权成果挂钩后可能导致惠农利益分配格局的变化等。[①] 按照国家关于确

① 王永群、桑强兵：《安徽求解农地颁证后五大难题》，《中国经济时报》，2016年4月8日。

权登记颁证的设计，确权不仅要体现在土地承包经营权设立、转让、互换、变更、抵押层面，更要体现在产权关系、财产性权利、农业经营和农村治理等方面。确权登记颁证后，不少地方开展农村承包土地的经营权和农民住房财产权抵押贷款的试点[①]，逐步释放农村土地制度改革的红利，但也受制于农地产权构造及相关配套制度。[②]后续需要更进一步统筹农村土地管理制度、土地交易市场制度、社会保障制度、农村金融保险制度、社会管理制度等改革，并重构和完善农村基层治理机制等。

案例 7-3：统筹推进农村配套改革

内江市注重发挥改革综合效益，同步推进户籍、金融、社保和基层民主等四项改革。第一，户籍制度改革。出台《关于积极稳妥推进户籍管理制度改革的意见》，最大限度地放宽了城镇落户限制，鼓励农民进城落户。第二，社会保障制度改革。实施统筹社会保障和城乡就业“1+4”工作方

① 截至 2015 年 2 月底，宁波市江北区已有 2830 户农户获得“两权一房”抵（质）押贷款，累计贷款总额为 2.83 亿元。其中股权累放户数 1169 户、放贷金额 4852 万元；农村土地承包经营权累放户数 667 户、放贷金额 1675 万元；农村住房累放户数 994 户、放贷金额 21776 万元。至 2014 年，江北区完成了 109 个村的农村集体经济组织的股份制改造，占总村数的 99%，总资产 47.71 亿元，量化到人资产 16.78 亿元。江北区 1.44 万农户拥有土地承包经营权，土地流转率达到了 82%。参见朱菲娜、任建华、杨益波：《创新农村金融制度 助推农民创业增收——宁波市江北区农村“两权一房”抵（质）押贷款调查》，《中国经济时报》，2016 年 4 月 8 日。

② 刘守英指出，通过土地收益权、承包经营权、宅基地使用权及农民房屋作为担保抵押，还有很多相关问题远未解决。试图用承包地经营权、房屋所有权和宅基地使用权来作为担保抵押物解决大多数生计型小农的金融需求大可不必，还会面临权属的风险问题；而解决种植大户、家庭农场、农民专业合作社等新型经营主体较大的金融需求，则会面临权属设置上的制度缺陷，所以也难以达到政策的目标。农村金融的核心问题是信用体系的建设问题。参见刘守英：《不要指望两权抵押解决所有农户金融需求》，《中国经济时报》，2016 年 4 月 15 日。

案，允许农村居民参加城镇职工养老保险。内江已成为全省统筹城乡就业和社会保障试点市。截至2013年11月，内江市已有5166名农村居民参加了城镇企业职工养老保险。第三，农村金融制度改革。制定了农村承包土地经营权、集体建设用地使用权和林权抵押融资办法。截至2013年年末，全市共办理农房所有权抵押贷款9600余万元，林权抵押贷款2685万元。第四，基层民主制度改革。出台《关于构建新型村级民主治理机制的意见》，引导农民自我教育、自我服务和自我管理。

从形式上看，确权颁证似乎就是让农民手中多了几张证书，但有学者探讨了它对集体产权制度可能带来的深层次影响。[①]可以预知的是，蕴含在这些证书之中趋于明确的产权关系，为改变和完善现有的乡村治理模式创造了契机。正如周其仁所说，确权不是形式的问题，是要把一种关系终结。这是确权在倒逼集体所有制那种不断以人分地关系的终结。根本上来讲，不彻底改变现有不断以人分地的集体制，流转就不能发展起来。[②]

（1）促进虚置的产权主体归位。在我国城乡二元体制下，农村集体土地产权主体不明晰，权利内容不明确，难以作为一种与国有产权平等的生产要素参与市场交易。按照1998年《土地管

① 胡靖认为，集体土地归农户承包经营长期不变，这是农村集体经济制度的一个制度要件。具体到一个集体的某块土地该怎样承包经营，应该由农民集体内部决定，这叫农民集体经营组织的自主权。土地归农户承包经营且长期不变没有问题，但如果把它理解为具体的某块地，它就长期归某个具体的农户了。参见黄进：《专家谈农村土地承包经营权确权问题：确权带给农民什么？》，2014年6月21日，http://www.nfncb.cn/html/2014/importantnews_0621/90995.html。

② 周其仁：《土地改革的诱饵与根子》，《南方周末》，2013年10月24日。

理法》规定“农村集体所有的土地使用权不得出让、转让或者出租用于非农建设”（第 63 条），唯一可以把农地转为非农业建设的合法途径是国家征地，即完成从土地集体所有制向国有制的转变。而经过确权颁证后，虽然财产权利的内容和运作程序还不是很明确，但集体产权法律意义上的主体毕竟不再虚置，农村土地可以在市场上进行流转和交易，其产权主体可以依据法律主张和行使自己的权利。当需要征用农民的土地时，农地的需求方政府或企事业单位不得不考虑到可能的法律后果，而选择与农地的供给方农民按法律进行协商，按双方协议进行交易或征地补偿。

案例 7-4：农村产权交易所模式

2007 年 9 月 13 日，锦江区成立了成都市锦江区土地储备拍卖交易中心。2008 年 6 月 6 日又将原土地储备拍卖交易中心进行扩编增能，更名为成都市锦江区农村土地房屋登记交易服务中心。新成立的中心将国土、统筹、房管三部门相关职能整合实现数据共享、并联审批，统一负责农村土地和房屋的测绘、勘察；农村土地和房屋基础数据库的建立和管理；农村土地和房屋产权登记、办证、流转等并联审批平台的建立、管理；集体建设用地使用权、农地承包权的招、拍、挂，实现从确权登记—数据库建立—交易申请—权属调查—产权交易—登记发证—数据库更新—再次交易—数据库变更等各个环节的管理，并建立了交易中心交易大厅。通过农村产权制度改革组建新型集体经济组织，通过招、拍、挂的方式出让集体建设用地，逐步建立城乡统一的建设用地市场，以公开规范的方式转让土地使用权，探索与实践城乡土地“同地同权”，为土地要素的城乡自由流动创造条件。

在确权颁证之后，产权所赋予的功能和资产价值显现出来，过去的“死”资产将转换成为流动的、生息的“活”资产，村民自身的利益与土地承包经营权、宅基地使用权等权益紧密相连，一旦经营权等权利的流转能够为村民带来收益，村民会从一个村庄集体的局外人身份回到局内人身份，在利益博弈中参与村庄治理。

案例 7-5：农村土地承包经营权入股[①]

重庆地处西部，不仅允许农村土地承包经营权出资入股，设立农民专业合作社；在条件成熟的地区，还允许农村土地承包经营权出资入股，设立有限责任公司和独资、合伙等企业。这种形式通过工商登记成为法人，把土地转化为资本，具有承担公司债权债务权利的义务。据市工商局统计，2008 年 7 月底已经有超过 10 个区县打算或准备以土地入股的方式办公司。重庆市浙江企业联合会会长透露，在渝的浙商已斥资 1 亿元组建专门投资公司，欲在重庆城乡统筹先期试点地九龙坡区、白市驿镇建立占地 3000 亩的食品工业园区，同时尝试农民以土地入股企业。市餐饮商会会长表示，目前土地是租赁方式，待时机成熟也会考虑农民以土地入股，与入驻园区企业共同成立公司。土地入股作为一种市场化的创新机制，是想让农民逐步形成一种观念，即他们所依靠的不是土地，而是有着土地资产价值的股权。

（2）土地确权将增加农村土地流转效率，有利于土地规模化经营，培育出多样化的市场主体。周其仁指出，从逻辑上来

① 案例根据资料整理。参见吴红缨：《中央部委重庆调研 土地入股应慎行》，2007 年 8 月 9 日，http://news. hexun. com/2007-08-09/100/73050. html/。

讲，确权是基础和前提；从另一个层面来看，确权的目的也是流转。[①]没有经过认真确权的土地，产权是模糊的，一旦放开流转，必然引发新的侵权和攫取行为，容易造成新的分配不公。等到确权完成，大规模流转可能实现，在征地制度以外并列出现另外一套土地转让的路径，再来讨论如何并轨，实现更完整的土地制度改革。[②]加快农村集体土地确权登记发证，依法确认和保障农民的土地物权，最终形成产权清晰、权能明确、流转顺畅的农村集体土地产权制度，是建设城乡统一的土地市场的前提，是促进农村经济社会发展、实现城乡发展一体化的动力源泉。

案例 7-6：北京扩大集体用地经营权流转试点[③]

2014 年，北京集体建设用地经营权流转的试点范围将扩大，初步计划是选择 5 个远郊区县的 6 个乡。政府工作报告做出的安排是“加强乡镇统筹，以盘活存量为主，提高建设用地集约化水平”。对于集体建设用地经营权流转，十八届三中全会《决定》已经明确，“在符合规划和用途管制前

① 也有学者认为确权与流转并无必然关系。胡靖认为，确权以后农民可以通过抵押、入股、租赁来加快土地的流转，但还存在另外一种可能，就是目前这种土地细碎化的状态将得到固化。有一个更具法律保障的承包权证后，农民就有可能不让土地流转了。并不是有了这样一个承包经营权证，他就一定把地拿来交易，因为交易是有动机的。在农地非农化、用途管制的情况下，在农地的未来预期不确定的状态下，在农民的生计还没有处在一个迫在眉睫的状态下，他为什么一定要出让土地呢？通过抵押、入股、租赁来加快土地流转是很不确定的。贺雪峰也认为，土地的产权过于强化，破碎的土地整合不到一块来。在日本、韩国土地私有的情况下，想整合都非常困难。参见黄进：《专家谈农村土地承包经营权确权问题：确权带给农民什么？》，2014 年 6 月 21 日，http://www.nfncb.cn/html/2014/importantnews_0621/90995.html。

② 周其仁：《土地改革的诱饵与根子》，《南方周末》，2013 年 10 月 24 日。

③ 王姝：《北京集体用地经营权流转试点扩围 将选 6 个乡试点》，《新京报》，2014 年 1 月 21 日。

提下，允许农村集体经营性建设用地出让、租赁、入股，实行与国有土地同等入市、同权同价”，现行规划和用途管制是建设用地流转的前提。主要开展三项工作：编制农村集体建设用地规划；搭建农村用地交易平台；集体建设用地确权登记颁证，明确这块地是谁的、有多大范围。这三项工作都是基础性工作，是为今后这一轮农地改革打基础，什么时候能完成，还要由推进中的实际情况决定，农地改革不能乱、不能齐步走，一定要做好制度设计和制度安排。

有了政府颁发的土地权证，无论是在村庄附近打工的农民或者是远赴外省进城务工的农民，都可以放心地把土地流转出去。土地能流转起来，农村专业合作社、股份合作社、农业企业或其他市场组织才有机会进入，才可能实现适度的规模经营，进一步转变农业发展方式。过去虽然名义上是“统分结合、双层经营”，但在实际运行中倾向单个的家庭农户，一些村集体职能发挥不足，乡村管理缺乏基本的集体经费。确权颁证促进了土地流转，也为多样化经营和社会化服务体系提供了条件。

案例 7-7：凤阳土地经营权流转扎实有效①

凤阳县按照“依法、自愿、有偿”原则，引导和鼓励农村土地经营权多形式、全方位流转，促进农业适度规模经营，加快农业经营方式转变。成立县农村土地流转工作领导小组，各乡镇成立相应的工作机构，领导和组织辖区内土地流转工作的开展。财政、国土、农业等相关部门，各司其

① 马顺龙：《凤阳土地经营权流转扎实有效》，2012 年 2 月 23 日，http://www.nctudi.com/news_show.php/id-21676。

能、积极参与。加强对农村土地流转政策法规、土地流转作用的宣传，强化政策引导，加大奖扶力度，积极引导农村土地流转。出台《促进现代农业发展奖补办法》，制定了对流转土地种植粮食在50亩以上的种粮大户实行重奖，对开发种植在一定规模以上的经营主体进行奖扶等50条优惠政策。建立全县农村土地承包数据库，设立农村土地流转服务中心和农村土地流转交易市场，建设标准的农村土地流转服务大厅，实行定编定人运作，健全服务体系，规范流转行为。各乡镇、行政村也成立了土地流转服务中心（站点）。成立县乡两级土地承包纠纷调解室，及时化解土地承包经营纠纷。

在原来自主经营、自负盈亏的家庭经营基础上，增添了集体决策经营、集体收益的色彩，也有一部分收益流向集体经济组织，为集体经济发展提供了必要的资金积累。

案例7-8：深圳农村集体土地入市[①]

2013年12月20日，深圳历史上第一块原农村集体用地成功上市，也是继1987年深圳首创国有土地拍卖后又一次历史性改革。这次由深圳市方格精密器件有限公司以底价1.16亿元竞得的A217-0315宗地，位于宝安区福永街道凤凰社区，占地面积为1.45万平方米，挂牌底价为1.16亿元，规划用途为工业用地（新型产业用地），土地使用期30年，准入产业类别为新一代信息技术通信终端设备制造业。对于土地出让收益，政府提供了两种分配方式：一种是由政府

①《深圳农地入市第一拍落槌 七成收益归政府》，《华夏时报》，2013年12月21日，http://news.cnfol.com/diqucaijing/20131221/16530183.shtml。

和村集体各分50%；另一种是政府分70%、村集体分30%，村里再持有20%物业面积。凤凰社区选择的是第二种，他们认为第一种方式是一锤子买卖，第二种方式则为社区发展提供长远来源。“我们村民对这个拍卖结果很满意”，“利益分配合理，社区还可以搭上产业发展的顺风车。”社区提出要求入股企业，并在协议中规定几年之内企业必须上市，否则将自行处置股份，这也是对社区自身利益的一种保障。以往，农村集体土地想要入市必须先经过征地补偿后收归国有，而今后农村集体工业用地不需要再经过国有化，便可直接到深圳土地交易中心出让，且土地收益直接按比例由政府和村股份公司分成。

（3）土地确权颁证为城乡一体化，进一步开展新农村建设创造了条件。在成都郫县安德镇安龙村与都江堰市向峨乡石碑村，村民生活在新建的农村社区内，从“鸡犬之声相闻”的单调生活转变为享有警务、医疗等基础设施的类城市化生活。很多村民也不必再背井离乡到远方的城市打工，经过集中整治的土地，新建立的农业园区等也可以吸纳一定的农村剩余劳动力。持有土地权证的农民，若是不愿意种地也可以把地租给其他经营方，如种田大户或相关企业，自己选择进城务工；或者通过市场交易转让农村宅基地使用权证，以获得进城的部分搬迁费用，转而在城里定居。以成都市为例，农地确权登记颁证之后，稳步推进农业规模经营、农村新社区和农民集中居住，改善农民生产生活条件，提升农民生活质量，逐步实现城乡发展一体化。

案例7-9：可持续发展生态示范村——安龙村

成都市郫县安德镇安龙村，位于城区东南面2公里，地处成都平原的腹心地带。幅员面积约8平方公里，耕地面积3540亩，农户1125户，人口3399人，其中劳动力个数2210人，常年外出劳动力337人。主要产业是花卉苗木和生态蔬菜的种植，引进大型花卉苗木公司10家，实现产值上千万元，带动安龙村600人以上劳动力就业。至2012年底，安龙村共计花卉苗木种植面积1900余亩，生态蔬菜种植近百亩。从基层民主建设来看，安龙村在村委会这一组织形式外，成立有村民议事会和村务监督委员会。村里有18个农业合作社，大部分合作社都是由5个人作为社代表，少数几个社是由4个人担任代表。村民议事会是在村党组织领导下，由村民会议委托，在其授权范围内行使村级自治事务决策权、监督权、议事权，讨论决定村级日常事务、监督村民委员会工作的常设议事决策机构。村务监督委员会由6个人组成，包括一名主任，一名组长和另外4个成员，由村民会议或村民代表会议选举产生，在乡镇（街道）纪（工）委的指导和村党组织领导下对村级事务实施监督，向村民会议或村民代表会议负责并报告工作。从乡村经济发展来看，安龙村发挥全家河坝、走马河等自然生态优势，依托神龙溪温泉、地建置业等产业项目的辐射带动，利用“新建”川西林盘发展“三小经济”（小旅馆、小餐馆、小茶馆），推进休闲农业和乡村旅游发展。花园镇筒春村示范点保留原有花卉苗木产业，在聚居点附近植入观光旅游区块，发展以花卉苗木、健康养生、休闲旅游为特色的庭院经济。这种发展模式结合了村落的原有产业形态，实现生态、产业和新村建设的有效融合。从乡村风貌来看，通过最大限度地保护和利用原有林盘的“田、水、林、路”，按照小型化组团化生态化原则规划建设，以院落为中心，周边耕地自然散落，保护林盘形态和优美环境，体现了“聚散有度、隐露相间、通透连贯、曲径通幽”的川西林盘韵味。村内道路、给排水、天然气、通讯等基础设施，村委会、活动中心、幼儿园、民俗展览馆、村史展览馆、便民服务中心、游客接待中心等公建配套设施比较齐备。

确权颁证之后，农民的权利意识、自治意识、利益意识明显增强，村民对土地价值的认识大为提升，也希望进一步深化农村产权改革，赋予农民更多财产权利，提高农民自身收入。这样便增加了农村对产权保护的需求，形成对侵害农民权益的有效制约，既有利于明确改革的方向，也使得下一步改革的约束性增大。确权颁证试点将集体经济组织成员固化，但十几年或几十年后，农村终将出现集体土地承包经营权在户与户、人与人之间的差异，只要集体经济组织存在，集体经济组织成员的增减仍将涉及调整的问题，这是土地物权与集体经济组织成员权的深层矛盾。①

案例 7-10：关于集体经济组织成员身份确认②

成都市各城中村、城郊村的集体收益分红较高，在实行

① 文中所引为成都市国土局杨珍惠的观点。参见李秀中：《双流瓦窑村 试点土地承包经营权长久不变》，《第一财经日报》，2010 年 6 月 2 日，http: //www.sc.xinhuanet.com/content/2010-06/02/content_19961648_1.htm。

② 农业部经管司课题组：《农村集体产权制度改革几个重要问题的地方实践》，《中国经济时报》，2016 年 3 月 18 日，http://news.hexun.com/2016-03-18/182823609.html。

成员固化前，时常出现非本村户籍子女投靠父母落户、非本村户籍父母投靠子女落户的“一拖N”现象，这些新增人员基于户籍关系参与所落户村集体经济组织的收益分配，使原有成员的集体资产权益被不断稀释，原有成员与新增人员的产权纠纷日益突出。合理界定成员身份，理顺农村集体资产和产权关系成为亟待解决的问题。郫县战旗村因为没有界定成员身份，以前每年9月30日前都要调一次承包耕地，不仅工作量大、费时费力，而且调出都希望调差地，调入都希望调好地，引发了许多扯皮官司，“既伤脑筋又伤感情”。此外，耕地保护基金、农民养老保险金的发放均以承包耕地为依据，每次调整承包耕地，还要相应调整耕地保护基金和农民养老保险金的计算基数。为解决这些矛盾，该村召开农户代表会议，讨论确定以2011年4月20日作为改革时点，在该时点具有本村户籍的人员均为本集体经济组织成员，共确认成员1704人。村耕地、宅基地、经营性资产全部为1704位成员集体所有，人均获得承包耕地1.137亩，宅基地83平方米，集体统一经营的资产也折股量化到每位成员。实行成员固化，农村新增人员不再自动成为集体经济组织成员，可以通过继承或受让集体资产股权，按章程获得集体经济组织成员身份。固化后人员管理成本明显降低，干群邻里纠纷明显减少。

一些地方对集体经济组织成员固化的探索，与对农民集体成员界定的相关法律如何衔接，实践中能否取得长久不变的效果，各地制度试验还在进行之中，也没有定论。广东南海草场村1999年就实行股权“生不增、死不减”，但在2005年经村民投票通过，将股权设置又改回“生增死减”。南海的最新尝试是将股权固化到户，实行“股权配置长久不变，按户管理、按股分红”的模式，新的政策目标是2015年完成“股权到户”改革。“股权到户”的目的是将人口调整的争议由各个家庭内部解决。可见，集体产权的主体从不是一个静态的概念，更多还是个别成员在集体和社区中身份及权利义务的界定。只要有“集体”存在，关于成员权的争议就会不断推动集体的重构。①

另一方面，伴随农村产权改革而生的各类新的农民组织，呼唤着一个更为优良的公共治理机制的形成。只有更加完善的乡村治理机制，才能真正落实城乡公共服务均等化，提升农民的生活质量，实现农业现代化和城乡一体化目标。适应变革，需要重新定位村级组织在乡村治理中的作用，协调村内组织间的关系。更进一步看，为形成新型的乡村公共治理机制，须探索建立一个能够同时纳入国家、村集体、村民以及村外市场主体等多种治理资源的长效组织框架。

一个趋于清晰的土地产权关系，有利于村民与村民、村民与村集体之间形成较为确定的关系，而一个稳定的村庄治理框架，也必然有利于农村产权关系治理。农村产权制度改革为乡村带来很多变化，为完善乡村治理提供了一个很好的切入口，但多年积淀下来的问题短期内很难得到改变，未来仍需要继续促进乡村治

① 柏兰芝指出，农村集体“明晰产权”的努力主要是为了解决内部的分配争议，现在却回到以传统（父权）家庭为分配单位的老路。由于不同的行动者在其间为自己的权利斗争，“产权改革”也因此成为一个“共享剧本”。唯一可以确定的是，这个产权改革很难有一个清晰的终点。参见柏兰芝:《农村股份改造的制度设计思路中农村集体边界问题》,《中国经济时报》，2016年3月18日，http://news.hexun.com/2016-03-18/182823633.html。

理的变迁。从一些地方的调研情况看，土地确权颁证之后，依然存在一些须引起注意的问题。

在农村产权制度改革过程中，为解决村民间的产权界定和纠纷，不少地方建立村民议事会，实行自主管理与自主决策，政府不直接介入其具体运作，从而有序推进了确权颁证的实施。确权颁证没有依靠村委会来做，很大程度上是因为它的地方政府“代理人”倾向，不能得到村民认同所致。

案例 7-11：鹤鸣村的“村民议事会”

2008 年 3 月，都江堰市柳街镇鹤鸣村被确定为成都首个农村产权制度改革试点村，率先开始为农村土地、房屋确权颁证。这项工作事关每家每户的切身利益，直接触及农村土地上长久以来因缺乏合理产权安排而积累的各类矛盾。鹤鸣村的村民在党支部引导下组成了村民议事会，用“草根智慧”解决“草根纠葛”，自主协调解决确权过程中的各种矛盾。2009 年 4 月，都江堰市委在调查总结鹤鸣村经验的基础上，初步形成了以村民议事会与监事会制度相结合的新型村级基层治理机制，并在 191 个行政村推广。村民议事会成员通过分级选举或者直接选举方式产生，在大部分行政村中村两委成员不直接作为议事会成员，而是与普通村民一样通过选举方式进入村民议事会。全市村议事会成员中党员 2134 名，占总数的 43%；村两委“四职干部”784 名，占总数的 15.8%。在工作方式上，先广泛收集群众意见，对意见进行分类归纳整理，而后交议事会议定，最后交村委会执行落实。目前，全市农村各村议事会议决事项 1295 项，已执行 748 件，其余正在执行中。有的村支部书记形象地说出了自己的体会："民主是一把钥匙，用好了，能开启家庭和睦的大门；民主是一潭清水，把它搅转了，能化解很多矛盾；民主是一种武器，用好了它不但能保护自己，还能帮助克服重重困难。"

村民议事会的出现，事实上反映出村民对自治组织的真实诉求。但村民议事会的组织规则由地方党组织制定，运行资金来源由政府提供，从一个解决短期问题的措施，进而成为乡村治理架构中一个新的组织，也成为国家介入乡村事务的一个有力渠道。村委会与村民议事会名义上都不全是农村自治组织，在职能定位上需要区分，实践中也试图将后者定义为村民议事咨询的机构，这并不能解决村民对自治组织的需求。此外，在社区、专业协会、合作社等组织中，近年来有些也尝试设置党的支部、业主委员会、社区居委会等，发挥了积极的作用。这样，乡村治理架构还包括原有的村支部、村民代表大会、村集体经济组织等，使得乡村在人口不断减少的同时，却面临组织重叠和职能冲突的局面。并且，随着土地经营权越来越多地向外村个体或是其他市场组织流转，如何协调这些承包土地外部人与本村村民之间的利益也需要引起重视的。这就要求现有较局限于村庄内部的村民自治，向包括政府、村民、外部承包人和市场组织等内外多主体协调转变，需要进一步创新乡村治理的思路和体系。

农村产权制度改革举措一经推出，就有着强大的政府推动力和群众需求，实际上，政府、资本、集体和农民各方对土地新政都较为期待。下一步农村产权制度改革还将深化进行，在"三块地"（承包地、宅基地、集体建设用地）权属、集体资产管理、征地机制等方面仍有变革可能。资本看重土地流转和"变性"带来的巨大增殖效应，村集体与地方政府看重农地确权登记后的流转收益分配，农民则渴望在确权登记中有长久而稳定的承包权与经营权，希望确权颁证能够给家庭带来更多的经济收入。当前，在农村产权存变革可能、流转收益分配机制还不很明确的情况下，确权颁证工作已经全面铺开，这容易成为后期利益纷争的源头。相较于政府公权力和资本的力量，村集体和农民通常处于弱势地位，有必要防止将确权登记变成“拿地”创造条件，甚至演变成“圈地”造房行动。

近年来，“资本下乡”通过推动“农民上楼”、土地整理和流转、规模经营，极大地改变了农民的生产生活方式，同时也改变了村庄的治理结构。与过去非农化比较彻底的“公司型村庄”不同，地方政府和工商资本合作推动对村庄的经营和“再造”，使农业型村庄短期内迅速“资本化”或“公司化”，乡村治理的社会基础由“村庄/农民”变为“公司/资本”，公司替代村庄成为一个横亘在国家与农民之间的政治经济实体。[①] 在现阶段，加强对资本下乡的监管十分必要，包括设定城乡统一规划、耕地保护、产业准入、环境保护、农民利益分配等政策红线，防止资本对小农的挤压和对农业生产能力的破坏，实现资本与农民共建共享。

案例 7-12：部分资本下乡打土地政策“擦边球”[②]

近年来，部分资本下乡项目打起了土地政策的“擦边

① 焦长权、周飞舟：《“资本下乡”与村庄的再造》，《中国社会科学》，2016 年第 1 期。

② 李松：《部分资本下乡打土地政策“擦边球”》，《经济参考报》，2015 年 10 月 22 日，http://news.xinhuanet.com/house/bj/2015-10-22/c_1116898482.htm。

球”，戴着修建农业附属设施的帽子，却改变了农地用途和性质，不仅面临很大的政策、法律风险，也隐含着与农民的利益矛盾。在某地近郊，一资本下乡项目始建于2011年，业主已累计投入了三千多万元，重点以特色效益农业为基础，配套发展休闲旅游业。为了解决项目用地问题，项目以临时生产用房和农业附属设施建设的名义，实际建的是主题餐厅和商业经营设施。业主称，“以前土地都是撂荒的，由于租金比较高，农户默认了修房的行为，但土地租赁有期限、农地改变用途也违规，合同到期，农民要求原貌归还土地该怎么办？土地执法部门来查处，要求拆掉房屋，又该怎么办，这些心里都没底。”另一个资本下乡项目也是“戴”着建农业附属设施的帽子，其实搞的是永久经营性建设。项目业主说，公司搞休闲垂钓观光农业，要想赚钱，厨房、餐厅、住宿设施也是必须配套的。但现在农业项目用地难，基本批不了建设用地指标，就只能打“擦边球”。一些基层干部介绍，有的资本下乡项目为了突破用地限制搞变通，如修建水泥柱，将建筑物从地上腾空，使项目看似满足政策规定的建筑不破坏耕作层的要求；有的则修建所谓的阳光餐厅，其中保留一定的绿地、水塘，看起来好像没有改变土地用途；有的则修建木屋，如果被查处，也可以低成本拆除。根据农业结构调整的相关规定，可以允许在农地上建设一定数量的临时生产用房，不办理产权。但什么是临时？临时期限有多长？都没有明确规定，各地都在“摸着石头过河”。随着农业投资体量越来越大，用地矛盾可能会越来越多地暴露出来。

目前，农村土地使用权尚未被现行法律视作完整的物权，

《土地管理法》《农村土地承包法》与《物权法》等对农地产权的权能还有一些限制，集体产权流转的收益分配还不够合理规范，集体产权还不能为农村的内生发展提供更多凭借和资金来源。农村产权制度改革后，农民手中经过确权颁证的集体建设用地使用权仍然是分散的，需要化零为整。资本下乡对租地价格的拉升，也不利于真正以耕地为生的种田大户。政府应帮助农民自主选择是否把手中"死"的资产转化为"活"的资本，在转化的过程中，也要着力防止村民的土地权利受到工商资本的损害。若需进一步赋予农民更多财产权利，真正让金融资金能直接流入到农民自己手中，就需要在省级立法权限上做出合理申请与突破。

随着农村产权制度改革和农村发展，集体资产也日益增多，在其管理体制改革中出现了股份制、合作制等多种形式的探索和运用，集体资产的运营与监督也得到了部分改进，需要继续完善后续监督管理，促进集体资产保值增值，并总结推广典型经验。其中，成都郫县古城花牌村探索成立的集体资产管理公司，是一种较好的解决方法。花牌村通过组建村集体资产管理公司，引入市场机制，进行土地综合整治以发展集体经济，取得了一些成效。这种村民自行成立的集体资产管理公司，在政府的一定帮助下，既引导资金流入，又能防止工商资本逐利下乡引发的农民利益受损。

第二节　乡村公共事务的治理机制

如何通过村民民主参与，实现村庄公共事务的有效治理始终是一个根本性的问题。在农村产权制度改革中出现了一些新型组织形式，如村民议事会、村务监督委员会、业主委员会等，其作用在乡村治理和农村社会经济生活诸多方面，得到村民的肯定。落实村民自治，有助于调动农民群众参与村庄事务的积极性，形成了利益关联性紧密的共同体，村民对于本村发展和治理有了更大的自主权，农民群众当家做主意识大大增强，村民自发自觉地发挥起主体作用。同时，村民的矛盾经基层组织的调解，相对容易化解，也填补了农村社会的“管理真空”，减少了农村矛盾纠纷。正确引导发挥这类新型组织的自治作用，使他们与原有的两委会相互合作，将能有效解决村庄原有治理资源短缺的问题。

案例 7-13：清远的村民理事会[①]

在广东清远乡村治理改革中，通过建立村党支部、村委会、村理事会，对村中大事诸如建桥、修路、农田水利、文化设施、土地集中流转等，实行“村党组织提事，村民理事会议事，村民代表大会决事，村委会执事”的民主决策机制，真正实现民事民治民管。“农民的事要让农民自己去做。”清远市引导全市各地农村在村民小组（自然村）一级广泛建立村民理事会，规范理事会职责范围、议事规则和成员产生规则，村民理事会成员由村民推选产生，由热心公益事业的农村党员、村民代表、已退休的干部和教师等公职人员、各房族代表、德高望重的乡贤、致富能人等担任。村民理事会以村民小组（自然村）所辖地域为范围，以参与农村公共服务、开展互帮互助服务为宗旨，在村级党组织领导下

① 王小霞、谢建超、张李源清:《“三个重心下移”的清远乡村治理改革》,《中国经济时报》, 2015 年 11 月 23 日，http://theory.rmlt.com.cn/2015/1123/ 409488_2.shtml。

开展活动，作为村委会加强村民自治与服务的重要辅助力量。截至目前，全市村民小组（自然村）一级共选举产生了村民理事会14554个。现在农村的各项建设事宜，几乎都是村民自己筹钱、房子也是自己建、村路也是自己铺。如果政府来做这些工作，当涉及占用土地时，村民首先想到的是政府要给多少补偿，双方反而变成对立的关系。当这些事情变成村民自己想做的事情后，全村人都会集思广益，有钱的出钱、有力的出力，甚至占用土地或要拆掉一些村民的旧房时，村民都是无偿让出。为什么？那就是他们以身说理，说他们自己的事，村民听得进去。

在成都，村民议事会管理村级公共服务项目专项资金，村民监事会监督专项资金及村自治组织各类资金的使用。主要机制包括：第一，民主议定。由村民共同决定公共服务的项目内容及实施的先后顺序，体现公正公开，确保民主参与；第二，民主监督。通过村民民主选举产生村民议事会和监事会，定期对项目的实施和经费的使用进行监督；第三，民主评议。评议由村民会议、镇政府或第三方机构进行测评，评议内容为是否达到合同要求预定要求、村民满意程度和如何改进公共服务水平，初步形成“政府主导、城乡统筹、还权赋能、村民自主”的新格局。①

案例7-14：成都推进村级公共服务和社会管理②

2008年11月，成都市出台《关于深化城乡统筹进一步

① 资料来源：《关于深化城乡统筹进一步提高村级公共服务和社会管理水平的意见（试行）》（成委发[2008]37号）。

② 喻剑、钟华林：《让城与乡和谐相融——制度创新引领成都市统筹城乡发展》，《经济日报》，2011年2月14日。

提高村级公共服务和社会管理水平的意见（试行）》。《意见》提出推进村级公共服务和社会管理的五大机制建设，即分类供给机制、经费保障机制、设施统筹建设机制、民主管理机制、人才队伍建设机制。在加大公共财政投入力度、建立经费保障机制中，成都市建立了公共服务和公共管理村级专项资金，从2009年开始根据经济社会发展给予每个村（含涉农社区）不少于20万元的专项资金。经过实践，改革取得了初步成效，农村公共服务和社会管理水平得到较大提高，初步实现了“四个有”的目标任务，形成了“有钱办事”和“民主议事”的推进机制。

在郫县西北部的唐元镇，在方案的制定和具体服务项目的确定和实施过程中，以充分尊重群众意愿为原则，充分发挥村级自治组织的作用，实行“六步工作法”模式：宣传动员—问卷调查—形成议案—讨论公示—项目监督—社会评价，发挥议事会、监事会和理财小组的作用，畅通民意表达的渠道，积极发挥农民的主体作用。事前决策、事中监督和事后评议三阶段，始终贯穿“群众说了算”，让村民不再被动而是主动参与到公共事务中来。公共服务项目的确定和实施，由村民自己做主的决策机制，激发了村民的主体意识和民主意识，提高了村民参与社会公共事务的广泛性和深度，有利于减少社会矛盾，促进和谐村庄的形成。村民表达利益诉求的合法平台逐步建立，形成了互惠合作多元参与的村级治理格局，有利于社会主义新农村的建设。

在内江四方村，作为村级自治事务的执行机构，村委会负责执行村民会议和村民议事会的决定。村务监督委员会负责监督村委会和村党组织的工作情况。在过去的乡村治理模式中，经常遇到的情形是村主任或者村书记基层权限过大，难以受到村民的监督制约。村民议事会从决策权的把控上保障了村民的集体利益不被基层领导出卖。根据内江市《关于构建新型村级民主治理机制的意见》，村民议事会议题由村党组织、村民委员会、村民议事会成员提出，也可以由 10 名以上年满 18 周岁的村民联合提出。未按规定程序或授权范围讨论决定的事项，村民会议或村民议事会有权否决。村务监督委员会从具体事务的执行侧面上，保证村民议事会的决议能真正按既定方向落实。这样的一种机制安排，实质上就是通过推进村民共同参与到村庄治理，去规避“代理人控制”难题。

案例 7-15：美丽民主法治新村——四方村

内江市威远县向义镇四方村宅基地集中之后，村民住进了新的农村社区，新社区就有新的治理要求。四方村将依法治村作为村民自治的根本出发点，在村内广泛宣传法制观念，“法律条文贴上墙，法治文化进长廊，宣传手册送到家，法律讲座常态化”，随处可见新颖通俗的法律标语、文化墙。村党支部不但向群众宣法讲法，还以身作则形成了“一个换届不换思想的党支部，一种学法守法用法的好传统，一支由老党员老干部组成的宣传队”。针对农业产业结构调整和土地产权改革的新趋势，全村共开展法律培训 24 场、参培村民达 2540 人次；村上邀请县、镇法律服务工作者举行“法律进村组公益活动”10 次，发放宣传资料 5000 余份，收集群众关心问题 96 个，解决群众法律政策咨询 109 人次，化解矛盾纠纷21起，化解率达98%。光有法制理念是不够的，法制理念必须通过新的治理机制才能实现，四方村推进多主体按议事规则参与村内公共事务的决策和运行。在土地流转过程中成立了村民委员会和村民监事会，对土地流转的过程进行管理监督，让一些村内重大公共事务的决策有法可循、有法必依；通过成立村民议事会，对村内出现的一些新情况问题进行讨论，以便村支部了解民意；流转土地的村民成立的业主委员会，就土地的综合开发和利用与村支部委员会进行密切磋商，在双方自愿互利的情况下形成双赢局面；村支部委员会将村内公共事务或土地流转的事宜，向村民委员会进行沟通、听取意见，形成集体决策。这种多元主体共同参与、共同协商决策的新型治理机制，提高了村民参与村内公共事务治理的积极性，将民主法制与乡村治理有机结合起来。

在马祖村，业主委员会像是城市小区内物业管理处的一个“升级版”，它在承担环境卫生和道路绿化责任的同时，也担负着治安管理和纠纷协调的职责。而专业合作协会主要是方便整合农民手中分散的土地资源，同时有利于专业知识的传播和风险共担。比较而言，业主委员会是为了让村民住得“舒心”，专业协会是为了让村民赚得“开心”。无论马祖村中的业主委员会，还是在内江市进行土地确权工作中出现的村民议事会等组织形式，所发挥的作用都是把村委会自治下的形式民主真正强化成实质民主，建立了一个村民自下而上发声的沟通机制。这样一个共同决策的机制，强化了村民参与村庄治理的意识，能够充分利用农村现有的治理资源，使得村民自身成为村庄公共治理的受惠者。

案例 7-16：马祖村“支部 + 业主委员会”机制[①]

在地震灾后的恢复重建中，什邡市结合加快统筹城乡发展，陆续建成农村居民集中居住小区 775 个，27472 户农村群众由分散居住向集中居住转型。在农房重建期间，各村设置村民农房重建业主委员会，在调动群众参与重建、加快重建上起到了积极的推动作用。在此基础上，马祖镇马祖村试点推行“支部 + 业主委员会”的管理服务新模式，开展村民自我管理和自我服务。在村党支部的组织下，每个小区业主委员会，一般由 5 ～ 7 名党员和群众组成，由党员村民任业主委员会主任，其组成人员按照“群众普遍认同、热心公益事业、素质较高”的条件标准，直接由群众民主选举产生，村党支部对各小区的业主委员会进行领导和监管。各业主委员会每周要向村党支部汇报管理服务情况，报告需要村“两委会”统筹协调解决的重要问题和事项。根据村干部工作分工，村党支部安排村干部各与一个小区业主委员会保持联系，动态掌握小区管理情况，指导处理相关事宜。各小区业主委员会下设以党员为骨干的管理服务队，负责治安管理、环境卫生、道路绿化、邻里纠纷调解等日常工作，管理服务费用由小区群众共同商定与承担。通过推行“支部 + 业主委员会”农村社区化管理服务机制，探索了一条基层党建服务和推进灾后重建的新路子，取得了党建与重建互利双赢的良好效果。

---

① 周建瑜:《乡村与文化、农业与旅游融合建设的样本——四川什邡马祖村灾后重建调查报告》,《中共四川省委省级机关党校学报》, 2010 年第 4 期。

若是把业主委员会和村民议事会这样的组织形式，放在中国城镇化不断深入这一背景下进行考量，将更能发现这类组织形式的优势所在。随着社会经济的发展，人口会逐渐由农村向城市集聚。农村人口不断向城市转移，固然给乡村造成了治理资源匮乏这样一种困境，但这样一种趋势，反过来也倒逼乡村公共治理模式的转型。一方面，随着经济的不断发展，城市对农村劳动力的吸纳能力会不断加大，更高的收入水平吸引他们放弃耕种土地，选择进城务工；另一方面，土地产权制度的改革降低了土地流转的交易费用，能让有土地流出需求的农民放心转出土地使用权。在这样的一种趋势下，农村剩下来的人除去那些年老体弱或者是幼年儿童外，剩下来的恰恰是那些愿意依附土地谋生，并且有能力依靠承包大量土地，获得接近于城市务工收入的青壮年农民。在这样一种自由选择的机制下留下来的青壮年农民，是业主委员会和村民议事会组织的中坚力量。相比来自村外的市场主体，他们多了“村里人”这样一层身份，相比进城务工的同村人，他们是真正依附土地的“庄稼人”，相比留在村里的老人、儿童，他们是最有干劲的劳动力。业主委员会或村民议事会的实质，就是以这类农民为核心，尽力黏合起乡村所剩余的治理资源，使村民共同参与村庄的公共治理。

第三节　乡村公共服务与集体资产管理机制

虽然集体在生产经营方面的弊端已为世所熟知，但其在乡村工业化、公共品提供方面的作用却陆续得到重视。对现代国家而言，乡村公共品属政府责任，本不由集体来提供，但它终究是乡村现代化之必需，解决途径为何并不比解决本身重要，这也是作为共同体的村庄的优越之处。

在乡村，土地及其分配方式并不是影响村庄治理状况的唯一因素。村庄可凭借的资源对其治理状况也有着重要的作用，有集体资源的村庄和无集体资源的村庄治理是完全不一样的。比如，有些地区把原本可以作为集体资源的山林（或者其他一些堰塘之类的）在分田或承包中全部分下去，最后导致村组完全没有具有"集体"意义的东西，人们无所依凭，即便是想发挥集体主义精神也无着，村级治理难以正常运转。[①] 同时，集体资源的分配和控制方式，公共服务的水平和能力，对村庄治理也有着非常大的影响。

案例 7-17：集体经济贫弱下的乡村公共事业[②]

村小组（自然村）集体经济的贫弱，是广东清远农村的普遍性情况。新城村是英德市大部分曾氏宗亲的发源地，周边乡镇常有曾氏宗亲回到村里祭拜。1995 年的一场大雨，让建于中华人民共和国成立前的曾氏宗祠塌陷一角。当时，唯一的村集体收入来自村内 3 口池塘的发包费用，每年不足 3000 元。村里在全村进行集资修建祠堂，但钱还是没有筹集够，最后还烂尾，成了周边村庄的笑话。村里所有的山林地全都分到户，除了三口池塘，村集体没有任何实质的财产，办任何公共事业都办不成，也办不好，就连最重要的农田水利灌溉设施也年久失修。"实行分田到户后，大家都是

① 李德瑞：《"清算"土地及村庄治理》，《古今农业》，2008 年第 3 期。

② 王小霞、谢建超、张李源清：《"三个重心下移"的清远乡村治理改革》，《中国经济时报》，2015 年 11 月 23 日。

各扫门前雪，兴修水利这种公共事宜根本无人问津。”为了修好烂尾的祠堂，新城村小湾片区党支部提议将村中耕作条件差、产值低的山林地收归集体管理，对外发包来解决修祠堂的资金。经过多次开会协商，这一方案最终获得村民同意。当时，种植砂糖橘在当地开始流行，村里把集中起来的山林地公开招标，按亩收取租金。林地加起来共1228亩，矮山先发包出去，中山、高山也陆续发包。到目前，村集体仅林地租金收入一年就有好几万元。集体收入增加后，村支部开始带领村民改善村里的公共设施。“村里所有的农田水利设施，基本都是集体出资维修的。”新城村位于山区，到了干旱时期经常没水，2002年村里修建了引水工程，从山上引来山泉水，工程耗资十多万元。自来水工程建成后，村民用水收费0.3元/吨，果林灌溉用水收费0.8元/吨，收入也都归到村小组集体。在村级组织的带领发动下，对全村三百多亩水田进行置换整合，将所有旱地、林地和鱼塘由村集体统筹，由村集体统一承包或出租。2014年，该村集体经济收入达到30万元，村民人均收入达到10800元。

从走访农村地区的调研看，在城乡发展不平衡的条件下，乡村治理迫切需要解决农村公共产品与服务的供给短缺与低效率问题。[①] 近年来国家采取了各种措施，促进城市反哺农村，但经济

① 按照党国英（2008）的观点，乡村治理活动要向乡村社会提供以下公共物品：（1）乡村社会的安全与秩序；（2）乡村社会的基本平等，包括乡村社会的基础教育、居民健康保障、低收入人群扶助、养老计划支持等；（3）对农业生产的必要支持，包括农业科学技术的普及应用、农产品市场开拓与价格稳定计划以及农业生产基础条件的改善等；（4）乡村社会的基础设施；（5）乡村地区的环境保护等。参见党国英：《我国乡村治理改革回顾与展望》，《社会科学战线》，2008年第12期。

区位和发展阶段决定了多数地方政府，还无法依靠财政手段很好地解决农村公共产品与服务供给问题。特别是在一些集体经济薄弱的村庄，更是既没能力也没精力处理涉及老百姓切身利益的公共事务。即使在成都的一些乡村，村级公共服务供给总量也仍然较少且质量较低。① 而在发达地区的一些经济实力较强的村级集体，承担了大量本应由政府提供的公共服务，对其发展村级经济也形成了巨大压力。正如韩俊等（2008）所言，一方面需要深刻反思这种发展路径的合理性问题，另一方面更需要考虑村庄本身的职能定位问题，比如村庄本身是否应该成为一个独立的市场主体，还是仅仅作为服务农民的自治组织而存在，其职能应该回归何方？②

现代治理理论和实践都要求治理主体，不仅能尽可能有效率地生产更多的公共物品，而且要求治理主体有责任提供公共物品，并按照公平正义的价值原则设计运作规则。当前，农民对公共服务的需求日益多样化和复杂化，不同阶层、不同年龄农民的需求也趋于多元化。第一代农民工即将步入老年，不少人需要回乡养老，如何为他们提供养老方面的公共服务？中青年农民工在经济下行的压力下想回乡创业，又如何提供扶持政策和配套支持？在家务农的农民想改善生产生活条件，如何提供诸如农田水利基本设施建设、饮用水安全、教育医疗、乡村环境整治、社会治安状况改善、农村文化复兴等公共服务？这对基层政权和村治

---

① 徐慧:《村级公共服务和社会治理相互促进研究——基于成都市郫县唐元镇的调查》，西南财经大学硕士论文，2015 年。

② 韩俊、张要杰:《集体经济、公共服务与村庄治理——太仓市村级集体经济及其治理调查报告》，《中州学刊》，2008 年第 5 期。

组织提出了更高要求，不仅要求有效率地生产，还要尽量公平地让更多的人享受到，这是他们必须履行的基本责任。在农民公共服务需求面前，不少乡村组织处于“缺位”状态，一些乡村干部对此也缺乏责任意识。这种现实状况与国家的希望存在冲突，也导致基层政府在农民群众中的认同度降低、权威资源流失，这需要继续推进乡村治理改革，增强基层组织回应农民现实需要的意愿和能力。一方面应提高村集体公共服务的供给能力，另一方面应建立由村民自主决策的公共服务或产品的提供机制，以避免出现乡村治理的内卷化[①]。

案例 7-18：清远的农村公共服务体系[②]

广东清远市以山区为主，农村人口居住较为分散，行政村管辖范围较大，在提供农村公共服务、加强社会管理方面往往鞭长莫及。该市以解决群众办事难为切入点，完善便民利民的农村公共服务体系，推动农村公共服务重心下移。具体做法是：在县域建立健全县、镇、村三级社会综合服务平台，在县、镇建立社会综合服务中心，在行政村一级全面建立社会综合服务站，推动基本公共服务重心下移，实现三级服务平台无缝对接。通过联网办理、下放审批权限、实行代

① 王德福指出，一方面是国家对乡村的资源输入越来越多，另一方面是农民生产生活不便的状况（尤其是生产不便）仍然没有得到根本改善，且对项目实施的不满日益增长；国家资源的大量输入非但没有提高乡村社会治理公共事务的自主能力，反而进一步瓦解了这种能力，并滋生了一个资源耗散结构，将大量资源耗散掉了，这就是乡村治理的内卷化。这就更要注重培育乡村社会的自主能力，把“反正又不是我的钱”变成农民“自己的事”，才能激发农民对公共事务的参与意识和自治活力。参见王德福:《乡土中国再认识》，北京：北京大学出版社，2015 年。

② 王小霞、谢建超、张李源清:《“三个重心下移”的清远乡村治理改革》，《中国经济时报》，2015 年 11 月 23 日。

办员制度等措施，开展全程代办服务，由群众跑腿变成干部跑腿，为农民提供 8 大类 108 项农村基本公共服务，切实解决好服务群众“最后一公里”问题。截至目前，清远全市在行政村（片区）、社区建立了 1100 个社会综合服务站，服务站人员主要由原行政村、社区“两委”成员担任，不足部分向社会公开招录。农民群众只需到村级社会综合服务站甚至在家门口就可以办理各种业务，提高了农村基本公共服务水平。

由于区域经济发展不平衡，需要分别考察经济欠发达地区和较发达地区这两类情况。一些经济较发达地区，如成都市依靠城市化特别是征地收益，对乡村公共服务有了制度化的资金投入，对村级公共服务和社会治理实行分类供给。基本做法是：（1）在供给内容上，将村级公共服务和社会管理分为文体、教育、医疗卫生、就业和社会保障、农村基础设施和环境建设、农业生产服务、社会管理 7 个大类 59 个具体项目，涵盖农村生活的各个方面；（2）在供给主体和供给方式上，将村级公共服务和社会管理项目分为公益性、自治性和市场性三类，分别由政府、村级自治组织和市场主体实施，由原来主要依托村两委转变为政府主导、多方参与的分类供给。对应由村级自治组织承担的公共服务和社会管理项目，实行财政“定额补贴”；对应由政府提供的，政府依托村级自治组织或其他经济社会组织，实行以事定费、以质定酬的核算和考核；鼓励民间力量参与提供村级公共产品，由政府给予政策和资金上的支持和补助。这样，政府负责基本的公益性公共服务和社会管理，如教育、卫生、医疗、社会保障及基础设施建设等；村自治组织做好自治组织内部的服务和管理，如乡村治保、代办村民事务、政策宣传、环境卫生管理及纠纷调解等；

以市场化方式供给村级公共服务和社会管理，包括乡村沼气池建设、乡村农产品流通、农业信息化、种养业良种服务、乡村客运等，社会组织做好规范和引导。

表 7-1 成都市村级公共服务和社会治理的分类 ①

序号	类别	内容
1	文体类	广播电视村村通、电影放映服务、报刊图书阅览服务、文化活动、农民体育健身、文艺演出和展览服务等。
2	教育类	农村义务教育、农村高中阶段教育、农村学前教育、农村特殊教育、农村职业教育、农村成人教育等。
3	医疗卫生类	农村居民基本医疗保险、农村医疗救助、农村基本医疗卫生服务、卫生防疫、农村药品配送和监管、农村妇幼保健、农村计划生育等。
4	就业和社会保障类	农村就业服务和就业援助、农村社会养老保险、农村最低生活保障、农村五保供养、农村受灾群众救助、农村优抚、农村社会福利和慈善、农村老龄服务、农村残疾服务等。
5	农村基础设施和环境建设类	农村道路、水利、供水、供电、供气、通讯、互联网等基础设施建设和维护、农村沼气池建设、农村垃圾和污水集中处理、农村客运、农村邮政、园林绿化等。
6	农业生产服务类	农业科技推广、动植物疫病防控、农产品流通、农用生产资料供应、农业信息化、种养业良种服务、农业资源与生态保护、农村扶贫开发、农村防灾减灾、农村金融服务等。
7	社会管理类	纠纷调解、农村警务、农村治保、法律咨询、法律援助、代办村民事务、政策宣传、农村食品安全防控、农村土地和规划管理、农村建构筑物建设管理、农村安全生产监督管理、环境卫生管理等。

为缩小城乡在公共物品供给上的差距，成都市在城乡统筹实验中进行财政预算制度改革，将村级基本公共服务和社会管理经

① 资料来源:《关于深化城乡统筹进一步提高村级公共服务和社会管理水平的意见（试行）》（成委发［2008］37 号）。

费纳入各级政府本级财政预算。根据经济社会发展水平制定最低经费标准，并要求专项经费的年增长幅度高于同期财政经常性收入增长幅度。根据人口、面积等指标，成都市所属村或社区每年都能从政府财政预算拿到一笔用于公共服务的财政资金，由村民议事会负责决策村公共服务财政资金的使用，监督资金动向。从某种程度上来说，把公共服务资金交予村民议事会分配，是国家与乡村合作的一种形式。政府出资，乡村议事会负责决策、分配、协调、稳定，各自发挥作用，体现了国家与乡村的合作，也有力解决了乡村公共产品供给不足的问题，其积极意义在于政府意识到了自己的责任。然而，对这种模式进行全面的分析会发现，这种合作应该定位于特定条件下的合作，不应是一种常态化的合作。农村公共产品理应是政府责任，是城乡统筹的重要内容，比如，水电气、文化、教育、卫生医疗、体育、广播电视等普遍性的公共产品与服务，政府可以直接操作，不需要更多“地方性知识”，如若事无巨细均交由村民议事会进行处理，反而可能会降低效率。村民议事会作为一种合作形式，在什么事情上合作是需要的？总的来说，是政府一家不能完成的事情，在需要“地方性知识”的事情上合作成为必需。比如以下几个方面：第一，农地确权。由于土地改革、承包及其演变时间较长且复杂，只有依赖于当地群众或村民自己对情况的了解，采用这种方式，有利于现实条件下的同意一致性；第二，一些基础设施建设。有些需要结合当地具体情况来加以解决，应当征求当地村民群众意见，由群众自己购买所需要的公共服务。一旦政府与村民议事会能够达成明晰的合作路径，其作用效率和直接效果将是显而易见、难以估量的。

案例 7-19：成都市村级公共服务和社会管理专项资金

以 2008 年为基数，各级政府每年新增的公共事业和公共设施建设政府性投资，主要用于农村公共服务和农村基础设施建设，以缩小城乡差距。2009、2010 年村级公共服务和社会管理专项资金，按每年每个村至少 20 万元的标准划拨，2011 年上调为 25 万元，2012 年上调为 30 万元，2013 年已达到 40 万元的标准，2017 年将达每个村和涉农社区至少 60 万元的标准。这些逐步增长的专项经费干什么、怎么干、干到什么程度，都由群众说了算，并由村民“户、票”提出具体项目，由村民议事会民主决定实施项目，由村委会或其他经济社会组织负责实施，由村民议事会进行监督。同时，村级公共服务和社会管理资金由市县两级财政分担：近郊区（县），市、县（区）两级财政分担比例为 5∶5；远郊县（市），市、县（区）两级财政分担比例为 7∶3。针对公共服务专项经费开设专用账户，财务实行专账核算、必须专款专用。允许经村民（代表）会议决定，按专项资金标准方法 7 倍杠杆率向城投公司融资，主要解决因专项资金不足导致项目开展困难的问题。有些村庄公共服务和基础设施较为落后的，还加大一次性投入改善基础设施建设。

在四川经济欠发达的地区如西北部地区，主要是供给不足，归根到底就是资金缺乏。在这些地区，由于政府财力有限，村两委只能组织村民为公共产品的供给付费，形成政府与村民共同承担公共产品供给费用的局面。基层政府、村集体和村民个人都缺资金，提高这类地区的公共物品与公共服务供给水平，长期来看依赖于经济水平的提升，短期内依赖于上级政府的财政支持或引导社会资金支持贫困地区乡村公共建设。而对于其他地区，普遍情况是同时存在供给不足和低效供给两种问题：一方面，诸多农村地区所拥有的集体财产只有土地，集体经济并不发达；另一方面，基层政府财力有限，公共服务的提供往往靠农民自身。在市场化进程中，农村地区越来越多的农民进城务工，这部分人像候鸟般往返于城乡之间。尽管在我国的户籍政策下，这部分人依然是农民身份，但他们一年中的大部分时间都是在城里生活。相比依然生活在农村的村民，他们更为缺乏提高农村公共产品的内在激励。同时，随着科学技术的发展，农村的生产劳作方式也有所转变。过去，农忙时节，农民相互之间会相互帮助收割农作物等，但现在越来越多的农民，会选择从乡村之外的市场上花钱请人用收割机收割，这反映出市场对农村集体的渗入，会逐渐瓦解村民之间基于现实需要而建立起来的相互帮助的关系纽带。这种瓦解必然使得村民间的合作越来越困难；另一方面，政府在利用财政资金向农村提供公共产品时，容易忽视农民的真实需求，想当然地“自上而下”做决策，这自然会造成公共资源的错配。

提高村集体公共服务供给能力的关键，仍然在于提高村集体财产的经济效益，这就要求通过改善村集体财产产权管理机制，把“呆滞”的农村集体资产通过产权改革“盘活”。农村集体资产是农村经济发展的物质基础，包括集体所有的土地和法律规定属于集体所有的森林、山岭、草原、荒地、滩涂、水面等自然资源；集体所有的各种流动资产、长期投资、固定资产、无形资产和其他资产。[①] 十八届三中全会决定指出，赋予农民更多财

①《国务院关于加强农村集体资产管理工作的通知》，2006 年 8 月 8 日，http://www.china.com.cn/law/flfg/txt/2006-08/08/content_7059617.htm。

产权利，保障农民集体经济组织成员权利，积极发展农民股份合作，赋予农民对集体资产股份占有、收益、有偿退出及抵押、担保、继承权。[①] 农村集体资产类型多样，主要包括“三块地、一块产”，即农用地、宅基地、集体经营性建设用地和集体非土地经营性资产。各类集体资产产权制度改革必须分类推进、各有侧重，应当在成员集体与集体成员之间合理分割农用地、宅基地、集体经营性建设用地、集体非土地经营性资产的占有、使用、收益、处分等各项实际财产权利，以更好地适应市场经济条件下的资源跨社区配置、城镇化背景下的农村人口变动，并按土地与非土地、农区与城郊、集体经济组织与社区自治组织“三分开”的思路稳步推进。[②]

在改革实验前的集体经济体制下，村民小组、村委会和乡（镇）政府是传统的农地所有权行使主体。但是，在产权主体无法有效监督的情形下，这样的一种集体资产管理模式，容易使得集体资产的代理人——村干部，成为集体资产的实际控制人，侵害集体产权的主体——村民集体的权益。通过调研四川部分农村地区，造成这类问题的原因主要有：

---

①《中共中央关于全面深化改革若干重大问题的决定》（二〇一三年十一月十二日中国共产党第十八届中央委员会第三次全体会议通过），2013 年 11 月 16 日，http://paper.people.com.cn/rmrb/html/2013-11/16/nw.D110000renmrb_ 20131116_2-01.htm。

② 据国土资源部第二次全国土地调查，全国农村集体土地总面积为 66.9 亿亩，其中农用地为 55.3 亿亩。截至 2013 年底，全国农村宅基地面积为 1.7 亿亩，约占农村集体建设用地的 54%。全国农村集体建设用地面积为 3.1 亿亩，其中经营性建设用地面积为 4200 万亩，占农村集体建设用地的 13.5%。参见国务院发展研究中心农村经济研究部课题组：《深化农村集体产权制度改革》，《中国经济时报》，2016 年 3 月 18 日。

（1）管理主体不明。依照目前的法律制度，农村集体经济组织或村民委员会都可以代表集体行使对资产的所有权，经营、管理依法属于村农民集体所有的资产。[①] 但是从双方的职能来看，村委会是农村公共服务的提供者，不具有营利性，不需要承担市场风险。集体经济组织更多的是一个逐利的市场主体，须遵循市场规律，承担经营风险，高效运作集体资产以获取市场收益。当公共服务职能与经济管理职能相交叉时，容易发生公权力的滥用问题。这样，村民的合法权益便容易受到损害。

（2）农村集体资产没有确权。在近年来因向农村征地引起的悲剧性事件中，实际上基层政府扮演的是一个既得利益者的角色。对于政府，通过征地将集体土地划拨为国家所有，他们面对的是一个产权界定并不清晰的群体。法律也规定了征地补偿款只需要参照农地耕种收益进行补偿，因而，农民群体难以享受到土地增值带来的收益。确权颁证之后，将明确农民对土地的承包权、经营权和使用权等权利，这样一个过程实际上是承认了农民自身作为市场主体参与土地相关权利交易的资格。

（3）农村集体资产缺乏有效的监管机制。在经济条件较好的地区，新型村级集体经济大多依赖于由集体土地所有权所衍生的租金，但租金的分割并没有一部明确的法律进行规制，在集体经济改革中往往会出现侵害农民利益的现象。造成监督失效的原因也是多方面的，如公共政策宣传力度不够、民主公开的氛围还有待加强等。特别是四川面积广阔，区域经济发展不平衡，部分农

---

①《中华人民共和国物权法》（2007 年 3 月 16 日第十届全国人民代表大会第五次会议通过），2007 年 3 月 16 日，http://www.npc.gov.cn/wxzl/gongbao/ 2007-03/16/content_5366956.htm。

村地区经济水平依然较低，农村人口流失严重，村民个人监督的成本过高。在这样的背景条件下，还很难依靠民主监督阻止集体资产的流失或非法侵占问题。

（4）兼顾不同农民群体的利益诉求。目前来看，针对农村地区的集体资产经营管理体制的改革可能不存在一个帕累托改进，即便是在农民内部，也存在着愿意种地和不愿种地这两类农民，他们的利益诉求本就不同。政府在通过促进土地有效流转，推动土地集约化经营、提高土地利用率和发展现代化农业时，需要兼顾到这两类农民的利益。

在原有农村土地产权制度下，造成农村集体资产管理困境的根源依然是产权不清晰。创新农村集体资产管理机制，应首先明晰集体资产的产权归属问题，把虚置的产权主体实体化。在北京、上海、四川等地，开展了农村集体资产股份制改造试点。

案例 7-20：北京市集体经济收益按股分红[①]

北京市通过农村集体经济产权制度改革，把村集体资产量化给每位成员，实行“按份共有”，当集体资源产生经济效益的时候，则按股分红。2011 年受益农民已达 58 万余人，人均分红收入 3525 元。据了解，北京市农民从新型集体经济组织得到的股份分红已占农民财产性收入的 45%左右。截至 2011 年底，北京市完成农村集体经济产权制度改革的单位达到 3645 个。其中村级 3635 个，改革完成比例为 91.4%，这之中有 620 个村实现了股份分红。目前，北京市

① 王思海：《北京 300 多万农民当股东 集体经济收益按股分红》，2012 年 3 月 15 日，http://news.xinhuanet.com/fortune/2012-03/15/c_111660044.htm。

已有301.8万农民当上了农村新型集体经济组织的股东，占农村集体经济收益分配总人口的94.8%。其中，按股分红村比例达到17.1%，比上年提高5.1个百分点。股份分红总金额20.6亿元，比上年增加5.9亿元。北京市在村级农村集体经济产权制度改革的同时，还将加强对改革后的新型集体经济组织的管理、指导和服务，指导新型集体经济组织建立健全股东大会或股东代表大会、董（理）事会和监事会等民主管理架构，提高集体资产经营管理水平，促进集体经济发展壮大。

四川在农村集体资产股份制改造试点中，积极推动开展农村集体经济组织成员认定，赋予农民对集体资产股份占有、收益、有偿退出及抵押、担保、继承权。积极开展土地承包经营权抵押、担保，稳妥推进农民住房财产权抵押、担保、转让试点。[①] 在近年来推动农村土地产权改革过程中，探索发现了一些新型集体经济组织形式。

案例7-21：尚腾新村：推行“三化”模式

2012年10月以来，内江市市中区尚腾新村在对农村土地、房屋确实权、颁铁证的基础上，积极探索承包土地股权化、集体资产股份化、农村资源资本化“三化”模式，为构建新型农村合作经济组织，创新农户和集体资产权益实现新方式，增强农民持续增收能力创造条件。（1）承包土地股权

①《中共四川省委关于贯彻落实党的十八届三中全会精神全面深化改革的决定》（2014年2月10日中国共产党四川省第十届委员会第四次全体会议通过），《四川日报》，2014年2月20日，http://epaper.scdaily.cn/shtml/scrb/20140220/55193.shtml。

化。农民自愿以承包地入股成立合作社，由合作社统一负责对外流转土地，发展农业规模经营。根据农户承包地面积和人头数，合作社配发股权并发放股权证、按股分红。合作社对农户按承包地每亩1股配发股权2765股，按户籍人口每人1股配发股权2668股，共5433股，并发放股权证、按股分红。（2）集体资产股份化。村集体和村民小组自愿将集体建设用地等作价入股，公司股份按户籍人口配发给农民，经营收益按股份分红。成立集体资产管理公司，将财政补助建成的集体经营性用房量化为集体资产，村集体和村民小组自愿将山坪塘、集体经营性用房、集体建设用地等作价入股1456万元（共14560股）。其中山坪塘182亩作价入股91万元（910股），集体建设用地167亩作价入股835万元（8350股），集体经营性用房2500平方米作价入股400万元（4000股），闲置房产1300平方米作价入股130万元（1300股）。（3）农村资源资本化。引进市场主体与集体资产经营管理公司合作，进行乡村旅游等特色产业开发、共享收益。与重庆林圣公司合作开发乡村旅游，林圣公司用现金入股，集体资产管理公司用集体建设用地入股，经营利润由集体资产管理公司分配至村、组，再由村、组分配给农民。

内江“三化”模式，实质是一种融合了现代公司治理机制的独立法人模式。这种模式的优点主要是：（1）首先是重构了农地所有权主体，将“虚置”的“农民集体”法人化、实体化，即以现代公司制形式重组农民土地财产权。（2）较好地解决了“代理人控制”的难题，强化了产权主体的监督权，保护了农民的财产权益。作为比较完整意义上的市场主体，集体公司的经营管理更为透明，根据法律制度，公司运营中的各种交易行为都会有账目记载，方便农民监督查询。（3）促进土地资产的集中化经营，解决荒地的闲置问题，提高土地的利用效率，有利于提高农地耕种的技术水平和推动现代化农业经营。

案例 7-22：闵行区农村“三资”管理形式[①]

近年来，上海市闵行区完善农村集体“三资”监督管理制度，建立覆盖镇、村、队三级的农村集体“三资”监管平台和资金使用、资产经营、资产处置的全过程监管机制，提高集体经济组织运行的透明度和农民的参与度。（1）建立“两级政府、三级管理”模式。区政府和各镇政府（含新虹街道办事处、莘庄工业区管委会）分别负责辖区内农村集体资产监管工作。村级层面，村成员（代表）会议行使村级集体资产所有者的职能；成员及组织内设机构对村集体资产进行监管；村集体经济组织从事村集体资产经营运作，具体承担保值增值责任。（2）健全“三资”监管制度。建立民主决策制度、票据管理制度、资产台账管理制度、招投标制度、经济合同管理制度、收益分配制度等六项管理制度。搭建“三资”监管网络平台，村民可以登录数据库查看资金使用情况、村庄经济发展状况等。建立公务卡“阳光消费”可追溯机制，强化集体资金动态监控，维护集体资金安全与完

① 沈雅林、周洪梅：《闵行区创新农村“三资”监管形式》，《上海农村经济》，2014 年第 4 期。

整，提高单位财务管理效率。通过招投标平台、村务公开栏等渠道公开发布信息，把集体经济组织成员关心的经济行为与重大事项决策、村务公开衔接起来。(3)推进集体经济组织改革。截至2013年底，已累计完成84个村的改革工作，入股农民近16万人，成立新型经济实体80个，2013年度分红率达到11%。改革后的集体经济组织，严格按照章程规范运作，建立健全管理制度，实现管理体制和经营机制的根本性转变。建立了股东（成员）代表大会、董（理）事会和监事会制度，制定议事规则和管理制度，规范财务管理。建立起群众参与的集体资产监管新机制，集体经济组织发展规划、财务预决算、收益分配方案等重大事项，均通过股东（代表）大会讨论决定。建立经民主选举产生，由村党、政、经济组织和党员及村民代表参加的集体资产管理委员会，健全对集体经济组织的监督机制，防止集体资产流失，提高集体资产效益。

无论是内江"三化"模式或是闵行区的六项管理形式，其中的关键点是在明晰产权的基础上，融合现代公司治理机制中的独立法人模式。这种模式强化了农民土地资产的经营属性，并对集体资产的管理者形成了有效的监督约束。如果要进一步提高农村集体经济的效益，政府依然有很多工作要做。

(1)弥补现有法律、法规的缺失与不足。目前，关于农村集体资产如何管理、处置，我国尚未有系统的法律、法规进行统一规定。这直接导致各地政府对农村集体资产问题的处理方式差别极大，也容易造成矛盾。因而，在国家尚未颁布系统性的《农村集体资产法》前，可以依照现有法律框架，审慎考虑省内的实际情况，拟定具有实用性和可操作性的集体资产管理规范性文件及实施细则，进一步规范集体资产管理行为。

（2）给予更大的立法、税收政策、金融政策支持。首先要赋予农村集体经济组织完整的市场主体地位，并通过税收优惠等政策扶持鼓励，实现农业的适度规模经营。同时，农村集体经济组织在参与市场竞争中去获取更高经济效益时，组织内的农民个人可能不得不承担相较于以往更高的市场风险。这个问题的解决一方面需要政府通过教育培训，强化农民风险管理意识；另一方面需要地方政府大力发展农村金融市场。作者在进行调研时，发现一些地区集体经济组织通过银行获得贷款依然需要政府担保，针对农业的保险种类依然不足。

（3）保证农民个人自由退出集体经济组织的权利。市场是不断变化的，农民个人参与集体经济组织的意愿也是变化的。保护农民个人的权利，不仅是在组建集体经济组织时要遵循自愿原则，同时也要保护农民能够合理选择退出。因为，目前受限于城市户籍限制，省内很多外出务工的农民可能今年能够在其他城市谋到一份好工作，明年却不得不回到自己村里或周边乡镇谋生，农民以前耕种的土地相当于是他们这部分人的“失业保险”。因而，完善好退出机制，实际上也有利于提高农民参与集体经济组织的积极性，让他们敢于加入到股份化改造等新型组织结构中去。

（4）建立完善的监管机制。闵行区的案例中，信息化的现代科技使资产交易公开、消费公开、接受监督。但对于如内江尚腾等其他很多农村地区，当前可能不具备这样的条件。同时，四川省内五大经济区经济发展水平并不平衡，那些经济稍微发达的地区，可能有些村民文化知识稍高，还能够看懂公司报表，辨识其中是否存在假账等财务问题。而对于那些较为落后的地区，很少有农民看得懂复杂的财务账本。因而，一方面地方政府应确保各集体经济组织加大财务公开力度，加强政府监管，通过审查抽查去避免集体经济组织的管理者滥用职权来侵害农民利益；另一方面，在选举村务监督委员等此类监督成员时，基层党组织应鼓励有财务知识的农民积极报名竞选，同时政府也定期组织对各村监督机构的成员进行组织培训，提高他们的监管能力。

在引进市场资本参与农村土地经营，提高集体资产的经营效率时，还需着重防范土地非粮化和非农化的风险。在调研中发现，市场资本参与土地经营时，一般不会提高土地农作物的产出。实际上，资本天生的逐利性使得外部市场主体有着强烈的动机，通过土地集中经营种植高市场收益的经济作物，或是把土地违法转为事实上的建设用地。另外，由于外部资本进入土地交易市场，必然会抬高土地租金，原来的种植大户将面临更高的种植成本，或者减少土地耕种面积，或者不得不加大投资，改种具有更高收益的经济作物，这压缩了原来务农为生的种植大户的生存空间，也可能加剧非粮化倾向。在农村普遍存在的信贷约束下，农民个体取得农业贷款非常困难，加大投资也意味着承担更高的种植风险，对很多经济实力不是太强的种植大户而言，可能最终不得不选择缩减耕种面积，发展其他副业维生。但也不能因此拒绝城市资本的进入，只不过需要的是“善意的”进入。对很多农村地区而言，仅仅依靠农村现有的财产存量，不引入外部资本，很难提高农村集体资产的经营效率。总体来看，资源依然是以农村向城市的单向流动为主，农村发展需要更多资源“输血”，不能一概拒绝外部资本进入，特别是有利于农业生产方式转型的资本进入。但是，盲目地引入资本，又容易挤压真正种田农民的生存空间，损害他们的利益。如何引导并利用好外部资本呢？这需要政府的引导和支持：一是不要鼓励类似“土地信托”计划这样的“秀”，着眼包装上市或出售，而是应该真正给农村给农民带来长久的实质利益。二是严格审核监督并跟踪下乡企业的经营资质和投资方向，防止外部资本变相“圈地”，以农业项目之名行建设开发之实。三是针对种粮大户提高粮食种植补贴，减轻他们面对更高地租成本的压力。四是采取灵活有效的金融政策，支持种地农民的借贷和支持农业性质的项目进行融资。

第四节　新乡村治理模式

伴随着整个国家经济社会的快速发展，乡村治理不断发生着诸多变化，也面临着很多挑战，如基层政府行为失范、农村治理资源的流失、乡村自治主体的失效和人情社会对乡村法治的阻碍等，都在不断丰富和深化着乡村治理的现代内涵。从乡村治理的整体性行为进行理论分解，有学者提出“三个主题”、九个一级指标及若干个二级指标（见表 7-2）[①]，对于研究乡村治理的具体实践有一定启发意义。

① 刘祖云：《乡村治理研究：政策与学术之间的探索》，《淮阴工学院学报》，2014 年第 6 期。

表 7-2　乡村治理的分解指标

主　题	一级指标	二级指标
乡村政治、经济与社会建设的状况	1. 政治建设	（1）乡镇政府与村两委的关系
		（2）村两委班子成员之间的关系
		（3）村民代表大会的召开与职责
		（4）村庄事务决策
		（5）两委工作重点
	2. 经济发展	（1）惠农政策
		（2）城镇化及其影响
	3. 社会趋势	（1）群体性事件产生原因
		（2）集体行动能力
		（3）新农村建设
乡村“人、财、物”的发展状况	1. 人—治理主体	（1）村组干部构成及其行为
		（2）村党支公推直选情况
		（3）后备干部选拔问题
	2. 财—治理基础	（1）财务收支状况
		（2）集体经济收入来源
		（3）集体资产状况
		（4）资产管理四个维度
		（5）重大经济事项的决定
	3. 物—治理效果	（1）主要村级公益事业
		（2）主要资金来源
		（3）公共产品建设方式
		（4）农村公共产品建设监督
乡村自治性、发展性与改革性因素的状况	1. 自治性因素	（1）村庄自治
		（2）多元治理主体

（续表）

主　题	一级指标	二级指标
乡村自治性、发展性与改革性因素的状况	2．发展性因素	（1）村庄文化建设
		（2）大学生村干部
	3．改革性因素	（1）村务公开
		（2）土地流转
		（3）土地征用

完善乡村治理，固然需要在一系列具体方面做出应对，但无论如何要在顺应工业化、城镇化、现代化的大背景下，从比较宏观的层面探索新乡村治理的模式，以期在一个整体框架下解决好一系列具体问题，提高农业生产效率，提升农民生活质量，实现农村和谐稳定与繁荣发展。现在，新一轮农村产权制度变革既为乡村治理提供了一个重要契机，也提供了一个整体性架构的重要基点。由此，作者从实践角度，概括出深化产权治理、完善政府治理、贯彻乡村自治、实行合作治理、完善乡村法治的“五位一体”新乡村治理模式。

一、深化产权治理

产权治理是新乡村治理的核心命题，在“五位一体”中居于基础性地位。乡村治理涉及的事务，是围绕着乡村主体的物质生活关系进行的，这种事务要求乡村主体之间的产权关系进一步完善，尤其是农村土地产权的完善，这种完善是顺利进行乡村治理并且达到其目标，使得乡村公共利益最大化的基础。这一步做好了，村民、集体与政府间的利益关系才能理顺。依照我国农村与城市发展状况，当前实行农地集体所有制，关键不在于所有权的流转。要坚持农村土地集体所有、家庭承包经营的基本制度，以集体所有、家庭承包、多元经营为特征，逐步构建所有权、承包权、经营权“三权分置”的新型农地制度，进一步明晰相关制度的权益内涵，使土地上的所有权、承包权和经营权的权属人可以依法得到各自的那份收益。中国特色的土地流转，应当是在所有权不变，并承认承包权的前提下，把经营权流转起来。在落实农村土地集体所有权的基础上，稳定农户承包权、放活土地经营权，允许承包土地的经营权向金融机构抵押融资。

为健全完善“三权分置”的农地制度，短期来看，政府应稳步推进农村土地承包经营权确权登记颁证，为承包权与经营权分离和发展土地适度规模经营奠定制度基础，并在具体政策与制度的创新中体现“三权分置”的要求。长期来看，需要政府建立比较完善的农地产权保护的相关法律法规，作为《土地管理法》的补充，以对农村土地和治理改革实践进行指导与规范，形成比较稳定的“三权分置”长效机制。（1）用活经营权提高农地资源配置效率。在确保农村土地集体所有的前提下，对土地承包经营权进行适当分解，明确界定相对独立的承包权与经营权，逐步凸显承包权财产功能，完善土地经营权权能。[①] 在依法确保农村集体土地承包关系“长久不变”的前提下，取消对承包经营权流转的种种限制，支持农村集体所有的未利用地承包经营权流转，并建立合理的承包经营权退出机制，给予放弃承包经营权的农民合理的补偿，探索建立对农民自愿放弃土地承包经营权的补偿机

① 张红宇:《构建以“三权分离”为特征的新型农地制度》，2013 年 7 月 26 日，http://www.chinareform.org.cn/Economy/Agriculture/Practice/201307/t20130726_172580.htm。

制。[①] 在坚持依法自愿有偿和农地农用的前提下，采取健全土地流转市场、强化流转合同、规范流转中介服务等措施，使土地经营权主体的预期得到稳定，以促进稀缺农地资源在更大范围内通过市场机制进行最优配置，解决当前一些农村地区频频出现的有人无地种、有地无人种、土地粗放经营甚至撂荒的问题与困境，并推动发展农地适度规模经营。[②] 由于各地区经济发展不平衡，对于不同地区可以采取不同的经营模式。经济发达地区或是有能力吸引到大型企业的，可以采取“大园区 + 小业主”“两股一改”经营模式或业主租赁模式，对于经济欠发达的或短期内难以吸引到大型资本进入的，可以尝试“土地股份合作社”“土地银行”或发展家庭农场等经营模式。（2）着力解决一些重大政策问题。包括实现农村土地承包关系长久不变，把土地确权登记颁证与长久不变相挂钩，做好长久不变与土地流转期限规定的衔接。建立工商资本参与土地流转的风险防范机制，加强资格准入、产业引导和农地用途监管。针对农村集体资产管理股份制改造，设立好农村土地承包经营权入股的政策界限，并结合各地不同情况探索适用于当地的土地承包经营权退出机制。探索建立和实施宅基地有偿使用制度，用经济手段促进宅基地公平分配，探索小产权房、宅基地、集体经营性建设用地直接上市的实现路径。探索改革现行宅基地分配制度，开展宅基地有偿取得试点。运用城乡建设用地增减挂钩政策，在城乡资源之间搭建市场化的互惠共享

---

① 陈伯君、邓立新、余梦秋等:《农村土地制度产权改革与农民增收——以成都试验区农村土地产权改革前后的变化为样本》,《南方论丛》，2009 年第 9 期。

② 张红宇:《构建以“三权分离”为特征的新型农地制度》，2013 年 7 月 26 日，http://www.chinareform.org.cn/Economy/Agriculture/Practice/201307/t20130726_172580.htm。

机制，合理分配土地增值收益，有效调动市场和农民的积极性，共同推进农村土地整理和综合整治，实现了城乡发展的“双赢”。严格用地定额管理，提高项目用地投资强度和产出效益，提高工业用地集约高效利用水平。充分发挥市场配置资源的基础性作用，严格规范政府土地出让收益管理[①]。（3）产权改革的重要目的是提高农村土地的利用效率，政府在未来仍需加快制定针对农村种植大户、农村集体经济组织的相关金融政策，没有资金支持的农业生产将依然逃不出小农经济的困局。坚持农村集体土地的产权利益，特别是要让农民集体及其集体经济组织凭借土地所有权，参与土地增值受益的分配。

二、完善政府治理

政府仍是乡村治理的主导方面，完善政府治理对乡村有直接影响。完善乡村治理中的政府治理，核心就是要解决好现代国家—集体—农民关系的问题。从政府、集体、农民三者的关系来看，政府是服务于集体和农民的，集体是服务于农民个人的。现在的问题是，政府管得太多，政府自上而下的决策很容易忽视农民个人的真正需求，做很多吃力不讨好的事。因而，解决好三者关系问题的实质就是政府逐渐能做到少干预。现在通过改革把产权关系厘清了，政府不再自己发号施令，集体权利自然就会起来，农民个人的合理诉求才能表达出来。

那么，如何防止政府的不当干预呢？从政府自身这一层面来看：（1）要明确乡镇政府与村自治组织在公共服务中的职责与任务，逐步使乡镇政府的工作从经济建设转向以公共服务为主，促

① 四川省国土资源厅：《关于统筹城乡改革试点中农村土地管理和使用制度改革的研究报告》，《四川改革》，2009 年第 3 期。

进农村地区基层政府和基层组织向“服务性组织”转型，对自己在乡村治理中的作用重新进行定位。农村土地集体产权明确之后，基层政府与其他行政组织主要做好行政性的社会管理与服务工作，应当适当减少它们对农村地区的直接管制权。解决好政府干预过多，甚至凡事说了算的问题，是恢复乡村自治、推进合作治理的一个先决条件。（2）要解决好基层政府的权力监督问题。确权颁证只是保护农民财产权利不受侵害的第一步，为有效监督农村地区基层干部的权力，防止侵害农民利益的行为，应该构建自下而上的通畅的信息传导机制，所有征地行为必须与被征地的农户协商，增强程序上的透明性，让底层农民的声音能真正反馈到上级组织。土地征用是政府行为，应该引入监督机制，增加征地的透明度，公益性用地须经同级人大通过必要的程序予以确认，把农民纳入土地征用决策过程，建立谈判和协商机制，让政府、用地单位和农民共同参与征地决策。

三、贯彻乡村自治

乡村自治可以节约治理的成本、提高治理的绩效，城乡基层群众自治是我国社会治理的方向。乡村自治本来应是我国基层民主治理的主要形式，但实践中异化了，没有能够真正实行、贯彻下去。近些年来，城镇化的不断进行和取消农业税给乡村自治带来了诸多挑战，以村委会等为核心的乡村自治出现了越来越多的问题，如乡政府对村委会自治权的干预、村委会民主选举失范、对村委会的民主监督缺位等。

既然各地已经探索成立了各类村民组织，如村民议事会、村务监督委员会、业主委员会等，就应该进一步建立让这类组织发挥出自治能力的长效机制。（1）依法制定各类村民组织的管理章程，保障这些组织参与村庄自治的权利。（2）政府作为国家法律的维护者和政策的执行者，应监督各类组织的选举过程是否存在买票、恐吓等违法行为，避免民主选举被村中恶势力所控制。（3）让村民委员会真正作为村民大会或议事会决议的执行机构，并通过村民大会或议事会对村委会干部形成问责机制，如出现违法行为，可以由村民议事会提请罢免村委干部。（4）强化村民的民主参政意识，让村民懂得并善于利用村民自治这一手段实现自己的合理诉求。此外，还要把不断扩大社会活动空间、培养乡村自治精英、完善文化体系和提升自我治理能力视为一个长期性的战略任务。

四、实行合作治理

合作治理是现代治理的重要特征，在乡村多主体治理的情形下，一样是可以实行的。十八届三中全会决定指出，鼓励农村发展合作经济，扶持发展规模化、专业化、现代化经营，允许财政项目资金直接投向符合条件的合作社，允许财政补助形成的资产转交合作社持有和管护，允许合作社开展信用合作。鼓励和引导工商资本到农村发展适合企业化经营的现代种养业，向农业输入现代生产要素和经营模式。[①] 这对加强乡村合作治理提出了新的要求。通过村民建立合作组织，形成新的共同体权威，进行多中心治理，重建乡土秩序，是一种很好的尝试。四川省在进行农村土地产权改革之后，村庄内部不仅有政府、集体和农民个人这类原有的治理主体，还出现了合作社和外来资本这类新的治理力

①《中共中央关于全面深化改革若干重大问题的决定》（二〇一三年十一月十二日中国共产党第十八届中央委员会第三次全体会议通过），《人民日报》，2013 年 11 月 16 日。

量，推动合作治理也就是让这些治理力量都有发声的空间。其中有两点尤其需要重视:（1）基层政府应参与倡导建立平等的多中心治理机制，遵循少数服从多数的原则，通过共同对话尽力使决策符合最大多数人的利益。（2）处理好外来资本与村民利益的协调问题。外来资本进入村庄是要获取收益的，只有确立好公平合理的收益分配机制，才能使得外来资本和村民双方都满意，并长久合作下去。为避免出现矛盾纠纷，应制定清晰的合同条款，并强化双方的风险共担意识。

当前农村地区存在的多种治理主体反映出乡村产权的多样性，一个新型的有效的乡村治理机制必然需要保持和发展这种多样性基础上的合作。因而，新型乡村治理机制要能促使不同治理主体发挥各自的治理作用，促进乡村组织与治理主体的合理变迁；另外，为构建农村依靠自身力量发展的内生机制，应在继续完善家庭联产承包责任制的基础上，促进和健全统分结合的双层经营体制，充分发挥集体产权在公共品提供、村庄共同体维系、农村生产力提升等方面的积极作用。从调研情况来看，那些焕发出勃勃生机的农村地区，如四方村、尚腾新村等，正是借助土地产权改革，提升集体经济效益，组织建立了多样的治理主体，破解了原有治理主体失效的困境。

五、完善乡村法治

我国传统乡土社会缺乏法治基因，如果说有也是习惯法或非正式法律，与现代法治相去甚远。村民自治强调村民对个人利益的维护和个人权利的运作，这本是任何社会民主化进程的原始起点。但由于村民自治所需要的一系列经济社会条件尚待成熟，特别是目前还缺乏足够的智慧和经验，建立引导村民自治运作的有效机制。村民很难以现代公民的角色从事村民自治的运作，以至于不少村民对个人利益的维护和个人权利的运用，成为不受法律制度约束的放任行为。[①] 法治最难。在主要基于血缘关系形成的农村地区，发育现代法治精神，完善乡村法治，任重而道远。（1）积极向农村地区宣传法律知识。从大背景看，当前农村地区还处在从费孝通笔下的乡土社会向法治社会转型的道路上。一些农村地区特别是偏远地区，农民法律意识依然淡薄，主要反映在遇事不找法用法、信访不信法上。在遇到利益纠纷时，或者靠政府干部、村中权威协调解决，或者是各行其是、自己解决，遇到征地、农资纠纷等极易引发各种矛盾。政府可以定期给村民议事会或村务监督委员会等有较高影响力的村民培训法律知识，再通过他们往村中传播，进而提高整个村子的法律水准。也可以利用村民议事会这样的村民集合的机会，在讨论决议相关事项时，培养村民守法的思维习惯。（2）尽快制定针对农村集体资产管理的法律法规。国家尚未出台如《集体产权法》这样的法律条文，地方可以依据现有法律如《宪法》《物权法》《土地管理法》等，针对新型集体资产管理模式出台一些指导性法规，规范集体经济运营管理与监督，稳定村民的预期，使集体资产能结合新型管理机制发挥最大经济效益。（3）监督基层政府规范执法。一些村民因为政府未能及时执行法律决议，不得不选择自行解决，或者通过把事情闹大引起上层关注，或者通过不法势力解决私人纠纷。积极倾听底层百姓的反馈，不定期检查基层执法情况，在每一件法律案件上确保法律执行到位，方能增加村民对法律的信任。

① 徐勇：《论中国农村“乡政村治”治理格局的稳定与完善》，《社会科学研究》，1997 年第 5 期。

总的来说，完善乡村法治就是政府用法治思维、法治方式，发扬乡村法治精神，推动农村走向现代治理。在当前经济发展阶段，尽管仍将不断有大量农村人口向城市进行转移，但即使未来多年内，依然会有很多人生活在农村地区，让他们过上幸福生活是公平正义的内在要求。农村土地产权改革为新型乡村治理机制的发展提供了契机，也初步形成了深化产权改革、完善政府治理、恢复乡村自治、实行合作治理和完善乡村法治的“五位一体”治理模式。在完善乡村治理时，应当着力加强农村基层党的建设，健全基层民主制度，创新基层管理服务，积极培育乡村共同体意识，培养村民的环境保护意识。如此，最终便可促进农村生产力发展，建设幸福美丽的现代新乡村，进而实现城乡发展一体化的总构想。

第八章　乡村治理的多重演进模式

本章承接上一章关于新乡村治理模式的实践归纳，进一步以乡村治理主体这个主导方面为轴，探讨围绕不同乡村治理主体的治理思路和行为而形成的乡村治理模式的内在逻辑及演进路径，以期为乡村治理模式的发展阶段和未来变革提供一个认识坐标。

善治取决于国家和社会的良性互动，依赖于政府管理和社会自治的协调配合。依靠文献，我们会轻易得出中国是大一统治理的国家。然而，当我们进入乡土社会，就会发现存在着丰富多样的治理形式，并且折射着历史的印记。[①] 在我国乡制变迁的路径与方向上，始终交织着国家权力强化与社会自主力量成长的矛盾性发展，乡制变迁百年来的曲折历程无不与此一脉相承。在传统农村社会，作为乡制的“地方自治”，实际上是绅权与族权的共同治理，事实上与现代意义上的自治并非一回事。20 世纪上半

① 徐勇指出了乡村治理的礼治、理治、力治等形式。传统乡土社会主要依靠千百年流传下来的礼俗进行治理，依托的是家族共同体，以家族集体为本位。随着传统乡土社会的解体，国家作为外部力量越来越深入渗透到乡村社会中，中华人民共和国成立后特别是人民公社时期则是依靠社会理想和论证这一理想合理性的理论进行治理，依托的是国家共同体，是以放大了的集体利益为本位。在当今乡村，大量存在的是依靠个人能力、权力和暴力进行治理，它以农户为单位生产，加上现代市场取向，农户本位和私人利益被置于首位。参见徐勇：《礼治、理治、力治》，《浙江学刊》，2002 年第 2 期。

叶，晚清及民国政府的改良实践，实际是强化国家权力对乡村的控制力，实行“官府治理”，不过其口号是推行地方自治或者实行民主改革。迄今为止，乡制变革的主流一直是自上而下的国家权力，民主与自治仅是一种新的更为有效的治理工具，它在制约国家权力、维护公民权利方面的内在价值并没有成为目的本身。但不可否认的是，在基层推行民主自治已经是一个现代性的潮流。①

特别是改革开放以来，伴随着市场化的改造、治理方式的改革，逐步走出一条收缩国家权力、回归社会自治的发展道路。②党的十八大报告提出，坚持党的领导、人民当家做主、依法治国的有机统一，完善基层民主制度，健全基层党组织领导的充满活力的基层群众自治机制，在城乡社区治理、基层公共事务和公益事业中实行群众自我管理、自我服务、自我教育、自我监督③，这既是国家治理体制和基层治理机制的基本原则，也是长期实践经验的总结概括。这些基本原则和我国现代化的目标、社会主义核心价值观一起，预示了我国乡村治理未来发展的前景和道路。

在过去的乡村治理中，治理主体始终是处于主导的方面。乡村治理，可理解为参与乡村治理实践的政府和各个利益相关者及其制度和结构形态④，围绕不同属性和利益的乡村治理主体，会

① 肖唐镖:《中国乡村社会的治理与乡制变迁》,《中共宁波市委党校学报》, 2002 年第 5 期。

② 燕继荣:《国家治理及其改革》，北京：北京大学出版社，2015 年。

③《坚定不移沿着中国特色社会主义道路前进 为全面建成小康社会而奋斗——在中国共产党第十八次全国代表大会上的报告》，2012 年 11 月 19 日，http://www.xj.xinhuanet.com/2012-11/19/c_113722546_5.htm。

④ 党国英:《我国乡村治理改革回顾与展望》,《社会科学战线》, 2008 年第 12 期。

演化生发出不同性质的治理取向和治理维度。从可观察的历史和逻辑来看，主要包括以政府为主导的权治（或官治）维度，以多主体妥协为特征的合作治理，以法律为核心的法治维度，以村民为主体的自治维度，并依据不同性质治理维度的主导程度，指代形成不同时期和特点的乡村治理模式。

第一节　乡村治理中的官治

按照魏光奇的定义，在乡村治理的历史进程中，所谓“官治”就是由国家选官设治，一方面扩充和健全州县国家行政；另一方面建立乡镇一级国家行政，将地方社会各种经济、文化、社会事务的兴办和管理纳入国家行政的轨道。而与之对应的所谓“自治”，就是在国家行政之外或国家行政基本框架下，另外建立的“以本地人、本地财办本地事”的行政系统。[①]这种官治在近现代最主要的表现，是国家或政府以公共权力为凭借对乡村进行治理。在当今时代，国家是有效治理形成的促进力量，国家的存在提供了一种制度装置，能够增强人们的合理预期。毫无疑问，重建乡村生活的秩序需要外部力量的介入，尤其是国家的支持。[②]政府是推动改革的力量源泉，在当前中国经济转型发展现阶段，中央与地方政府、乡村集体（村两委）、社会组织（合作社、协会）等治理主体地位的特殊性，决定了以“从上到下”为

① 魏光奇：《官治与自治——20世纪上半期的中国县制》，北京：商务印书馆，2004年。

② 贺雪峰：《巨变中的乡村向何处去》，2015年3月28日，http://www.snzg.cn/article/2015/0328/article_40786.html。

特征的统一治理模式的必要性和可行性，政府在新乡村治理建设中的作用更是无可替代。

改革开放以来，我国取得了举世瞩目的成就，其中政府的作用不可磨灭，但在从计划向市场、传统向现代的转型过程中，政府的角色尚存在着不少“错位”，尤其是地方政府。在中央政府向地方政府分权的过程中，地方政府存在着角色上的“错位”。中央政府起到了双重的作用，既要弥补市场缺陷，校正市场不足，还要促进市场体系的发育，健全市场机制，从而成为区域创新中市场的保护伞和推动器。地方政府在与中央政府的博弈中存在着角色的“错位”，如反宏观调控行为是地方政府在纵向上对经济权限的割据，地方保护主义则是地方政府在横向上对区域市场进行分割，它们都具有经济与行政权力相结合的特征。在市场不发育的情况下，如果地方政府的权力过大，会导致其行为的失范，把市场经济变成“权力经济”。一方面，地方政府通过“上有政策，下有对策”的办法使自己在区域竞争中获得利益；另一方面，地方政府通过“讨价还价”的办法，在对中央政府投资与政策上从本地利益出发，曲解、变通甚至阻隔了中央的宏观政策，使中央宏观政策在地区实施过程中受到一定阻碍。

中央政府作为国家权力机关，其目标是利用其高度控制权，代表国家实施一系列政策，以解决农村问题，提高农民收入，保证农民利益，促进经济健康发展。例如，在农村土地征收中，中央政府既是国家土地的所有者，也是土地征收法律的制定者、决策者、执行者和监督者，参与农村土地征收的全过程，考虑被征地农民、社会经济发展、土地使用规划等方面因素，并协调各方的利益关系。地方政府具有独立的利益，国家利益与各级地方政府的利益之间可能存在不可忽视的差异，甚至程度不同的对立。作为政策的贯彻实行者，地方政府扮演着代理人和牟利者的双重身份。一方面，为了追求政绩，地方政府往往会从局部和短期的视角来看待农地流转问题，它主要考虑征地给地方带来的经济效益，并企图“以地生财”，提高财政收入和进行城市建设；另一方面，由于中央政府的存在和可能导致的社会问题预期，地方政府也需要兼顾被征地农民的利益。在这个过程中，中央政府必须明确其中立地位，通过契约的方式依法完成，实现其维护公共秩序、提供公共服务、保护公民财产、创造公平环境的职责。

在乡村治理中，乡镇政府控制了“乡政”的主导性权力。村庄在体制上受制于乡镇，当国家权力止步于县时，乡镇取代“士绅”的地位而主导乡村，对村庄的自主性起着强大的牵制作用。地方政府掌握着大量治理资源，人民公社时期的乡村治理多采用行政管制的方式进行。改革开放之后，国家行政权力上收，作为基层政权的乡镇政府逐渐被架空，基层政权的治理能力不断衰弱，农业税费改革也在一定程度上掏空了基层政权赖以兴办公共事业的财政资源。另一方面，征收农业税费的权力本身即是基层政权与农民博弈互动的基本权力形式。因此，取消农业税以及相应的配套改革措施，也疏远了基层政权中干部与农民的“联系”，削弱了基层政权在治理农村时可依赖的权力资源。这就导致当前农村基层政权不仅治理能力较为虚化，而且日益脱离于乡村社会。事实上，国家在输入资源中往往绕开乡村组织，直接对接分散的农户，乡村两级组织扮演的只是配合者、从属者的角色，而非一个具有相对自主性的治理主体的角色，由此带来另外一个问题：治权弱化，缺乏配置资源能力的乡村干部，也就失去了对农民的动员能力和强制能力，基层组织与农民也无法有效对接。[①]基层政府与农民之间是典型的两张皮状态，乡镇干部很少下村，即便是包村干部也如此。村级干部也依同样的逻辑行事，对村里的事能不管则不管。农民也觉得村庄里的事情，都好像与自己无关一样，似乎什么事情都要盼望、依靠着国家来做，甚至也更加不把自己生活的这个地方当回事了。[②]虽然乡镇政府的权力一度处于一种边缘化状态，但作为基层政权，凭借整个体制结构的强大控制能力，仍有力地掌握了权力的切入口，其权力使用还是呈现扩张和异化的趋势，且得不到有效的控制。正如有学者所观察到的：乡镇政府权力自我扩张和利益自我膨胀，使乡镇政府步入“既非纯国家的，又非纯社会的”状态（楚成亚，2000），导致新一轮“国家政权内卷化”和“经纪体制”的复活（杜赞奇，1994）。因此，唯有缩小乡村干部的权力，使之只限于十分必要的公共事务。要创造一种制度，把支配土地资源配置的权力从乡村干部手中剥离出来，并且要培育各种农民合作组织和专业协会等乡村组织，把一些公共事务适当剥离出来交由这些组织处理。[③]

构建新型乡村治理机制，需要加快乡村公共治理。乡村治权弱化的实质是国家推动乡村社会从间接治理向直接治理转型。随着国家在一系列政策、制度方面的调整，传统意义上依托于乡村中间层如士绅、家族或乡村集体组织进行治理的模式逐步解体，但从实践情况看，国家直接面对农民的治理并不如预期有效，反

① 陈锋：《分利秩序与基层治理内卷化——资源输入背景下的乡村治理逻辑》，《社会》，2015 年第 3 期。

② 李德瑞：《“清算”土地及村庄治理》，《古今农业》，2008 年第 3 期。

③ 党国英：《我国乡村治理改革回顾与展望》，《社会科学战线》，2008 年第 12 期。

而造成国家、基层组织与农民三者之间利益与责任连接纽带和制衡关系发生断裂。替而代之的是，一些地方的基层组织或者消极作为，或者利用地方富人群体与灰黑势力进行更加非正式化的“积极”治理，乡村社会形成更加稳固的分利秩序，不断吸食国家与地方的公共资源，造成乡村治理内卷化。[①] 在国家的宏观治理之下，依然要发挥乡镇和村的中间治理作用。乡镇对村委会一直保持着行政、财政和人事的控制，村民委员会事实上被“行政化”了，其管理职能设置要远强于服务职能设置，反映了村级组织的官治特征。[②] 在跨出“熟人社会”以后，乡村不仅产生了民主的需求，也创造出多种草根民主形式。但由于体制原因，乡镇相对更重视对上级负责，相对忽视村民需求的解决；乡镇政府变成了权力中心和指控中心，人员超编、财政负担加重，而作为上级下设的七站八所的“条条”管理却很薄弱，这也会削弱村治作用的有效发挥。进入多元化共同治理时代，在加强党组织对乡村治理的领导下，乡镇政府要从“管理型”转向“服务型”，在管理方式上变管理为服务或以服务为主，更多强调法律手段，通过契约履行各自的权利义务，通过法律制度实现政府与村庄之间的互动，逐步建立多元互动、民主合作的新型乡村治理机制。赋予乡村充分的自主权力，增加地方居民参与公共事务的决策机制，完善权利的有效保障机制，形成由政府、集体和农民多元社会主体共同参与的治理结构。随着政府职能的转化和乡村公民社会的

① 陈锋:《分利秩序与基层治理内卷化——资源输入背景下的乡村治理逻辑》,《社会》, 2015 年第 3 期。

② 冯兴元、〔瑞典〕柯睿思、李人庆:《中国的村级组织与村庄治理》, 北京：中国社会科学出版社, 2009 年。

发育，在乡村形成一种所谓的“鱼缸效应”，即政府和公共部门的活动就像鱼缸中的金鱼一样，无时无刻不受到公众的审视和评判。[①] 随着工业化、城市化发展到更高阶段，还要重新审视并构建全新的“乡村价值”，过去建立在廉价土地和劳动力资源上的“乡村价值”已经破坏，重新构建乡村新价值成为乡村治理与政府的努力方向。此外，还要加强基层民主建设，培养乡村治理精英，充分调动农民、民间组织以及一些非营利机构参与乡村治理的积极性，使各个利益主体在乡村治理中发挥积极的作用。

在现代“官治”中，政府应当切实履行在产权制度和治理结构建设中的职责。产权与国家的民主政治之间存在着复杂的演进关系，对财产权的保障是促使民主政治成长的一个必要条件，占主导地位的观念是只有民主政治才是有效保护财产权的政治制度安排，但相反的观念则认为，民主政治并不能有效地保障人民的财产权，它只能保护少数有产者的权益，这些争论对国家作用的变化产生了重大的影响，社会大众对保障财产权和民主参与的双重需求促动了国家作用的变化。[②] 国家除应有序地退出农地权益之外，还应站在农地产权界定与保护之内，承担起公共服务的职责。以完善城乡统一的产权和治理制度、界定和保护产权为根本，促成农村社会治理主体间的广泛合作。进一步强化集体土地产权，建立城乡统一的土地市场，坚持农村集体土地以平等主体参与市场交易，回归产权“定分止争”的功能本位，能够对农村产权制度变革形成良性的倒逼机制。此外，政府还应提供城乡统

① 顾平安:《政府发展论》，北京：中国社会科学出版社，2005 年。

② 唐贤兴:《财产权与民主政治：西方社会尚未结束的争论》,《东方论坛》，1999 年第 1 期。

一的社会保障和公共服务，进行城乡统一的公共治理，以配合农村产权制度改革和乡村治理。为此，强化集体土地产权、建立城乡统一的土地市场、减少对农地权益的侵害、提供城乡统一的社会保障和公共服务，成为政府在市场化主导下的必然行动逻辑。

第二节　乡村治理中的合作治理

在长期的乡村治理实践中，乡镇政府往往处于中心地位甚至唯一地位，乡村社会更多被看作是“管制”对象而不是“合作”对象，“官治”权力的行使往往是一元的、垂直的、随意性的和单向度的。尽管后税费时期基层政府在治理手段和方式上有所变化，开始注重乡村社会自治力量的运用，但依然遵循或强化国家权力中心地位和国家权力运行单向度逻辑，而忽视乡村社会自治力量的主体地位。作为后发外生型现代化国家，我国在现代化初中时期更注重推进政治、经济、文化等的有形建设，相对忽视治理制度和治理体系的现代化，国家与社会合作的能力与国家的控制能力增长并不同步，在基层乡镇政府和乡村社会也是如此。这既不利于乡村社会对乡镇政府权威的自觉认同与自愿合作，也会影响其与农村社会合作治理能力的提升，进而影响国家对乡村社会的治理绩效。[①]

“官治”是传统乡土社会的离散性造成的，而以集体本位的治理又走向另一个极端，迫切需要以新的方式加以整合。传统的乡村治理是人民公社时期，乡村各级党政组织在乡村社会治理中

① 尤琳、陈世伟:《国家治理能力视角下中国乡村治理结构的历史变迁》,《社会主义研究》, 2014 年第 6 期。

是处于绝对优势地位的“一元”主体。它们掌握着大量的治理资源并将公共权力渗透到人们的日常生活之中，治理的范围和领域也较为宽泛，涉及生老病死、衣食住行等方方面面，在处理公共事务时也较多采用意识形态、行政强制、政治运动等方式。改革开放后，在市场经济的冲击下，各个治理主体的利益诉求逐渐差异化。所谓“乡政村治”，这种政府主导、带有浓郁计划经济色彩的治理方式，也正被市场经济催生出的多元治理模式所打破。彭州市升平镇 2009 年初建立起“131N”村级新型治理机制，即构建“以村党组织为领导核心、3 个村民自治组织为社会主体、集体经济组织为市场主体、其他组织共同参与”的新型村级治理机制，其核心思想就是改进党组织的领导方式，深化村民自治，构建多元参与的村级治理格局。在建立和完善的实践过程中，党组织的领导是保证，群众的参与是关键，当群众能够自觉通过民主议事的方式来决定村级自治大事，维护自身合法权益的时候，这种多元村级治理机制就取得了初步成效。虽然乡村各级党政组织作为治理主体仍然处于优势地位，但随着市场取向改革的深入推进，它不再是单一的治理主体，农民合作组织、社会团体、村庄精英、农民群众逐渐在乡村治理中扮演重要的角色。考察我国农村的治理结构，可以发现已经比较普遍地形成了一个由基层政府、村级组织、乡村精英和普通村民共同参与的多方治理机制。这种多方治理机制要求建立完善的农村市场经济体制，政府要适应市场经济发展转变职能，构建市场引导的多元乡村治理模式，并由制度性安排来保证其推广实施。一方面，要增强政府在政治、经济和社会等关键领域的治理能力，相对缩减政府的职能范围和权力边界；另一方面，这种治权的缩减与平衡也取决于乡村社会的治理组织和治理能力状况。只有在乡村社会与基层政府的有效合作基础上，乡村社会才能承接政府的放权，通过内生秩序进行治理，实现政府权力对乡村社会的有效整合。[①]

就当前实践来看，虽然作为基层政权的乡镇政府和村民自治组织仍是乡村治理的两大重要主体，但是其治理能力和治理绩效都不容乐观。人民公社解体之后，农民家庭成为独立经营单位，农民在获得独立性的同时，乡村社会开始原子化，农户家庭事业经营得井井有条与农村公共事业的凋敝混乱形成鲜明对比。这表明在经历了一系列改革之后，基层政权及村治组织收缩、转移部分治理职能的尝试并不很成功。不管是乡村社会组织的发育程度，还是乡村精英和民众的自治能力，都还未能有效承接其转移的部分管理职能，也未能弥补其在某些公共事务管理方面的“缺位”。从代际的视角看，经历过人民公社治理模式的农民还是习惯于将基层政权和村治组织，看作是无所不管的“一元”治理主体；新生代农民中很多人受教育程度较高，再加上有出外打工或从事其他非农产业经营的经历，他们的权利意识和法律意识都比他们的父辈要高，对于基层党政组织及其人员没有父辈那种敬畏，也不习惯之前那种党政组织全面管理和控制的治理模式，却更倾向于认同“多元”治理主体之间平等合作的新型治理模式。[②]在过去多年的市场化冲击下，越来越多的农民选择放弃种植土地，转而进城务工，造成很多村庄的空心化。在此趋势下，

① 尤琳、陈世伟:《国家治理能力视角下中国乡村治理结构的历史变迁》,《社会主义研究》, 2014 年第 6 期。

② 于建嵘:《社会变迁进程中乡村社会治理的转变》,《人民论坛》, 2015 年第 14 期。

传统社会资本逐步走向衰败，村民自治也在一定程度上失去其原有根基。而土地确权后，土地流转和外部资本积极参与必将激发各方的利益诉求，在各方利益诉求相互碰撞的过程中，必然要求一种新的均衡有效的多主体治理结构。通过村民自治等现有治理形式，建立多方合作组织，形成新的共同体权威，进而重建乡土秩序，或许是一种新的尝试[①]。

治理理论主张不同治理主体之间相互依赖和平等协商，视信任和合作为核心机制。现代社会治理应是包括政府、市场与社会组织在内的多元主体的合作共治，形成新的共同体权威进行多中心治理[②]。农村产权改革以及乡村治理涉及多方主体的利益，需要各方主体的共同参与和合作，包括中央政府、地方政府、乡村集体、社会组织等相关主体，如何协调好各主体之间的利益以及诉求，将是决定乡村治理能否成功的关键所在。在多种产权并存的环境下，乡村治理主体的多样性反映了乡村产权的多样性，而新乡村治理也需要保持和发展这种多样性基础上的合作。因此，应当恢复异化主体的本质，引入多主体在自身有效性基础上形成合作治理机制，以政府为主导，加强与社会、市场、公众的合作，以充分发挥其独特的治理作用，促进乡村组织和治理主体的合理变迁。当然，这种多样性的作用应当统一于一个合理的法治环境和社会框架，在这样的框架下，才能合理地规范乡村治理主

① 徐勇:《礼治、理治、力治》,《浙江学刊》, 2002 年第 2 期。

② 奥斯特罗姆多中心理论在亚当·斯密这只“看不见的手”之外，还发现了公共领域另一只“看不见的手”，在市场秩序与国家主权秩序之外发现了社会运转的多中心秩序，在市场与政府之外发掘了存在于民众之中的社会秩序与繁荣实现的力量，并进一步发掘了使这种力量得以持续的制度性基础。参见〔美〕埃莉诺·奥斯特罗姆:《公共事物的治理之道》, 余逊达、陈旭东译，上海：上海三联书店，2000 年。

体的职能、定位和作用机制，形成各治理主体依据自身资源禀赋，共同有效参与的乡村治理结构。

在各个乡村治理主体当中，政府的地位最为特殊。作为中央政府要从大局出发，保护好国家整体利益和国民利益，实现经济社会文化全面发展，要制定法律规范社会主体的行为。作为地方政府，不论省级县级还是镇政府，要在国家整体利益的框架下，落实中央政府制定的政策法规和布置的任务，不能只图一时一地的发展，而影响国民利益以及国家整体的长远利益。不论是中央政府还是地方政府，都将在农村土地改革和新乡村治理中发挥重要的协调作用。在多元主体利益交汇下的乡村治理，处理好国家、集体和乡村社会的关系是国家现代化、乡村秩序稳定的基础，只有将乡村社会纳入到国家的体制之中，以政治发展来推动社会发展，才能获得乡村现代化所需的经济和政治资源，政府要在其中发挥引导作用。一方面，政府要促进不同产权主体之间的合作，体现多主体公平正义、利益和谐的价值理念，促进多种所有制经济的共同发展；另一方面，政府要得到社会、市场、公众的更多合作，以更好提供公共产品和公共服务，这将是一个治理绩效提高的合作共赢过程。

在多元治理主体中，基层党政组织虽不再处于垄断各种治理资源的地位，不能简单运用政治强力控制的方式来进行治理，但依然是“一家独大”的重要主体。其他治理主体的力量还是相对比较薄弱，主要表现为乡村社会组织发育不足，乡村精英、农民群众的自治能力比较弱，参与公共事务的热情和动力不足，这也是乡村治理诸多困境的深层次原因。因此，要实现乡村良好的治理，必须加快构建真正的“多元”主体的治理格局，引导各种正式组织与非正式组织、各个阶层、各类精英与群众等社会力量，在利益博弈中实现妥协和均衡。这一方面需要大力发展农村社会组织，不但要重视共青团、妇联等准政治类的组织以及经济合作社等经济类的正规组织建设，还要关注人民调解、公共卫生、治安保卫等群众组织的建设，重点培育和优先发展农村专业协会类、公益慈善类、社区服务类等社会组织，给予宗族组织、宗教组织、文化组织等“天然”社区组织一定的生存和发展空间，还原农村社区组织的多样性，从而激发农村社会组织活力。另一方面，需要加快农民合作组织的发展，通过农民群众之间的交往与合作，多途径地提供公共服务，弥补基层党政组织公共服务供给的不足。通过农民之间的合作，不但可以进行物质方面公共服务的再生产，有效回应农民日益复杂与多元化的公共服务需要，而且能够进行治理主体及治理理念的再生产，从而实现由“单中心”管治到“多中心”共治、公共服务供给由“一元”向“多元”的转变，构建一种不同治理主体之间协调合作、分担公共责任的新型治理结构。

第三节　乡村治理中的法治

法律与治理有着密切的联系，法律也往往成为一种治理的工具，法治是公共治理的必然选择[①]。法律是人类社会理性的固化，是人类迄今为止所发现的最好的社会调节器，没有法治保障的社会可能会陷入一种无序状态。“法律之治”排除专断和任意性，

① 王元朋：《论村民自治中权力的运行与制约——从乡村公共权力法治化的视角》，2007 年 7 月 23 日，http：//www.iolaw.org.cn/showNews.asp?id=15987。

是一种非人格的统治，旨在实现权利的保障和权力的制约平衡。正如亚里士多德所说，法治应包含两重意义：已成立的法律获得普遍的服从，而大家所服从的法律又应该本身是制定得良好的法律。[①]

费孝通曾写道："(中国)乡村社会是个'无法'的社会，假如我们把法律限于国家所维护的原则，但是'无法'并不影响这个社会的秩序，因为乡土社会是'礼制'的社会……而礼却不需要这有形的权力机构来维护，维护礼这种规范的传统"[②]，他也认为乡土社会的变迁，将从熟人社会走向城市的陌生人组成的法理社会。至今，他在当年所观察到的法律下乡带来的混乱仍没有得到根本解决，社会边缘群体在乡村社会崛起，利用法制社会的盲点快活地谋利，不仅侵蚀了法制的公信力，也加剧了乡土社会评价体系和社会秩序的混乱。[③]

随着市场经济对乡村的渗透和深刻影响，以及新农民阶层的兴起，"乡土中国"也发生巨大的变化，使得带有"治理"意味的地方性特征在减弱，"法治"已然占据基层社会管理机制的话语中心，农村基层治理当然也不能脱离法治的时代话语。从长远来看，基层治理转而追求普适化的法治，完全可能甚至是必然。[④]法律逐渐取代专制权力成为共同认可的规则和权威，特别

① 亚里士多德:《政治学》，北京：商务印书馆，1965年。

② 费孝通:《乡土中国 生育制度》，北京：北京大学出版社，1985年。转引自董建辉:《"礼治"与传统农村社会秩序》，《厦门大学学报》(哲学社会科学版)，2005年第4期。

③ 王德福:《乡土中国再认识》，北京：北京大学出版社，2015年。

④ 朱政:《秩序重建与乡村治理的法治化——关于恩施市沐抚办事处基层社会治理创新调研的再思考》，《西安电子科技大学学报》(社会科学版)，2015年第1期。

是随着乡村社会多元化治理模式的发育，多主体间的合作与关系构建成为乡村治理的关键，以法律形式规范各个主体间的关系尤为重要。[①]

党的十八届四中全会强调，要推进社会主义民主政治的法治化和基层社会治理的法治化。在乡村治理中，必须遵守国家宪法法律、行政法规、部门规章、地方性法规以及党内法规，比如宪法关于村民委员会的性质的规定，村民委员会组织法、各省通过的村民委员会组织法实施办法以及村民委员会选举办法，还要遵守由各村自行制定的村民自治章程、村规民约等，为乡村治理提供法治保障。尽管宪法规定了公民的系列基本权利，但限于各种条件，农村公民的一些基本权利如自由迁徙权、土地与房产的私有产权、结社权以及经济与社会方面的平等权等方面的有效保障不足，使其在政治生活中的话语权和谈判能力相对缺乏，加之表达权与权利救济机制不足，农民和乡村所受的侵害行为还难以有效遏制。[②]

从乡村法治现实来看，农村法治的本土资源还比较缺乏。尽管在建设法治国家和法治社会进程中，乡村法治正在日益生成，但它是一个渐进的不断积淀的文化过程，其生长和形成不能仅靠政府推动，也应该注重乡村社会自身的内生性因素，走一条社会演进与政府推动相结合的道路[③]。在传统凝重的乡村社会，习惯

① 王云飞、高源:《乡村治理主体系统化的建构及其策略》,《长白学刊》,2015年第1期。

② 肖唐镖:《近十年我国乡村治理的观察与反思》,《华中师范大学学报》(人文社会科学版),2014年第6期。

③ 穆丽霞:《中国乡村法治之路反思》,《中国石油大学学报》,2008年第10期。

于乡土秩序的乡民总是用地方性知识看待外来的法律制度，赋予法律乡土韵味。现代意义上的法律制度在下乡的过程中，不免被乡土社会习俗上的知识传统重新解读，并在解读过程中不得不去回应后者，而使其本身逐渐向乡间的社会记忆同质化。在城市，法治化面临的问题在于改革和完善司法体制，而乡村社会法治化还不止于此，法律所追求的制度价值往往与乡村社会秩序相冲突。法律框架内界定的权利、划分的义务，因为与乡土秩序不同很可能被乡民认为是非正义的，或是没有意义的，在乡土秩序支配乡民行为选择的情况下推行法治困难较大。我国正处于从“乡土”走向“现代”的路上，由于地域广阔、发展程度差异、地缘文化因素广泛多变，传统民间法在价值取向、精神意旨上与现代法治理念有限契合，需要注重国家法和民间法的协调和沟通，构建多元化的乡土社会法律秩序。①

我国乡村社会选择什么样的法治路径，是必须解决的问题。第一种模式是社会推进型模式；第二种模式是政府推进型模式；第三种模式则是前两种模式的折中与调和，即政府社会互动型模式。第一种模式不适应中国的实际情况，现代化进程不允许慢慢培养法治社会的内生因素。由于本土资源的贫乏，往往依赖政府主导型的自上而下的法治进路。第二种模式是我们现在选择的道路，这种道路加快了法治进程，并取得了初步的成功，至少在城市被人们认同。但在乡村，以这种方式推行法治遭到乡土秩序的顽强抵抗，效果并不理想。从目前乡村社会的实际看，单独采用

① 李美香、吕晓明:《民间法精神及在乡村治理中的重塑》,《山东理工大学学报》(社会科学版), 2015 年第 2 期。

政府推进型和社会演进型中任何一种模式作为乡村法治进程的基本路径，都会面临较大困难。因此，采取政府推进与社会演进相结合应是一种较务实合理的模式。寻求农村产权改革视角下的乡村法治之路，就要使农村产权制度从政策性走向法治化，而这要在政府推进和引导，以及与社会演进相结合才能进行。尤其要注意政府的推进和引导不是之前的政治强制之路，是适应农村自身发展的真正具有乡村特色的法治，这种法治路径促使政府外驱力和社会内驱力相结合，既能有效地利用政府外在资源，又能有效地利用社会内在资源，符合乡村法治生成的内在规律。

在农地确权之后，保护产权就成了核心工作，而产权保护本身也是乡村法治进程的一部分，有利于加强对村民的法治教育。在城市化进程和土地流转过程中，土地纠纷正成为影响社会稳定的“最不安全因素”，因土地纠纷导致的各种版本的权益争端和群体性事件在各地不断上演。实际上，农民尤其是长期往返于城乡的中青年，法律意识和维权意识一点也不淡薄。“不懂法”更多时候只是他们“耍赖”的托词，他们真正缺乏的是获得专业法律服务的途径。当某些纠纷萌芽时，农民也有需求通过购买律师咨询服务，让法律话语成为纠纷调解的潜在要素发挥作用；当重大纠纷出现时，也需要引导纠纷进入司法渠道，并在法律知识和诉讼费用上降低农民的诉讼成本。① 成都市正探索将农村产权改革中的纠纷和案例，纳入政府法律援助服务范围。

① 朱政：《秩序重建与乡村治理的法治化——关于恩施市沐抚办事处基层社会治理创新调研的再思考》，《西安电子科技大学学报》（社会科学版），2015 年第 1 期。

案例 8-1：农村产权维护的政府法律援助

为保护农民在农地流转中的合法权益，成都将农村产权维护纳入政府法律援助范围。2011 年 9 月 8 日，成都市农村产权维护法律援助中心正式成立。成都市司法局、市统筹委联合制定出台了《关于开展农村产权维护法律援助工作的实施意见》，变“农民维权找上门”为“法律援助送上门”，积极化解农村产权维护中的突出矛盾纠纷。法律援助的具体事项包括六类：(1) 农村产权确权效力发生争议的事项。如“鱼鳞图”这一产权确认形式，从法律属性上讲是村民之间关于产权确认的民事法律文件，对所有参与签字盖手印的村民产生法律上的约束，但如果发生农村产权确权效力争议案件时，并没有相关的法律文件或部门规定。(2) 农村集体经济组织成员资格认定及侵害集体经济组织成员行使民主权利的案件。如何确定集体经济组织成员资格和权利，之前我国还没有相应的法律、行政法规或司法解释做出明确规定。(3) 侵害农民土地承包及自主经营权的案件。现实中，有时集体经济组织收地替代农户流转土地承包经营权，此前《农村土地承包法》规定了集体经济组织不能擅自收回农民的土地承包经营权，虽然规定了不能侵害农户自主经营的权利，但是就如何解决现实中已经侵害的问题没有明确的法律解决方案。(4) 土地、林地、房屋等农村产权流转中侵害集体经济组织及农民利益的案件。(5) 涉及农村产权维护的公益诉讼案件。(6) 其他侵害农村产权的行为和案件。这使得农户可以更好地运用法律武器来维护自己的权益。

湖北恩施市沐抚办事处在日常的工作中逐渐摸索出“层级调处”和“法律援助”相结合的治理方案，“办法很土，效果很好”。一方面，村组干部（包括村民小组长）的“摆平术”仍能在一定范围内奏效；另一方面，“法治”已经占领了话语权的中心，事实上形成了基层司法的“双二元结构”。站在基层政府的角度，他们似乎“超然于外”，只需专心做好培育乡村积极分子和提供代价不高的法律服务公共产品，真正回归“服务型政府”的角色。这种基于乡村半熟人、半陌生人社会属性提出的“治理与法治并轨”的乡村治理方案，具有相当的合理性与实践价值，也有望提升为一种乡村基层治理的新模式。[①]

在城乡发展一体化的背景下，政府赋予农村更加完整的土地财产权，对于农村社会经济发展、社会稳定和保护农民权利的意义和价值不可估量。土地改革应当在法治的框架下进行，不能以改革为名，随意突破法律的强制性规定；如果现行的法律制度无法满足土地改革的要求，应当先修改法律；立法还应当尊重土地市场主体的选择，尊重社会自发的创新精神。[②]土地财产权是一种法律权利，农民土地财产权的确立，在国家与农民之间引入法律因素，有助于促进国家及乡村多主体治理行为和逻辑的转变。农地产权作为农民最重要的财产权利，是其进入现代社会最为重要的先天禀赋，真正受保护的财产权利将成为农民获取和保

① 朱政:《秩序重建与乡村治理的法治化——关于恩施市沐抚办事处基层社会治理创新调研的再思考》,《西安电子科技大学学报》(社会科学版),2015年第1期。

② 申惠文:《法学视角中的农村土地三权分离改革》,《中国土地科学》,2015年第3期。

障自身一系列合法公民权利的基础。[①]随着经济的不断发展，乡村也经历着从传统的熟人社会向陌生人社会、从村庄治理向社区治理的过渡和转型，这不仅是将村庄换成一个居委会或社区的名字，更重要的是实现外地人与本地人基本权利的无差别化，需要在更高层面上梳理制约自由迁徙、城乡一体发展的法律法规，消除一些地方主义的歧视性规定，使职业的非农化与身份的城市化基本保持同步。[②]这些都提供了乡村治理模式新的变革可能，由以行政权力主导的“官治”模式和引入多主体力量的“合作治理”模式，进而转变为以权利和契约关系主导的“法治”模式。

第四节　乡村治理中的自治

自治（self-government）是“指某个人或集体管理其自身事务，并且单独对其行为和命运负责的一种状态”。自治被认为是一种社会生活的价值目标。在国家状态之下，自治具有两重意义：就个人而言，它意味着自决和免受干预的自由状态；就一个共同体而言，它意味着一个地方、一个社区、一个村落和一个组织通过其代表决定共同体的经济、社会和政治事务，控制共同体的资源和社会政策的状态。[③]费孝通曾指出：村庄应是一个社区，其特征是农户聚集在一个紧凑的居住区内，与其他相似的单位隔

① 李宁、陈利根、孙佑海：《推动农地产权市场化改革需要考虑多重社会转型》，《江苏社会科学》，2015 年第 1 期。

② 韩俊、张要杰：《集体经济、公共服务与村庄治理——太仓市村级集体经济及其治理调查》，《中州学刊》，2008 年第 5 期。

③ 燕继荣：《国家治理及其改革》，北京：北京大学出版社，2015 年。

开相当一段距离，它是由各种形式的社会活动组成的群体，具有其特定的名称，而且是一个为人们所公认的事实上的社会单位。传统中国乡村社会的农民处在高度原子化的状态，宗法关系成为维系乡村秩序的基本力量。传统中国的政治权力只到县一级，在地方权力与乡村社会之间，有很大的权力真空，这一权力真空正是由地方绅士们所填补，形成了一个具有自治性质的“士绅社会”[①]。黄哲真认为，中国虽没有“自治”之名，却有着“自治”的雏形[②]。20世纪80年代以来，家庭联产承包责任制使乡村呈现出以一家一户经营为特点的、分散的小农经济和乡土中国的景象。虽然调动了农民从事农业生产的积极性，但也使乡村社会走向碎片化，传统的组织网络与行政控制手段失灵。在城乡二元结构没有根本改变的情况下，处于碎片化状态的乡村社会事业发展严重滞后，农民的基本权益也未得到有效的保障。加快乡村社会组织化、去碎片化进程，并在此基础上，逐步减轻乡村治理对于行政控制的依赖程度，实现乡村自治的现代复兴，成为乡村治理面对的新课题。

作为我国当前乡村治理的基本模式，乡政村治重在村治。[③]在文本制度上，村民自治是以确认和保护“村民个人权利”为前提的乡村治理制度，也是国家政权在乡村社会重建的一种方式，国家通过它实现了对乡村社会的有效治理和整合。实际上，虽然全能型的国家退出了，但党的村庄组织并未改变，在村民自治以

① 费正清:《费正清论中国》，台北：正中书局，1995年。

② 黄哲真:《地方自治纲要》，北京：中华书局有限公司，1935年。

③ 郑万军:《城镇化背景下乡村治理的四大困境》,《社会科学报》，2014年2月13日。

后党的基层组织得到进一步的加强，它在相当程度上发挥着国家政权的职能作用。[①] 村民自治不但没有削弱国家对乡村社会的治理能力，反而改善了农民与国家的关系，提升了国家在广大乡村民众中的权威以及国家对乡村社会有效整合的能力。国家通过村民自治这种形式，让农民自己组织起来，运用法律赋予他们的权利，与乡村的各种赢利型经纪进行合法抗争。总而言之，村民自治的推行，并非国家从乡村社会的退出，相反，是国家真正深入乡村社会的表现，实际上是一种国家政权在乡村社会重建的形式（荣敬本、崔之元等，1998）。由于它重新启用了乡村的民间资源，并实现了国家政权与乡村社会性质的对接和融合，无疑是国家对乡村社会整合成熟的标志。

村民自治是实现乡村有效治理的关键一环，必须真正贯彻村民自治的原则，尊重农民和村民自治组织的意愿，以村庄共识和认同为基础，健全村民自治机制，完善法律制度体系，形成充分调动村庄能动性和自主性的治理机制，充分发挥民主治理功能。以村民自治为载体的农村基层民主建设，是推动农村治理改革的主要动力，但这种机制的作用力量是国家建构中的权力向下渗透，相对缺乏来自基层村民认同。应当增强村民的民主意识和参与意识，并健全村庄管理制度与组织体制，为村民参与村庄治理

① 《中国共产党农村基层组织工作条例》第二条规定："乡镇党的委员会和村党支部（含总支、党委）是党在农村的基层组织，是党在农村全部工作和战斗力的基础，是乡镇、村各种组织和各项工作的领导核心。"在第九条中规定，村党支部的主要职责是"讨论决定本村经济建设和社会发展中的重要问题。领导和推进村级民主选举、民主决策、民主管理、民主监督，支持和保障村民依法开展自治活动。领导村民委员会、村集体经济组织和共青团、妇代会、民兵等群众组织，支持和保证这些组织依照国家法律法规及各自章程充分行使职权"。

提供制度途径，按照民主化的程序建立廉洁高效的乡村治理网络和结构。传统农民文化趋于保守，其原因在于长期以来经济和法律上的不平等权利和待遇，减弱了他们对各项经济和文化事务的参与度。村委会本应是村民自我管理、自我教育、自我服务的基层群众性自治组织，也是激发基层活力的主要载体，应当还村委会本来面目，纠正其行政化倾向，完善村民会议和村民代表会议制度，健全民主选举、决策、管理、监督的机制，使其成为名副其实的群众自治性组织。“村主任”只是农民自治组织的组织者和召集人，至于这个组织的公共事务，由这个组织的所有人投票解决或协商解决，任何公共事务决定不具有法律上的强制性。如果公共组织决定共同分摊公共设施费用，而其中有些村民没有执行，则不得对这些农民强制执行收费，更不能动用政权的力量迫使其缴费，一切违反这些原则的行为都是非法的。[①] 凡是涉及村民重大利益的事项，都必须经过全体村民及其代表会议讨论，并按多数人的意见做出决定。地方政府要加大选举的立法工作，制定可操作性强的实施细则，村庄内部要着重开展法律、法规的宣传教育，让村民熟悉自己享有的法律权利，推动村庄制定符合乡村特点的选举方法，规范选举程序，加强对村委会选举工作的培训，加强村民公民意识训练，培养他们的主体意识、自主意识和权利观念，使之产生政治参与的浓厚热情[②]。在此基础上，进一步强化政府的责任，规范国家与乡村的合作形式。

---

① 刘凤芹:《农民土地权利的保护与“三农”问题》,《经济社会体制比较》,2005年第1期。

② 刘明:《略论乡村治理中存在的问题及对策》,《福建政法管理干部学院学报》,2006年第12期。

健全村民自治机制的关键，是明确村党支部与村委会的具体职责和工作程序，使村党组织领导与村民自治协调起来，建立一套在党的领导下充满活力的村民自治机制。如成都市将公共产品资金交于村民议事会，议事会由村支部书记召集，也将强化支部对乡村的影响力。村级治理还应是群众参与、民主协商基础上的规范化管理，既保障大多数村民的利益，又可以规范村民的行为。农村实行产权制度改革，应当明晰集体经济组织成员对集体资产的占有权、利益分配权、民主决策和民主管理权，既保证集体资产的每一个所有者能有效行使其权利，又保持集体资产的完整性，避免集体资产的流失。村务公开和民主评议是民主监督的主要形式，应当事前决策公开、事中管理公开、事后结果公开，并做好公开的意见反馈工作，以提高集体资产管理的使用效率。要健全农村集体资产管理使用的监督制约机制，从源头上预防违法违纪问题，这也是新的治理结构的重要内容。

农村社会组织参与是乡村治理演进的必然逻辑。它是指由农村居民有计划组合起来的，执行一定的社会功能，追求特定社会目标的社会群体[①]，比如农业专业合作社、农业行业协会等组织，具有民间性、自治性、志愿性、专业性、服务性、公共性等基本特征。它立足于基层农村社区，适应改革开放以来农村经济社会转型的客观需求，主要服务群体是广大农民，有助于实现政府、市场、民众不同社会主体关系协调。在社会不断分化的现实形势下，农村社会组织作为不同利益治理主体关系协调的一种工具，可以将分散的农民联结起来，提升乡村社会的自治能力，实

① 肖桂云、张蓉:《农村社会学》，北京：中国审计出版社，2001年。

现多元治理良性格局。观察当代乡村社会政治结构，一个最根本性的变化就是由单一走向多元、封闭走向开放。实行市场经济，使乡村社会迅速形成了多种经济并存、共同发展的格局，集体经济、个体经济、合作经济以及其他的经济主体产生并发挥作用。其中，农村各类经济合作组织因其能够满足小农经济对抗大市场的风险而备受欢迎。通过培育、引导、扶持各类社会组织，将千千万万的农民纳入其中，以组织化的方式参与社会生活，表达自己的利益和诉求，维护自己的合法权益，这是一个受到农民欢迎，能够保持乡村秩序稳定的有效方法。[①] 在多元化治理结构调整过程中，需要在国家主体力量引导下的多元化机制共同作用。政府应当认识到社会组织机制参与所产生的社会效应，并利用这种作用机制与村民自治等其他制度工具相互配合，调节乡村社会关系和结构，实现乡村社会秩序的重建。在政府的引导、扶持与监督下，鼓励不同类型社会组织充分发展，形成政府、村民自治组织、社会组织等多元化组织形态相互协调作用的局面，提升乡村社会公共事务服务水平，最终形成社会自治的良性治理关系格局。[②]

随着我国城镇化的不断提速，农村人口持续流出，乡村社会结构发生深刻变化，农村人口空心化问题也日渐突出。农村迁出的主体是乡村青年劳力和知识精英，村庄中留守的主要是老人、妇女和儿童，往往无暇关注或没有能力参与和监督村庄公共事

① 王义:《浅析社会组织参与乡村治理的政治逻辑》,《云南行政学院学报》,2011 年第 3 期。

② 蔡斯敏:《乡村治理变迁下的农村社会组织》,《西北农林科技大学学报》(社会科学版),2012 年第 5 期。

务，致使村庄自治名存实亡。流动的农民仍属村治对象，人地分离导致村治权力难以达致治理对象，村治难以运作和发挥作用。留守的大量妇幼老弱病残人员，不仅无法承担起农业生产和乡村建设的重任，而且也实际虚化了村民自治。由于大量农村青壮年常年进城务工，很多农村地区不仅组织耕种收割等农业生产活动和农村基础设施建设困难，就连每年召开一次村民（代表）大会都成了问题。常年留守农村的妇幼老弱病残人员囿于身体、文化素质和年龄等原因，既无参与村集体活动的积极性，也无参与监督的可能。如此，村民自治既面临着主体虚化的现实，也面临着异化的危险。要深化户籍制度改革，形成一个公平开放的人口管理机制，重视流动人口的社会资本，促进流动农民的政治参与，鼓励农民精英参与村庄的治理。加强新型职业农民培育，提高农业生产力和务农收入的水平，吸引外出打工者回乡创业，不仅为村庄提供人才和资金基础，还可以有效缓解留守老人、妇女和儿童的帮扶难题。

为促进集体产权制度与市场经济的融合，应当给予城乡居民同等的待遇和平等的机会，把农民享受社会保障作为其应有的一项基本权利，把向农民提供社会保障作为国家和政府的一项基本责任。政府应树立城乡统筹的观念，从农村实际需要出发，在我国工业化和社会结构转型的进程中，全面推进农村社会保障体系建设，并逐步整合城乡社会保障体系。在城乡社会保障体系一体化实现之前，凡由政府提供的社会保障，其受益对象就应将农村居民包括在内，并在实施中加以注意。实现真正意义上的村民自治，一种堪与城市文明比拟的社区共同体式的社会自治，既可能是最具现代性的治理实践，但也可能是最难具现实性的理想模式。村民自治得到正式的政策和法律实行，也曾经取得积极的效果，但在政府主导的体制背景和发展模式下，特别是在市场化、城镇化和农业税费改革的冲击下，村民自治组织的治理能力不仅有所减弱，而且发生了较大异化，甚至很大程度上背离了自治组织的初衷，变成了基层政府的代理人，这窒息了它的生命力。但客观上讲，这段还在进行的弯路，也并没有延长传统乡村通向现代自治的路程。

第五节　乡村治理的分化与选择

由于历史、文化、资源条件的不同，乡村本来表现出多样性的风貌。但在计划时期整齐划一的步伐中，乡村也一度趋于同构，在一定区域范围还表现出同质化。随着市场经济、发展水平等多种因素的影响，原来同构的乡村逐渐分化出多种类型的村庄，形成了不同水平和多样模式下多类村庄并存和发展的格局。乡村社会的现实情况十分复杂，村庄治理模式的选择必须符合这样的现实，就是单个乡村通向现代化的路径可能是不同的，乡村发展不均衡等差异特征决定了治理模式选择的复杂性。如果试图以统一标准、路径设计治理结构，或者不顾客观现实选择建立理想路径，反而会水土不服。乡村治理模式的发展路径，应当结合村庄传统和实际，根据不同村庄发展阶段和不同治理模式的契合性，针对地区差异性做出理性选择，采取相适应的治理模式和发展道路，才能实现乡村的多样演进与有效治理。

在具体模式的选择上，应当明确至少在现阶段不存在单一的一种治理模式，而往往综合不同治理形式的内在逻辑，并以某种形式为主要的特征，而成为一种模式。如果说一个乡村治理的模式是自治的，那么可能只是意味着它的自治特征较其他地方更为鲜明、更为主要，但并不排斥它在自治之外运用了其他的治理形式，所以一种治理模式应当是多种治理形式的集合束。其次，在面向治理现代化的进程中也会细分出一定的阶段，某一阶段会有相对集中选择的治理形式，这构成了一定阶段的总体治理模式，也会出现在其中的主体治理形式，用以概括这个阶段的总体治理特征，而这种总体治理特征的演进有其规律可循，它体现了治理进步的内在逻辑和要求。也许有可能设计一种相对理想的治理形式来引领，但在实践上并不能在乡村总体上实现，总体上的演进需要一个自然的历史过程。例如，村民自治从提出到实践已经很长时期，但它在全面意义上的实践与一定程度上的异化，本身就是一个对曲折演化过程的最好注解。法治的提出如此，类似于合作这样的现代治理理念也是如此。从我国乡村治理的历史和实践看，一般而言是基于官治起点的，它以官家权力为主导和后盾，虽然在封建时代皇权不下县，但乡治的主体和规则仍然是需要官府认可的，也必然是与官府“合作”的，皇权也稳固地控制和影响着乡村各个方面，这样自给自足经济状态下的“自治”与现代意义上的自治本质不同。计划经济时期的乡村治理，虽然也是以政治权力或国家为主导和后盾，但与传统的专制意义上的“官治”已有根本不同，因为治理权力的主体是政府而非官府。随着市场化和现代治理理论的兴起，传统的全能政府、无限政府逐渐需要借助社会力量、市场力量，政治权力增加服务与协调的因素，这也是现代治理发展的自然逻辑。因为乡村自治的曲折与异化，仍然只能说是对自治原则的探索实践时期，目前大致处于从现代“官治”或是政治权力治理，向着现代意义上的合作治理发展的早期阶段。这个阶段政治权力依然是主导的，但有了多元主体的参与，民主机制和自治形式也起着一定作用。当政府的服务定位与权力行使转换得比较好的时候，真正的合作才能出现，也会进入一个多元主体力量比较均衡、合作与优势互补的时期。这样的均衡合作需要法治规则的完善与遵循，从而为平等与合作创造条件，或者说合作为法治的登台提出了需求，又引致新的治理变迁。什么时候可以实现真正意义上的现代自治？它一定是法治发展到极完善阶段才会出现，靠着政治权力与草根民主保障的传统自治所欠缺的正是这个。而乡村的现代自治，不仅在治理的成本也在治理的理念和绩效上都是最高的状态。由此可见，每种治理模式的发展阶段其实是由低级到高级、交叉演进的。

根据村庄治理与发展阶段相互作用关系的演进思路，如果按照村庄发展水平来做划分，一般可分为相对先进、中间和相对落后三种类型。对于相对先进的村庄，可以采取比较接近于自治的治理模式。这类村庄整体经济发展水平较高，内部利益结构分化和组织分化越来越充分，农民自治意识和素质不断提高，村庄自治组织也能够成为村庄治理的主体，相对独立地承担起村庄公共事务管理与决策的职责，逐渐发展成为在法律保障下的民主选举、民主治理以及民主决策。在这种治理模式下，村庄成为一种具有内生活力的组织体系，在该体系内各种组织不断进行互动、互补，政府通过法律和政策提供保障、监督和管理。对于中间村庄，可以逐步采取合作的村庄治理模式。政府对村庄进行间接和宽松的干预，由政府与地方及其他社团代表共同组成村庄治理机构，政府对村庄治理提供规划、指导和政策支持，一部分权力转移给村庄的社会组织，在资源投入上也以政府为主、社会组织为辅助，并开辟更多渠道的资源投入，逐渐形成以政府支持、激活自治为主的合作治理。对于相对落后的村庄，政府仍然要承担起村庄治理的主体责任，发挥政府在组织资源和社会力量上的优势，加大新农村建设的投入，同时激发村庄自身的能动性、创造力，在现实条件下缩小与先进村庄的差距，提高村庄发展和村庄治理的水平。

第九章　产权视角下乡村治理的现代演进

本章在前几章对农村产权制度变革分析的基础上，进一步解析产权视角下乡村治理的现代演进路径，这包括在二元结构条件下城乡治理的一体化，以及围绕乡村生态治理、乡村文化的共同体演化等现代性命题。

第一节　二元结构的理论及实践解释

与早期以生存和发展目标为主题的乡村治理有所不同，近年来乡村社会虽已出现乡村面貌、生活水平提高等积极景象，但也出现新的治理特征和治理困境。其根源不仅有来自治理体制的困境，更是乡村生态、文明与文化的危机，或称为“复合性危机”。[①] 围绕着经济的逻辑运转的乡村治理，从长远来看会不会造就一个没有精神内核的农村：金钱拜物教、经济利益至上、道义和价值观被冷落、社会规则失效？农村发展能否从经济的逻辑自然生成治理的逻辑？[②] 这种困境之所以发生，正与现代化进程中

---

① 肖唐镖:《近十年我国乡村治理的观察与反思》,《华中师范大学学报》(人文社会科学版), 2014 年第 6 期。

② 赵光勇:《经济嵌入与乡村治理——来自浙江农村的思考》,《浙江学刊》, 2014 年第 3 期。

一些普遍性因素相关，如与现代工业相比较低的农业生产率，现代工业对乡村环境和农产品品质的影响，现代城市文明对乡村人口的巨大拉力等等。在现代化进程中，不仅乡村经济制度和利益关系发生深刻变化，也出现了农民的精神观念、农村环境污染、人口迁徙等全方位的变化，这使得乡村治理呈现出现代性和后现代性交织的复杂特征。

西方学术界对二元结构转型较为系统的理论解释，主要有刘易斯的二元结构转换理论、拉尼斯—费景汉的二元经济转换模型和舒尔茨的二元经济转变理论等。刘易斯 1954 年发表论文《劳动力无限供给条件下的经济发展》，首次提出二元经济模型，直到 20 世纪 70 年代末，都被认为是解释劳动力剩余国家经济发展过程的一般理论。[①] 该理论假设在不变工资条件下的劳动力是可以无限供给的，并把国民经济分为农业和工业生产两个部门。在初期，工业部门以更高的生产效率和工资，不断吸引农业部门的剩余劳动力，而随着农业部门的剩余劳动力逐渐减少、生产效率不断提高，最终使工业部门和农业部门劳动生产率同时提高，工农业趋向于均衡发展，这个过程的完成是自然进行的。美国经济学教授费景汉和古斯塔夫·拉尼斯认为，由于农民的边际产品不断上升，会导致劳动力的流动相对于刘易斯理论提前终止，由此城乡二元结构转换不能自然完成，这时就需要利用工业利润对农业进行投资，以促进农业生产技术的改进和劳动生产率的提高。舒尔茨认为农民低收入的原因，在于低收入的路径依赖和缺乏高

① 李淼：《城乡二元经济结构理论与我国现实状况剖析》，《商业时代》，2010 年第 31 期。

收入的经济刺激，主张采用市场的方式对农民进行经济刺激，从而充分调动农民生产的积极性。舒尔茨也强调人力资本的作用，认为改造农业生产技术也是非常重要的，但相对忽视了工业化对于农业发展的积极带动作用①。

一般来说，城市和农村在聚居模式、产业结构上的二元结构是客观存在的。在现代化、城市化进程中，生产要素向城市聚集，在城市与农村、工商业与农业之间形成结构性的差异，这种城乡二元结构是一个发展阶段必然存在的非体制差异，并不能简单地通过政府政策就可以消解。但在我国还存在一种体制性的城乡二元结构。中华人民共和国成立之初，为迅速改变贫穷落后的农业国现状，借鉴苏联经验确定了优先发展工业的基本战略，并通过户籍制度和工农业产品价格“剪刀差”等为工业发展积累启动资本，于是城乡差距不断扩大，最终形成极具管制色彩的特殊二元结构。如果说农业税是“明税”，那么工农产品价格“剪刀差”隐蔽转移农业剩余则可以称为“暗税”，这是在制度安排下的非市场行为，破坏了农民与工商业者的等价交换和利益分配的平等原则，侵蚀了农民的部分收益。②在破解二元结构过程中，

① 刘乃星、关变娜:《城乡二元结构的形成特色、民生绩效及对策分析》,《十堰职业技术学院学报》, 2012 年第 6 期。

② 据估算，“1959 ～ 1984 年国家征购粮食共约 1.25 万亿公斤。统购与市场价格的差额约为 2500 亿元”。《农业投入》总课题组估计：1950 ～ 1978 年，政府通过剪刀差大约取得了 5100 亿元收入，同期农业税收 978 亿元，支农支出 1577 亿元，政府实际提取农业剩余净额 4500 亿元，农民平均每年的净负担 155 亿元。1979 ～ 1994 年，政府通过剪刀差取得了约 15000 亿元收入，同期农业税收 1755 亿元，支农支出 3769 亿元，政府提取农业净剩余 12986 亿元。农民平均每年的总负担 811 亿元，是改革前的 5.2 倍。参见刘凤芹:《模糊的土地收益权：租、税、费农民负担解析》,《农业经济问题》, 2004 年第 4 期。

我国提出了“两个趋向”、全面小康社会、新农村建设、统筹城乡综合改革等重大政策措施，更加注重农村的发展，解决好“三农”问题，坚决贯彻工业反哺农业、城市支持农村的方针，逐步改变城乡二元经济结构，逐步缩小城乡发展差距，实现城乡经济社会全面发展，实行以城带乡、以工促农、城乡互动和可持续发展。党的十八大以来，明确提出城乡发展一体化的一系列改革理念和政策措施，这标志着我国对新型城乡工农关系的认识和制度设计，逐步形成了比较清晰的发展路径。

过去三十多年来，市场经济体制的逐步建立促使我国经济发展取得了巨大的成就，但在计划经济与工业化体制下形成的城乡二元结构却未得到根本改善，甚至有深度固化的趋势。伴随着改革开放的进程，国家逐步调整了不少制约城乡协调发展的政策机制，但城乡分割并未发生根本性的扭转，一些根本性管制难退出，而市场化、城市化的自发机制，在一些方面还抵消了这种政策上的努力，二元结构转型依然存在突出的现实阻碍。[①]1978～2006年，我国农村绝对贫困人口数量减少了近2.3亿人，农村绝对贫困发生率由30%下降到2.3%[②]，但城乡之间在发展阶段、产业结构、要素价格水平等方面仍然存在巨大差距。

① 肖唐镖认为，乡村社会所反映出来的问题之所以较大规模发生，在很大程度上与宏观治理体制改革滞后有关。迄今为止，我国依然在城乡之间沿袭“工农产品价格剪刀差”“财政税收收支差”“金融资金存贷差”“土地征用出让价格差”等政策，继续维系着“城市偏向”的利益格局和“城乡分治、挖乡补城”的二元性格局。城乡居民在社会保障、劳动用工、教育和医疗保障等方面的二元格局并没大的改变。参见肖唐镖：《近十年我国乡村治理的观察与反思》，《华中师范大学学报》（人文社会科学版），2014年第6期。

② 郑坚：《我国改革开放以来农村贫困人口数量减少2.28亿》，2007年5月27日，http://politics.people.com.cn/GB/8198/84013/84040/5856539.html。

与此同时，资源配置、产权保护、公共服务等一系列市场经济最重要的制度安排，在城乡之间也是不均衡的。一是城乡居民收入和消费水平仍有较大差距。2013 年，我国城镇居民家庭人均可支配收入为 26955 元，同期农村居民家庭人均纯收入为 8896 元，二者差距为 3.03 倍，而 1978 年这一数字为 2.6 倍。[①]从城乡消费水平看，2013 年城镇居民人均消费水平为 1528.77 元，而农村居民人均消费水平为 460.10 元，城乡居民人均消费水平差距为 3.3 倍，农村人口消费品零售额在社会消费品零售总额中只占 13.3%。二是城乡社会发展水平差距明显。城市居民已经大部分享有养老、失业、医疗、工伤和生育保险，但农民还没有全部享受到这些待遇。城乡教育资源配置失衡，劳动力就业技能相对较差，阻碍了农业劳动生产率的提高，也制约了农民收入水平的增长。农村水、电、交通、通讯、金融服务设施建设明显滞后于城市，有时还需要农民出工出钱。三是农民工市民化“高门槛”。在现行户籍制度和社会管理方式下，不同程度地存在“城乡有别”，农民工仍被视为城镇的“过客”，在就业、医疗、迁移、福利、子女上学、社会保障等方面受到诸多限制。四是农村生产力“空洞化”。农村青壮年劳动力大量流出，剩余人口大多数是老人、妇女和儿童，不少土地粗耕、弃耕，房屋闲置，乡村变成养老院和托儿所。不仅人口，还有土地等资源单向流入城市，而农村教育、医疗、生产等资源配给能力严重不足。五是农村仍与市场化相隔绝。农村市场体系不

① 《2013 年中国城乡收入比 3.03：1 为 10 年来最低》，2014 年 1 月 20 日，http://www.dzwww.com/xinwen/xinwenzhuanti/2008/ggkf30zn/201401/t20140120_ 9331305.htm。

健全，许多基础性市场设施止于城市，劳动力、土地不能流动[1]，城乡交易不平等、不自主，价格水平差距甚大。由于社会保障体系不完善，农村土地仍然承担就业和保障功能，不仅难流转，流转方式也不够规范，其资本属性难以实现。农村仍然是某种意义上的“市外桃源”。即使在城镇近郊的村落，也出现了“一种极其特殊的中国式边缘化现象”。[2]二元结构不仅造成了巨大的城乡差距，而且低成本的要素投入驱动型增长，也是与二元结构紧密相关、相互强化的。如果二元结构不转变，我国经济以城市为中心的非均衡增长，很难从根本上转向城乡一体的均衡增长，以质量和效益为中心的创新驱动型增长方式也很难确立。从国际经验来看，这将成为制约着我国现代化进程的总根源。

当前，城乡一体化发展是中国乡村治理的重大社会背景。城乡的巨大差异使得城市和乡村的治理也差异巨大，城乡发展一体化的提出与实施使农村生产结构和社会关系发生新的重大变化。在传统农村社会，农民以土地作为谋生的手段，农村保持几近静止不变的超稳定社会结构，以及基层政权为主导的单一组织体

---

① 周其仁指出，有限的土地在庞大的人口中不断细分，1949 年之后增长的好几亿农民全部禁锢在土地上，这实际上是农村贫困的根源。农民被束缚在一个具体的框框里不能流动，也就跟工业化、城市化和现代文明没关系。几亿农民流动起来的土地制度，终究会不同于城乡隔绝时代的土地制度，这是很确定的。参见周其仁：《土地改革的诱饵与根子》,《南方周末》，2013 年 10 月 24 日。

② 卢福营指出，这种边缘化是一种由两栖性、边沿性相叠加而构成的复合型边缘化，各城镇化要素非均衡、非同步发展而导致的结构性边缘化，特殊政府城镇化行动而造成的建构性边缘化，表现在空间格局上的城乡因子交错叠合、社会结构上的边缘要素复杂组合、治理体制上的基层治理多元混合。参见卢福营:《城镇化过程中近郊村落的边缘化》,《浙江社会科学》，2015 年第 9 期。

系。在市场化与二元结构叠加的时期，乡村的生产和生活从封闭稳定逐步走向开放，经济结构从以农为本快速变为混业经营，乡村人口向城市加快流动，农民收入差距逐步扩大，思维方式和价值观念受到冲击，村落宗族组织逐渐式微，企业、私营经济以及农民专业协会和专业合作组织等快速发展，使传统乡村社会的阶层结构、社会结构、组织结构发生深刻变化。面对巨大的城乡鸿沟和分治痼疾，城乡一体化的乡村治理究竟应采取何种路径？应当明确，城乡一体化并不是要将城市治理的方式和制度生搬进农村社会，也不是继续沿着分治思路，以为给予乡村某种“优待”便可，那样会混淆建设与治理的区别，也不能仅从稳固国家政权的角度看待和认识新农村建设。正如钱穆所言，人类断断不能没有文化、没有都市，没有大群集合的种种活动，但人类更不能没有的却是自然、乡村、孤独与安定。人类最理想的生命，是从大自然中创造文化，从乡村里建设都市，从孤独中集成大群，从安定中寻出活动。[①] 在城市化的后半程，我们应当遵循人类社会的发展规律，赋予乡村治理全新的含义，促进乡村治理的现代演化与转型。如果以城市的治理方式来改造乡村治理，不仅不会使乡村治理朝着良好的方向发展，反而会进一步增加乡村治理成本，同时把城市也推入风险之中。如果只是沿着城市扶持乡村的路子，则仍有可能推高城市、加剧城乡差距，还会丧失乡村治理同步现代化的绝佳机遇。在城乡一体化背景下，乡村治理不应以城市治理模式与标准来强制、改良和异化，乡村社会应有自身独特的治理模式与价值选择，应将农民当作理性的决策者、行动者来

① 钱穆:《湖上闲思录》，北京：生活·读书·新知三联书店，2000 年。

看待[①]，而更深刻的意义在于，通过国家整合从根本上改变农村状况，在业已分化的城乡差别基础上，重新构造城市与乡村的有机联系和统一性。乡村治理也不应只注重乡村本身的发展，还要注意到与城市的协调和共同发展，但“三农”问题沉重、制度变革缠绕并非朝夕可解。事实上，一方面诸多制度障碍、现实环境还阻碍着农民进城的步伐，减弱农民进城的意愿；另一方面，许多农村进城务工人员考虑到自己有承包地、宅基地以及集体收益分配权，也不愿到城市成为市民。[②]随着市场化改革进程加深，城市户籍中高含金量的福利逐步剥离，除教育等少数几项户籍福利的差异外，当前城市和农村户籍上的福利含金量“相差无几”，甚至可以说，因为农村户籍中还有承包地的承包经营权、宅基地使用权和农村住宅三项权利，使农村户籍的含金量高于城市户籍，尤其是在发达的沿海地区和大中城市郊区农村，[③]这也提出了双向度的城市化与城乡一体化要求。可以预知的是，未来新一轮的土地制度改革，“在现阶段虽然具有继续增益的空间，但是在仍然存在的城乡二元土地制度—利益的互构与纠结下，也仍难

① 罗光华：《城乡治理体系的现代化与乡村治理能力塑造》，《当代世界与社会主义》，2014 年第 1 期。

② 在农民工不愿落户城市的原因中，43.6% 的受访者认为城市生活成本高，38.5% 的受访者认为农村和城镇户口差别不大，37.8% 的受访者想保留家中土地承包权，为自己留一条后路，33.7% 的受访者觉得农村土地有较大增值潜力。调查中，当问及“您是否希望在城镇落户”时，大部分农民工表现平淡，41.5% 的人表示希望在城镇落户，20.7% 的人明确表示不希望落户城镇，37.8% 的人表示暂时没有考虑过要在城镇落户。参见《城市难留 66.1% 农民工希望到年龄就回乡》，《中国青年报》，2016 年 4 月 26 日，http://www.cankaoxiaoxi.com/roll10/20160426/1140571.shtml。

③ 覃爱玲：《人地分离，农民出路何在？——访华中科技大学中国乡村治理研究中心主任贺雪峰》，《南风窗》，2014 年第 2 期。

彻底避免各利益主体间的利益与行为抵牾，因此，要真正有效解决国家与农民、中央与地方的利益平衡，还有许多问题需要研究。”①

第二节　城乡一体的乡村治理路径

马克思主义认为，制度的主要内涵是生产关系，即社会生产中人与人之间关系的具体形式。制度的整个结构，依赖于生产力发展程度所决定的生产关系的状态。生产关系在任何社会都首先表现为利益关系，制度的实质不在于对人们行为的规范，而在于对人们利益的确认和维护，这是城乡关系协调的关键。② 在发展生产力的同时，要重视生产关系的调整和变革。城乡发展一体化，其实质是要通过制度变革，调整当前发展上不利于城乡一体、共同发展的生产关系，从而促进农村和整个社会生产力的进一步发展。在城乡关系中，城市要以农村发展为依托，但又排斥其在利益上与之平等，城乡居民在利益上也不能处于平等地位。劳动力虽然在潮汐式流动，但农民和市民固化为两个不同阶层的局面没有实质性突破。二元结构在为经济增长提供廉价农村劳动力的同时，却在相当大程度上忽视了农民权利的实现，农民工进城也无法得到应有的对待，城乡权益的不平等十分明显。这说明，城乡之间还没有形成一体化发展的整体性机制，城乡要素市

① 吴毅、陈颀：《农地制度变革的路径、空间与界限——“赋权—限权”下行动互构的视角》，《社会学研究》，2015 年第 5 期。

② 刘生、马书琴：《我国城乡二元结构转型的伦理路径探析》，《学术交流》，2011 年第 2 期。

场不统一，公民权和财产权不平等等制度分割现象依然存在。[①] 而其中土地产权制度、户籍制度、社会保障制度、市场交易制度等基础性制度的变革尤为关键。

案例 9-1：浙江城乡一体化改革实践的样本调查 [②]

浙江省通过深化农村产权制度改革、城乡公共服务及基础设施一体化等措施，逐步打破城乡二元结构桎梏，同一县域内“同命不同偿”“同龄不同保”“同地不同价”等制度设计正在被改变。2015 年 9 月 8 日，浙北德清县洛舍镇砂村村一宗面积 20 亩的土地使用权成功入市交易。这块地原来是工矿用地，2013 年闭矿后一直闲置荒废，拍卖 1150 万，砂村可得的 782 万量化到村集体经济的每一股里，村民每股价格从之前的 5500 元涨到现在近 8000 元。如果是改革前的征用、划拨，一亩价格 4.5 万，现在拍卖每亩 57.5 万，每亩地增值 10 倍以上。这笔钱将用于理财投资，壮大集体资产，等股权稳定后村民就可以拿到分红。“入市改革”方向是让市场优化配置资源要素，通过建立城乡统一的建设用地市场，把原来乡镇企业遗留下来的或者部分闲置用地盘活，实现集体和国有土地同等入市、同权同价，达到城乡统一标

① 周其仁分析指出，改革第一步要抽出国家对集体土地左一道右一道的控制，比如农房农地不准自由卖给城里人。《物权法》里说按照现有法律办，可是现有法律里并没有明确的规定。2007 年发布的《国务院办公厅关于严格执行有关农村集体建设用地法律和政策的通知》中倒是明确了，城镇居民不得到农村购买宅基地、农民住宅或“小产权房”。但作为公民基本权利的财产权，应该由法律来规定，而不是任何一级政府部门的政策通知。参见周其仁:《土地改革的诱饵与根子》,《南方周末》, 2013 年 10 月 24 日。

② 沈锡权、陈晓波、黄筱:《生产要素难下乡 城乡统筹遇制度“红线区”——浙江城乡一体化改革样本调查》,《经济参考报》, 2015 年 10 月 22 日。

准。近年来，浙江省加大公共财政对“三农”的投入，建立健全农村公共服务制度，基本结束了公共服务、社会福利种类“城多乡少”的局面，社会福利城乡同等渐成现实。目前，浙江已率先在全国实现免费义务教育制度和初高中毕业生接受半年到一年的免费培训政策，2015年基础教育普及率98.4%，率先建立覆盖城乡的最低生活保障制度，率先建立被征地农民基本生活保障制度，全省全部实行了农村新型合作医疗，率先实行农村“五保”和城镇“三无”人员集中供养。在户籍制度改革试点的德清县，种种不合理正在被改革纠正。2012年5月，该县城乡人口统一登记为“浙江居民户口”，与户籍挂钩的32项居民实际待遇差异逐步实现了城乡均等。2015年浙江公办乡镇卫生院标准化建设达标率98%，在医疗急救等方面基本形成了农村30分钟公共服务圈。浙江实践也仍然面临一些制度障碍，突出表现在要素下乡之路不畅通，涉及农村物权、产权的要素流通在多数地方依然是“红线区”，农村人才、资金、信息、技术的缺乏依然没有得到根本上改变，彻底改变农村落后、凋敝的面貌，还需改革推动。

马克思认为，城乡对立虽然客观存在，但也是可以消除的。党的十八届三中全会提出，必须健全体制机制，形成以工促农、以城带乡、工农互惠、城乡一体的新型工农城乡关系，让广大农民平等参与现代化进程、共同分享现代化成果。要加快构建新型农业经营体系，赋予农民更多财产权利，推进城乡要素平等交换和公共资源均衡配置，完善城镇化健康发展体制，这对于实现城乡二元结构转型具有重要指导意义。从我国二元结构形成的历史轨迹来看，不仅有生产力发展水平的局限，也有基于政府管制形成的制度壁垒。二元结构转型，是要在市场化、城镇化、工业化和农业现代化发展进程中，实现集新型的经济增长方式、均衡的城乡公共服务、优秀的政府治理等特征为一体的现代经济社会结构。从现代化的一般规律来看，现代经济社会结构应当包括人口和城市合理分布、大中小城市协调发展的空间格局，以及重视知识和技术创新，不仅有着现代农业生产方式和经营体系，而且拥有以现代服务业和先进制造业为主体的产业结构，以及公共服务均等化的社会体制格局。这就决定了我国二元结构转型的过程，既是生产力提高的过程，同时也是生产关系调整的制度变迁过程。如果把城镇化只看作是一场投资和建设的运动，就必然会在传统发展方式的老路上越走越远。在市场化条件下，制度变迁是一种交易过程，变迁的成本和收益决定着变迁是否发生以及如何发生。因此，要统筹推进城乡生产方式变革，促进市场智慧和政治智慧的互动。首先要破除计划和管制思维的强大惯性，让市场得以发挥决定性作用，这需要界定市场机制与政府机制的行为边界，促进经济制度与政治制度的相互适应，实现均衡发展的制度协调。另一方面，如果单纯依靠市场自发的诱致性变迁作用，在失衡的制度条件下还会扩大城乡差距，因为资源总是向着利润最大化的方向配置。在我国，要注重合理发挥政府主导的强制性变迁作用，使两种变迁作用结合起来，才会实现有利于均衡发展的现代转型。

在城镇化进程中消解二元结构，要运用好市场化改革和城乡统筹的既有成果，同时要坚定不移地深化市场改革，统筹公民权与财产权相结合的制度建设，拆除城乡之间户籍、土地等制度樊篱，才能促进城乡要素自由流动和平等交换，以及公共资源的城乡均衡配置。由于城乡之间大规模的要素交易及人口流动不可避免，必须对城乡产权交易制度进行系统设计，否则会造成交易费用极大的城镇化。这与发达国家和地区的城镇化不同，它们是在产权比较明晰的情况下进行的。如韩国通过 1947 ～ 1952 年间的土地改革，确立了严格的土地所有权关系，后来随着城市化的推进和农村土地的增值，自然带动了农民财产的上升。同时，一个人所拥有的物质资本、人力资本和社会资本的多少，将决定其在社会收入分配结构中的地位。财产权是提升农村居民收入地位、缩小城乡差距的基础，但这种财产权利和公民权利也是相互依赖的。前提最容易被忽略。因此，亟须从统筹城乡制度建设的视角解析二元结构难题，立足于实现城乡财产权的均衡设计，赋予农民更多财产权利，为逐步实现城乡一体化创造条件。这需要统筹推进城乡基础性制度建设，包括构建城乡均衡的财产权制度、城乡平等交换的市场交易制度等基础性制度安排，以及正式制度与非正式制度的结合等等。在现代国家体制下，依托有效的财产权制度，应当建立新型的国家—集体—农民关系，生发乡村社会和民间的监督与自治，包括道德、法治、信仰、价值与集体意识重建等，形成乡村既有民主自治又有政府责任关怀，既有主体利益边界又能够平衡协调的新乡村治理机制。财产权的实现是通过社会的强制而实现的选择权利，有赖于政府的力量、日常社会行动以及社会伦理和道德规范。政府不仅应当重视正式制度建设，而且应当强调价值信念、伦理规范、道德观念、风俗习惯、意识形态等非正式制度建设，这对于市场经济的完善也是十分重要的。

在城镇化过程中，以土地换资本将是农村权益最大化的一种实现方式。实现城乡统筹的一种公平的构想，是以土地换资本，因为资本大多集中在城市，城镇化需要更多的土地；而土地大多集中在农村，农村现代化需要更多的资本，以各自的优势资源进行市场化的交换，解决彼此的急需，才具有公平合理的意义。城市化可能会采取不同的路径，但资本在城乡之间的均衡分布，将增强农村经济的活力，带动和加快城市化的进程。农民有了资产，并不会阻碍农民向城市转移，反而有利于减少农民以缓解人地矛盾。实际上，庞大的农村人口不可能人为地或行政化地减少或转移，靠城乡二元分割的户籍和土地政策限制，不仅不公正也是行不通的。农民在生活空间上转移到城市，在身份上转变为市民，必须通过一定的内在利益驱动。工业化、城镇化和市场化在短期内不会改变农村集体产权存在的依据，相反还增强了农民与土地的依附关系，使农民真正离开农村集体土地的成本很高。进城的农民变成农民工，其身份并未改变，也不能获得市民待遇，大多数转移出去的农民难以融入城市，仍然在农村的集体产权与城市的非农收益之间徘徊，并不能达到真正减少农民的目的，农村的人地矛盾和土地细分依然存在。目前采取的农民进城务工制度，以及缺乏公平性的土地征收征用制度，并没有达到减少农民的目的，也难以促进城乡经济长期稳定地发展。因此，统筹推进城乡资本均衡分布的一个可行构想是以土地换资本，而非以农民特定的土地权利换取本应共享的社会保障，甚至已无多少实际福利含量的城市户籍本。农民通过土地交换获得资产，本身就是转换身份和生活空间的最直接的可能性，将会大大加快减少和转移农民的进程。

西方发达国家的工业化和现代化过程，无不伴随着土地、劳动力、资本等要素的自由流动。从我国实践来看，要素市场化程度低，已经严重制约了城乡二元结构转型进程。城镇化，一方面是城镇不断扩展的过程，另一方面就是农村土地，尤其是城镇郊区土地不断通过征收征用转变为城市土地的过程。虽然农地产权的权益边界还不是很清晰，但市场化毕竟为农地交易提供了平台和可能性。在市场经济体制下，土地要素配置、土地资产经营实质上是土地权利的契约化交换，必须建立在产权清晰和完整的基础上。前者可以通过“确权颁证”，后者应当赋予农民集体土地资源的交易权，只有具有交易权，才会发生市场交换、形成价格，土地资源配置也才能够通过流动实现优化。如果广大农村土地缺乏交易权，市场价格将无从形成，市场机制的作用也就难以发挥。因此，应当统筹推进城乡土地产权的平等交换，实行市场化治理机制。这需要坚持城乡二元土地所有制，改变目前农村产权与城市产权的失衡现状，遏制土地要素从农村到城市、土地权益从农民集体到国家的大规模单向流动，实现城乡土地产权的均衡和权益平等。在进一步的市场化改革中，政府应该打破现有体制对农村集体产权的诸多限制，明晰农地产权主体及其权利，构建农村土地产权制度的总体框架和完整的物权规范，使法律名义上赋予农民集体及其成员的产权实在化、完整化，使土地本身的要素属性和资产属性凸显出来，促进土地要素的自由流转和市场化治理，确保农民能利用自己的土地资源，自主完成从农民到市民之间的资本积累。这样，既能降低政府治理和市场交易成本，也更能促进城镇化进程。

在城镇化对土地资源重新配置过程中，市场本应是最基本的手段。目前土地市场中存在各种问题的根本原因是市场配置的范围过窄，其作用远未发挥出来。实现农地产权的合理流转，关键在于如何完善市场制度，建立和规范市场配置程序，扩大市场配置范围，以恢复农地的市场交易及其契约关系的市场化治理特征。适应经济社会发展要求，应当以明晰完整的土地权利体系为基础，按照市场公平交易原则沟通土地供给和需求，以土地产权转移和交易取代原来的征地补偿机制。应当坚持市场化改革方向，以市价交换原则替代行政补偿原则，让农民和农民集体实在分享城镇化过程中土地增值部分的收益，促进社会公平和效率。一方面，探索企业、政府和农民（或农民集体）共同参与的土地交易市场机制，这是土地交易制度改革的重点；另一方面，建立政府只作为土地市场交易规则的制定者和监督者的土地要素市场交易模式势在必行。政府职能应定位于提供公共服务、维护公平的市场环境、完善订立契约的外部条件，如制定土地交易规范、完善农村社会保障、培育市场中介组织等。

在新一轮城镇化背景下，城乡之间必然发生人口、土地、资本等要素的大规模流动和交换，这正是化解城乡二元结构的重要契机。但如果沿袭过去城乡分立的传统管制思维和土地财政的单向统筹思维，不仅难以消解城乡二元结构，甚至难以克服像农民工这样的城乡夹层问题，使之演变为更为复杂的“三元”结构。因此，以新的理念深化统筹城乡综合改革实验，缩小城乡差距，消解二元结构，促进城乡经济共同繁荣，将成为国家治理视野下乡村治理的重要路径，也将为转变经济发展方式、全面建成小康社会奠定决定性的基础。这一历史进程的实质内容，绝非简单引导农村人口、土地和其他资源单向进入城市，非将城市的现代文明成果和治理机制单方面复制和移植到农村，更重要的是最终实现整个制度的市场化变迁与均衡构建。只有把工业与农村、城市与乡村、城镇居民与农民作为一个整体统筹规划、综合考虑，才能真正解决好乡村治理问题[①]，也只有这样才能促进城乡经济协调发展，实现最优的农地产权结构，形成工业化、城市化进程与农村产权制度两者之间的良性互动，逐渐消除城乡分割的制度与社会藩篱。

第三节　乡村生态环境治理

城乡一体化的真正目标，是让所有的公民，无论是来自城市或乡村，都可以既享受到城市所带来的机遇、财富和种种现代化的便利，也可以享受到乡村所提供的恬静、优美的田园风光。从19世纪开始，这种对田园风光的热爱逐渐超出上层社会的狭小圈子，不断向下扩散，从中产阶级一直到工人阶级，最后乡村及其景观被公认为整个民族的共同财富。[②]在日本，政府认为农业是一种国防产业，为社会提供粮食安全；农业是一种文化产业，为社会保持传统文化；农业更是一种环境产业，它为社会提供绿色生态环境。2001年日本的最高学术机构“日本学术会议”所阐述的农业功能包括:（1）粮食安全的保证功能;（2）生态环境的维护功能;（3）社会和文化的功能。因此，日本新农业基本法

① 李正华:《新中国乡村治理的经验与启示》,《当代中国史研究》，2011年第1期。

② 任有权:《文化视角下的英国城乡关系》,《南京大学学报》（哲学·人文科学·社会科学），2015年第6期。

强调要重点发展生态农业、观光农业和休闲农业，以体现农业的更多社会功能，这意味着农业将得到政府和社会更多的保护和扶持。[①]

表 9-1 “日本学术会议”所阐述的农业功能

<table>
<tr><td rowspan="9">农业功能</td><td colspan="4">1. 稳定的粮食供应使国民对未来安心</td></tr>
<tr><td rowspan="4">2. 通过对农地的利用完成物质的循环，对环境有好处</td><td rowspan="2">（1）完成物质循环系统</td><td>通过控制水循环对地区社会做贡献</td><td>防洪
防泥石流
防水土流失
保持地下水</td></tr>
<tr><td>减缓环境负担</td><td>净化水质
分解有机物
调节气候
防止资源过度积累和消耗</td></tr>
<tr><td rowspan="2">（2）二次（人工）性自然的形成与维护</td><td>保护新生态系统的生物多样性</td><td>保护生态系统
保护遗传资源
保护野生动物</td></tr>
<tr><td>土地空间的保全</td><td>优质土地的动态保护
提供绿色空间
保护日本原始风景
形成人工景观</td></tr>
<tr><td rowspan="4">3. 生活生产空间一体化和地区社会的形成与维护</td><td rowspan="2">（1）地区社会文化的形成和维护</td><td colspan="2">地区社会的振兴</td></tr>
<tr><td colspan="2">传统文化的保存</td></tr>
<tr><td rowspan="2">（2）都市性紧张的缓和</td><td colspan="2">人性的恢复</td></tr>
<tr><td colspan="2">体验性学习和教育</td></tr>
</table>

生态文明不仅是现代文明的重要方面，而且乡村之所以为乡村，生态是其价值的首要所在，也是现代乡村不可泯灭的基本特

① 周维宏：《现代日本乡村治理及其借鉴》，《国家治理周刊》，2014 年第 4 期。

征。除城市化外，另一个对乡村景观的破坏性因素也日益显现，它来自于乡村内部，特别是现代农业的迅速发展。在 20 世纪 80 年代以前，传统观点认为农业与自然是相辅相生的，农业活动是营造乡村景观的一个不可缺少的力量。但此后，人们注意到了现代农业的一些负面作用，特别是对乡村生态和景观的影响。农业活动造成乡村的动植物种类减少，一些自然栖息地遭到破坏，现代农业活动还减少了乡村风景的多样性，为提高产量和效率却导致了单调和乏味。1949 年，英国通过《国家公园和共享乡村法》，1986 年推出“环境敏感区计划”，将保护乡村景观纳入政策范围。为了维持某种景观特征，政府会给予农民相应的资金补助和奖励。很多实践活动也加入到保护乡村中来，如 1926 年成立的“英国乡村保护运动”等。[①] 在我国新农村建设中，如何避免新农村建设复制城市模式，农村形态更易被城市形态取代？如何保持乡村独特的存在价值？成都市在新村建设实验中，探索出“小规模、组团式、生态化、微田园”的新模式。这种模式虽然并不以农地产权改革本身为重点，但在遵循既有产权制度框架和改革经验的情况下，发挥政府应有的引导推动和资源整合作用，进一步延伸了乡村治理的成果。

案例 9-2：“小组生微”新村建设模式[②]

近年来，成都市按照体现田园风貌、体现新村风格、体

---

① 任有权：《文化视角下的英国城乡关系》，《南京大学学报》（哲学·人文科学·社会科学），2015 年第 6 期。

② 根据有关报道资料编写。参见《小组生微 成都幸福美丽新村建设实践》，2015 年 6 月 10 日，http://cd.wenming.cn/wmbb/201506/t20150610_1775666.shtml。《成都“小组生微”新农村建设受到中农办肯定》，2015 年 5 月 27 日，http://cd.wenming.cn/wmbb/201505/t20150527_1748364.shtml。

现现代生活和方便农民生产的精神，制定出台新村建设指导意见和规划技术导则，积极推进“小规模、组团式、生态化、微田园”幸福美丽新村建设。（1）小规模聚居。按照宜聚则聚、宜散则散和尊重农民意愿、方便农民生产生活的原则，合理控制建设规模，新村规模一般10至300户；内部每个小组团20至30户，一般不超过50户。（2）组团式布局。充分利用林盘、水系、山林及农田，形成自然有机的组团布局形态。新村既适当组合集中，又各自相对独立。每个新村均建有不低于400㎡标准化公共服务中心。（3）生态化建设。正确处理山、水、田、林、路与民居的关系，规划出前庭后院，形成“小菜园”“小果园”，保持“房前屋后、瓜果梨桃、鸟语花香”的田园风光和农村风貌。目前，全市已建成幸福美丽新村839个，占行政村的36%；“小组生微”新村启动建设109个、建成54个。

如前所述，乡村生态环境在一定意义上是社会财富或公共品，也是现代农业应有的内在功能，而生态环境与实际经济利益相比，在农民眼中也远非想象中那么无足轻重。[①] 从这个角度去看，乡村是需要生态补偿的，乡村为整个社会的现代与后现代提供了重要的价值元素。因此，如果生态环境不能与农民利益的增

① 环保部于2011年5月底公布的2010年《中国环境状况公报》表明，对周边的环境状况，只有不到6成的农村受访者评价为“满意”或“比较满意”。从长远来看，农民群众对其居住地周围环境破坏和环境污染产生的不满情绪，极有可能成为未来农村冲突爆发的一大隐患。参见晏国政、王圣志、李兴文等:《媒体称土地问题已成农村冲突最主要原因之一》，2011年10月30日，http://news.163.com/11/1030/11/7HK2EO2100014JB6_5.html。

进结合起来，就很难持续。成都市在新乡村建设中把生态环境治理融入发展理念中，突出新村建设与产业布局相融合、方便生产与方便生活相结合，在设计、布局之初就统筹兼顾农民的生产生活半径，一般选择村民小组中心点位或村民小组交界点位的院落布局聚居组团，构建起新村带产业、产业促新村的格局。在这种模式下，新村不仅仅是农民居所的集中，而应是推进农村组织、产业、空间、文化的整合，旨在重塑一个有机联系的现代乡村生态系统。

案例 9-3：青杠树村的环境与产业融合发展[①]

位于郫县三道堰镇青杠树村的“香草湖生态湿地”迎来了不少划船、骑自行车的游客，三三两两的游客走进农家小院，坐在木制的方桌条凳，就着粗朴的碗筷杯碟，品尝一顿农家风味。“新村建设之初就将旅游业作为产业主攻方向，所以整个村就被作为一个景区来规划，按照4A景区标准打造。新居住区建筑风格保留着传统川西民居轻盈精巧的建筑造型、朴素淡雅的建筑色彩，原有的高大乔木全部得以保留。”村民说，这个湿地原来是大家都不愿意种植的一片低槽田，通过引水进田、搭桥造景、种植水生植物，形成了一个漂亮的生态湿地公园。现在，村里已经成功组建了粮经专业合作社，启动800亩优质粮油和有机蔬菜基地建设，在田间、沟边、河畔修建原生态的慢行通道，强化农业的观光功能，成功实现了一三产业融合发展。

---

① 根据有关报道资料编写。参见《小组生微 成都幸福美丽新村建设实践》，2015年6月10日，http://cd.wenming.cn/wmbb/201506/t20150610_1775666.shtml。

在类似于成都这样大城市带大农村的特大中心城市，新村建设极易受城市建设影响，一旦农村形态消失，农村文化将失去载体，传统耕读文明就会失去根基。在城乡一体化进程中如何保留乡土味？从实践看，单个村庄力量有限，而村庄环境及相应的风貌仍具有较强的外部性，靠单家单户的村民是不能完成的，还有赖于政府的宏观规划与保护行为，以及乡村基层组织的公共利益认知和积极作为。在成都的实践中，始终把新村建设与发挥基层组织的作用、构建一个更有效的治理结构结合起来，村党组织引导村民自治建设、自主规划，村民们一户一票选出村民代表组成自治小组，新村怎么建、房前屋后栽什么树、房子怎么分，都由自治小组引导村民共商共建。

案例 9-4：余花龙门子的现代化与乡土味①

崇州市桤泉镇余花龙门子的余家大院古色古香，青石板小径蜿蜒，将一座座错落排列、青瓦白墙、穿斗结构的川西民居小院连接。这个自然村落初建于光绪年间，有一百多年的历史。既要消弭城乡差距，又要故园依旧，怎么办？“我们按照‘修旧如旧、不大拆大建、不毁林’的原则，对道路、排水排污、公共活动场所及建筑风貌实施改造并配套公共设施，推动自然聚居点的现代化。”群安村支部书记说，余花龙门子在改造过程中保留了所有的树木、竹林、古井、老屋，并通过打造使它们成为对游客具备吸引力的魅力元素。不挖山、不填塘、不毁林、不改变道路渠系肌理；实现

① 根据有关报道资料编写。参见《小组生微 成都幸福美丽新村建设实践》，2015年6月10日，http://cd.wenming.cn/wmbb/201506/t20150610_1775666.shtml。

“背山、面水、进林盘”；让群众家有小庭院、户有小菜园；以传统院落改造和保护传承乡风民俗为重点，植入现代设施和公共服务……保留“乡土味”，已成为成都平原上新村建设的共识。

当前，我国已初步构建起乡村生态与环境的治理体系，但环境治理形势依然严峻。农村公共卫生设施建设滞后，面源污染日趋严重，造成地力下降、水体污染、耕地污染、持久性有机物污染等，不仅导致农产品品质下降，并通过食物链带来危害。与农村散居和家庭承包生产为主的生活生产方式相联系，环境污染的防治和技术推广存在相当难度。农村环保法律法规和制度严重不足，一些重要环境领域如农村畜禽养殖污染、面源污染、土壤污染等，还缺乏必要的法规依据。在城乡二元体制下农村环境治理体系滞后，适用性不强，社会参与也很少。农村和城市生态环境特点不同，治理诉求和治理体系也不同。随着我国全面进入“以工促农、以城带乡”的发展阶段，城乡环境公平成为生态文明建设的重要内容，农村环境综合整治也成为社会主义新农村建设的重要日程。

农村生态环境同样具有典型的公共物品属性，具有使用和收益上的非竞争性和非排他性，其实质是生态环境缺乏明确的产权主体，引发过度使用带来的生态环境破坏。在市场经济条件下，生态环境也可看作一种稀缺性资源，但又未能被当作生产要素解决产权配置问题，其价格和价值不能通过市场正确显现，无疑会通过转嫁方式增加社会成本。农村生态环境产权主要包括农村自然资源产权和农村环境资源产权，由于农村生态环境产权界定不清，生态环境负外部性的社会成本不能在私人成本中得到有效反映，而是转嫁给所有环境辐射躯体，导致价格不能正确反映其社会边际成本收益，从而会产生市场失灵。而政府作为农村生态环境的主要治理主体，也存在代理失效、信息不对称等局限，特别是不能有效解决因罚没收入而做出逆向选择，以及地方保护主义和跨界污染问题，从而产生政府失灵。从生态环境治理过程来看，农村居民对于环境知情权、环境事务决策权、环境诉讼参与权以及上述权利的实现途径等，并没有实质意义上基于法律和制度的规范。在这种情况下，产权主体参与产权交易，需要在产权维护、交易规范、交易诉求上耗费大量的费用。从这个角度讲，处理好产权关系同样是农村生态治理的关键。

不同的产权安排会形成不同的主体收益—报酬结构，主体行为可以通过优化产权安排来解决，但在产权不明确的条件下，产权主体无法获得以最高效率使用产权的激励机制。在农村，自然资源归集体所有，个人既是所有者又是非所有者，这不仅构成了集体产权的基本矛盾，也造成生态环境的使用权、经营权和收益权缺乏明确安排。在法律规制方面，我国自然资源立法多是以确保国家对资源的充分利用为出发点，未从物权角度对自然资源使用权做出明确规范。另一方面，农村生态环境产权的集体产权性质及其代理机制，也尚无有效的市场约束机制和法律规制形式，在规范、协调和约束代理主体行为上缺乏实质性的内容。从实现机制来说，集体产权的代理主体是集体组织，会因为中间环节（如集体协商、民主投票）而增加交易费用；而集体组织作为代理人，在直接运作使用权和经营权过程中可能存在低效现象。在激励机制方面，农村生态环境治理缺乏负外部性的约束和正外部性的激励。农村自然资源实质是集体所有，集体内部同等享受资源带来的收益，容易为自然资源的实际掌握者创造利益机会。按照理性经济人的逻辑，必然选择最大限度地使用资源，造成自然资源的过度开发和浪费使用，以及在城镇化进程中，生产者以极低的成本对环境资源的破坏性开发。但私有产权制度也会造成公共物品的“私地悲剧”，例如若把某地防风林的所有权私有化，在很多情况下所有者的占优策略是把防风林砍了卖掉，造成更严重的生态环境问题。

针对产权界定与作用机制的局限，一方面应完善生态环境的产权制度安排；另一方面应在治理结构上，构建多中心的治理主体结构及村民社区治理机制。（1）建立清晰的产权边界，包括所有权、使用权和经营权等产权结构的有效安排以及相应主体结构。如果某种自然资源利用主要以经济功能为主，或者不会对生态环境造成损害或损害太少，环境生态效益不重要，应当选择私有产权。[①] 对于外部性极大的自然资源，如农村大气、水资源等，因其无法分割、产权界定成本较高，且不利于进入产权交易环节，实行公有产权制度将更有效率。（2）农民社区成员是农村生态环境的拥有者和使用者，与农村生态环境利益联系紧密，通过界定村民社区的产权，在生态环境治理上形成以自主治理为基础，允许多个权力或服务中心并存的治理架构，通过竞争和协作给予公民更多的选择权和更好的服务。相对于政府规制而言，社区产权一定程度上的私有性，能有效激活内在的激励机制，这种激励机制不是行政安排，而是社区成员利益的结合。相对于纯粹

① 王克强、赵凯、刘红梅:《资源与环境经济学》，上海：上海财经大学出版社，2007 年。

私人产权而言，社区产权参与交易无需高额交易成本，如果产权实现机制的监督是有效的，有利于规避比“公地悲剧”更为严重的“私地悲剧”。也可探索适当改变农村生态环境单一的公共产权规制模式，通过法律、政策为多中心治理的主体结构提供依据，建立跨地区的多方协作规划和协同治理机制，引入自然资源产权代理者竞争机制，促进多元治理框架在生态环境治理领域实现突破。（3）形成规范的产权交易制度。长远来看，排污权交易能降低全社会治理污染的成本。在明确资源价值尺度基础上，计算环境可容纳排污量以及相应的治理成本，让排污许可进入市场。排污权交换的最终受益归属于受污染全体，在农村应属于农民集体所有。在初始分配阶段，环境部门根据环境所能容纳的排污总量，确定企业的可使用量以及相应的价格标准，二次分配由企业或环境部门在市场交换中完成。（4）完善市场法制建设。在市场制度约束层面，明确排污权的所有权、使用权和经营权；在法律规则层面，建立具有内在激励意义的排污权交易；在实际操作中加强政府的监管，一头是管好排污权交易的一级市场，科学地设定环境容量、排污权交易的上限，并配发排污许可证；另一头是交易以后的监管，确保交易的排污权的真实性、可持续性。①

第四节　乡村共同体意识

费孝通先生指出，乡土社会是一个熟悉的社会。对乡村的保

①《排污权交易，何时迎来第一单？》，《四川日报》，2013 年 2 月 19 日，http://scnews.newssc.org/system/2013/02/19/013726704.sh。

护，不止于制度性保护、生态性保护，而很重要的一个方面是文化性的保护。乡土社会历来广为称道，除了它不同于城市的自然面貌、正式制度框架，更主要的是基于传统久远生产生活方式的非正式制度与社会文化。从治理实践来看，特别是在国家权威式的干预减弱后，虽然很多政策不断影响农村的生活模式，但在这种模式下面还潜藏着一种力量，其触角在村庄之中无处不在，它潜在地影响着乡村的现代化进程。由于以土地为基础的生产上的共存关系，农民在村庄事务中不可能很潇洒地表现出离心与不合作倾向，否则就很容易受到舆论和道德上的谴责，这在传统观念尚比较浓厚的地方是颇具威慑力量的。生活在村庄里的人，即便不想受此约束，但在面临一种共同的舆论压力时也不得不有所考虑，故个体行为一般不会偏离村庄整体的氛围太远。[①] 乡土社会的变迁尚未改变这样一个事实：家乡仍然是农民实现其生活意义的基本场所。在社会稳定和长久交往的预期下，乡土社会的人们终其一生都在追求社会认可。对绝大多数农民来说，城市只是赚钱的场所，经济资本依然要在家乡完成社会资本和象征资本的转化。正因为家乡这个价值生产功能，农民与乡土社会的关联就不会消解。[②]

在乡土社会的传统之外，土地集体所有制基础上的集体生产、分配体制，也形成了以国家权力为背景的集体主义传统。它一方面解构了乡土社会原有的社会结构和宗族结构；另一方面又受到家庭承包生产与市场化改革的冲击，但无论是从正式制度或

① 李德瑞：《“清算”土地及村庄治理》，《古今农业》，2008 年第 3 期。

② 王德福：《乡土中国再认识》，北京：北京大学出版社，2015 年。

是意识形态来看，这样一种乡村传统仍然存在，在国家—农民、城市—乡村的矛盾博弈中，还获得了延续与强化的可能性。在近些时候的社会转型时期，乡村的价值和文化体系受到没有防御的侵袭，市场观念和异化价值理念不断涌入村庄，对经济利益的追求开始凌驾于社会规则和伦理道德之上，带来了农村的传统信念和集体生活的缺失。传统的社会习俗、道德伦理和社会规则对农民行为的约束效力弱化，乡村传统的亲缘、地缘关系构成的人伦“差序格局”转向个体主义，即以个人经济利益作为行为的主要依据。[①] 由于传统乡村文化的失措，处于弱势的农民在微观的社区背景下，可能意识不到被“处理”过的价值信念，但从宏观的治理层面来看，基于乡村共同体意识和文化因素的治理困境已经发生。

社会的转型是一个复杂的系统工程，而历史文化传统则是在长期的文明演进中得到筛选和优化的积淀物。在乡村现代化进程中，乡村传统是重要的因素，应当以一种积极的渐进的方法，推动本就是流变的传统对时代做出“应变”。近代以来，不少人认为现代化就是以西方为代表的工业化理念的实现与保障，而我国传统中缺乏这些价值甚至是格格不入的，现代化过程就是抛弃甚至摧毁传统的过程。实际上，抛却传统的现代化是没有出路也不会是成功的现代化，只有立基于传统并对传统进行创造性转换的现代化才有可能成功。因此，现代化即是传统的现代化，离开传统现代化根本无所附着，传统文化与现代生活不能笼统看作是两

① 赵光勇：《经济嵌入与乡村治理——来自浙江农村的思考》，《浙江学刊》，2014 年第 3 期。

个不兼容的对立体，而应当发掘经过长期筛选的传统文化价值系统的生命活力，使之适应现代生活并为当代文明的发展服务。[①] 故而，传统文化是塑造现代文明的基石，现代性的生发是在传统中逐渐“扩展”出来的，而不是在与传统告别与决裂的基础上产生的，背弃传统世界会制造出文明社会的倒退，丧失任何生发出现代性的可能。近代以来如废科举、办新学、师法西方的“地方自治运动”，带来了意料之外的对传统乡村自治的破坏，导致了乡村社会文化上的沙漠化、城乡二元对立格局的发轫、乡土精英的持续大规模外流和乡村“现场治理者”的匮乏，使得乡村的地位日益边缘化。[②]

案例 9-5：空心化、商品化下的矿井村[③]

矿井村位于山东中部丘陵地带，村庄东与淄博交界，南接莱芜，属于济南章丘市。现有在籍居民 322 户，约 1189 人。村内耕地多为梯田，人均 1 亩左右。没有集体经济资源。村内人丁最旺的时候是在 20 世纪 70 年代末 80 年代初。90 年代以来随着村内生育率的降低，村民外出务工的预期加强，现在的矿井村正逐渐进入一个老龄社会，从社区面貌到人口年龄构成都呈现出一种老化的趋势。大约在 20 世纪 90 年代以后，村民外出务工人数逐渐增多，现在常年在

①〔美〕余英时：《中国思想传统的现代诠释》，南京：江苏人民出版社，2003 年。余英时：《现代儒学的回顾与展望》，北京：生活·读书·新知三联书店，2004 年。

② 刘琼：《英租威海卫乡村治理：传统的接续与现代性的生发》，济南：山东大学，2014 年。文中就英租时期威海卫乡村治理模式的个案，分析了英租者如何在接续中国传统乡村治理资源的基础上实现对威海卫乡村的治理演进。

③ 魏建、赵帅：《空心化、商品化与村庄公共产品供给：矿井村的案例》，《制度经济学研究》，2011 年第 2 期。

外务工人员超过200人。现在的矿井村分为老村和新村两个区域，由于老村交通不便，自20世纪90年代开始，部分年轻村民开始向村外搬迁，到2009年，原来老村的住户有1/4迁到了新村。老村中大量的旧宅因无人居住而被废弃，原来繁荣的老村因村民外出变得破败，几户旧宅中才有一户人家，甚至有些位置偏僻处旧宅被成片废置。20世纪80年代，村民之间的无偿互助非常普遍，包括帮工建房、互助农业生产、帮忙看门防盗等，可以说村民们在生产、生活以及安全保卫方面有全方位的合作。进入新世纪以来，村民之间的互助日益减少。现在，大部分村民大多通过市场解决生产和生活的相关需求，帮工的衰弱与社会流动有直接关系。调查发现，近年来有些家庭建设了大规模的养殖场，都采用市场化用工，把工程承包给一些小包工队，市场化已经渗透到传统的农业互助合作中去。即使是亲戚间的经济界限也非常明显，而传统的合作也被市场化取代。打工经济使得村子由过去的“熟人社会”蜕变成一个信任下降的“半熟人社会”，而乡村共同体意识随之也逐渐消散。

乡村社会是共同体的典型代表。在经济全球化条件下，这样的乡村共同体也是文化多样性的重要载体，它本身也诉说着乡村的现代价值。而共同体意识，则是共同体内部个体成员所持有的一种心理形式和对其文化的一种内在反映。德国社会学家滕尼斯在《共同体与社会》中认为，“共同体是指那些有相同价值取向、人口同质性较强的社会共同体，体现的人际关系是一种亲密无间、守望相助、服从权威且具有共同信仰和共同风俗习惯的人际关系”。[①] 原始的共同体大多基于特定的历史传统、家族、血缘、信仰、风俗习惯，共同的社会背景和生活方式，以及基于习惯法所形成的传统乡规民约等。它所反映的更多是成员在情感和心理需求层面的一致性，人们沿用乡规民约构成的习惯法来约束成员的行为，调节成员之间的争执。如中世纪的法国，“堂区和地方宗教团体将这些地域上相邻的人们联系在一起，形成某种情感共同体”[②]。在我国，国家政权的实现形式对于乡村共同体的文化基础，具有特定的影响。在人民公社时期，通过政治权力的强制，农村人为建立了高度的集体产权归属，从政治意识和产权制度层面强化了乡村的“集体”意识。随着工商业经济的发展，传统乡村社会共同体的封闭性被打破。在市场经济体制建立过程中，农村出现了多种经济形式和经营方式，乡村成员在自由选择的基础上，基于个人利益诉求形成新的乡村共同体，其共同体意识更多反映为经济共同体意识或者利益共同体意识。在现代条件下，构建乡村社会共同体，有利于乡村社会成员之间的长期交往，提升乡村的社会资本存量，拓展交往的公共空间，减少各主体之间的交易成本，促进乡村公共权威和个人权威的发育与成长，解决乡村社会治理的认同冲突，从而有利于实现乡村社会整合。

---

①〔德〕斐迪南·腾尼斯:《共同体与社会：纯粹社会学的基本概念》，北京：北京大学出版社，2010 年。

② 熊芳芳:《近代早期法国的乡村共同体与村民自治》,《世界历史》，2010 年第 2 期。

案例 9-6：农村土地承包经营权联贷联保抵押贷款[①]

2010 年 12 月 1 日，成都市第一宗农村土地承包经营权抵押贷款签约发放仪式在崇州市隆兴镇黎坝村举行。崇州市杨柳农村土地承包经营权股份合作社由隆兴镇黎坝村 15 组 29 户农户以自家土地承包地经营权组建，共有 101.27 亩土地，并与崇州国家粮食储备公司签订了富硒水稻生产协议，大春收完了，小春怎样多赚钱？合作社想到了目前市场上销路走俏的羊肚菌，决定先试种 10 亩，可还差 5 万多元启动资金。正当农户们一筹莫展之际，崇州市农村发展局主动与成都市农商银行崇州支行协调，经过审核，合作社 29 户农户以其 101.27 亩土地的 5 年经营权作为抵押，采取联贷联保方式，向成都农商银行崇州支行申请授信 16 万元，首期贷款 6 万元恰好够今年小春羊肚菌生产，利息还比商业贷款减少了 30%。在贷款发放现场，29 户村民全部到场，看着贷款成功，大家也有了更多憧憬。“要是今年种植能够盈利，明年就把剩下的 10 万元贷款用了，再增加羊肚菌生产基地 50 亩，到那时，我们可就真的富起来了！”

但现代社会对传统乡村共同体也有着很强的消解作用。市场经济的逐步完善是现代乡村建设无可逃避的时代背景。很多时候人们认为，当市场经济、理性化的外界因素进入乡村社会之后，村庄被肢解得七零八落，成为“现代性的碎片”。随着工商业及城市的发展，社会开放程度的增加，尤其是私人化、个体化和全

① 根据报道资料整理。参见陈泳：《农村土地承包经营权抵押贷款成都首例 29 农户获 16 万元授信》，《成都日报》，2010 年 12 月 2 日，http://news.sina. com.cn/o/2010-12-02/041618425135s.shtml。

球化程度的增强，传统人际关系被现代工商业条件下的人际关系所取代，共同体的边界日渐模糊，逐步失去其赖以生存的基础，难以保持其文化基因甚至瓦解。但在市场渗入导致村庄变化的过程中，乡村社会也在生成着一些东西。也就是说，传统共同体瓦解的命运虽难以改变，但新的“共同体”会产生，因为“共同体的生活方式、价值观念以及人际关系中的精华部分”，还将继续持久地存在于社会的生活方式内部。①

伴随我国乡村共同体的发展和变化，也出现了乡村共同体意识的瓦解和重构。改革开放以来，人们对人民公社时期集体经济的完全依赖被打破，传统上以家族、血缘和地缘为主要联结方式的乡村共同体逐渐瓦解。多种所有制经济的共同发展及城市化进程加快，使得乡村成员的职业取向和价值观念普遍发生变化，封闭的乡村和开放的社会之间的融合加深，并呈现出多元化和异质性特征。乡村的自治制度也受到其他制度环境及农村社会环境的约束②，一些村级组织形同虚设，一些村民自治主体缺位或者异化。就集体而言，农村实行“统分结合”的“双层经营体制”，农村土地以及一些自然资源依然实行集体所有制，以乡镇企业为主要形式的农村集体经济也曾一度飞速发展，一些地方集体的统一经营依旧存在。但由于集体产权的内在矛盾关系，在市场条件和农村产权制度变革背景下，集体与个体的利益一致性逐渐弱化，在农户个体产权的利益得到强化的同时，集体所有权主体的

---

① 项继权:《中国农村社区及共同体的转型与重建》,《华中师范大学学报》(人文社科版)，2009 年第 3 期。

② 李增元:《农村社区建设：治理转型与共同体构建》,《东南学术》，2009 年第 3 期。

利益不断虚化。随着农户经济自主权的增强，村级组织的组织权威、社会控制和治理能力下降，特别是农村税费改革以后，集体经济实力进一步削弱，集体资源和福利供给减少，在治理过程中显得力不从心，导致农民对乡村共同体的信任感、归宿感和认同感大打折扣。在村庄公共事务上，农民难以达成超出核心家庭之上的合作，原子化的倾向已是十分明显，集体也难有一种机制来制约个体的离散化倾向。农民之间乃至家庭内部的私人关系，也变得松散、疏远和淡化了。个体的私人考虑与行为，往往对公共性和集体利益造成一种破坏，这种破坏使整个集体的利益受损，也让集体难以为继，公共性的东西无法产生。[①]

但同时，市场经济无疑也成为构造现代乡村共同体的决定性因素。就个体而言，农民将无可避免地以其生产要素和产品参与市场。随着土地规模化集约经营和大机械化的普及，农村居民在向周边城镇和大城市流动，形成庞大的农民工群体，市场经济正在重塑乡村的社会结构和人际关系结构。在现代化的冲击下，乡村传统快速失落，“无公德个人”自然生长起来（贺雪峰，2006），基础层面的治理危机也引致了国家的再次介入。外部输送式的新乡村建设，也许会对乡村居民的价值观念产生积极影响，但村民的精神生活和家庭生活具有内部性和隐私性，国家干预只是从外部来影响，而对个人生活的治理还有些不足，如何更好地引导农民的价值观念和个人行为，也是乡村治理发展中不可忽视的。

马克思认为，真正的共同体是实现个人自由的必要条件[②]，

① 李德瑞:《“清算”土地及村庄治理》,《古今农业》，2008 年第 3 期。

② 马克思、恩格斯:《马克思恩格斯选集》（第一卷），北京：人民出版社，1995 年。

注重共同体中个人的自由发展。现代乡村社会生活的本质，是如何在个体选择下实现不同权力和利益的融合，这是现代乡村共同体意识构建的主要矛盾。这个矛盾的浅层表现是在多样文化相互交织中的乡村个体，对于共同体的认同感和归宿感正在消散，其深层表现为生产力的发展与产权制度的滞后相矛盾，以及产权制度的滞后与新的乡村共同体意识的构建相矛盾。在乡村发生的一些群体性事件，一方面反映了个体分散所致的利益侵害，一方面也反映了因共同或相似的利益受损，迅速聚结起来的集体行动能力。因此，应当在明晰而有效的产权配置基础上形成权利和利益的一致性，这就需要处理好国家、集体和村民的权利和利益关系，以及相应的产权配置和激励机制。

产权制度是市场经济的基础制度。虽然当前乡村市场化程度并不算高，但乡村之外的市场氛围已经比较浓厚，而且乡村围绕财产的正式和非正式规则始终存在，建立在这些规则基础上的相应意识也一直存在。在乡村具有认同的产权规则和意识，本身就是共同体得以存在和延续的保障。清晰的产权归属，有利于乡村主体围绕财产形成相互认可的产权关系，并在此基础上形成特定的乡村共同体意识。随着农村经济形式趋向多样化，不管是集体经济、家庭经济、合作经济还是外来经济，都应当产权权利明晰，产权主体明确，产权保护机制完整，这应当是现代乡村共同体的一个基本特征，这样的特征能够更好地与社会相融合，从而促进乡村的演进。从目前实践看，一是要明确农村集体或个体产权的权利归属；二是要明确产权的权利内容。其中，国家产权、集体产权和个体产权应当以法律形式予以确认，避免国家产权与集体产权的失衡，并充实集体产权的内容。例如，农村土地征用的补偿标准，应反映对集体所有权让渡的补偿，而不仅仅是使用权或者承包权的补偿。还应正确设置政府、农村正式组织和非正式组织之间的产权关系，例如将农村生态环境中的排污权拍卖或分配给农村环境自治组织，建立这一组织存在的产权基础。只有明确的产权界定和保护机制，才能有效培育和构建现代乡村共同体意识的产权基础。

从制度经济学的视角看，乡村共同体意识是正式制度与非正式制度融合的典型例证。诺思在《制度、制度变迁和经济绩效》中指出，制度是由一系列正式约束、社会认可的非正式约束及其实施机制所构成。正式约束又称正式制度，包括政治规则、经济规则和契约等；非正式约束又称非正式制度，主要包括价值观、道德规范、风俗习惯、意识形态等，它是对正式制度的补充、拓展、修正、说明和支持，它是得到社会认可的行为规范和内心行为标准。乡土规则和乡土意识是长期形成的稳定的文化和心理状态，是农民日用而不觉的生活逻辑和行为准则。随着外部环境的变化，它可能会隐匿但不会消失，并且顽强地以不同的方式表现自己的存在。现代乡村共同体意识的形成，既包括外部有效的制度供给和内部乡土规则约束，体现了乡村共同体中经济文化、政治文化和传统文化相互博弈的过程。乡村正式制度，包括农村产权制度、涉及农村改革发展及村民自治的法律制度、村级组织制度等。乡村治理要处理好生产力发展水平和相应的制度问题，正式制度的约束要以特定的社会生产力水平作为依据，政治层面的正式制度约束要以经济层面的制度约束为依据，乡村共同体意识的重新构建要以符合农村生产力发展水平的产权制度为依托。乡村的非正式制度，包括村庄文化、传统、意识形态、惯例等要素，其中以血缘和地缘为基础的，以传统乡规民约等习惯法为内容的乡村传统文化，仍然是乡村共同体意识形成和发展的依赖因素，在形成乡村成员个体的信任感、归宿感和安全感方面起着至关重要的作用。充分保护乡村传统文化及其表现形式，与建立符合现代生产力发展水平的农村产权制度相结合，这些都是重建乡村秩序必须考虑的问题。

调查中发现，农户的产权意识淡薄，部分农民认为农村产权历来是属于自己的，多年来没有什么争议，颁证与否不重要。农村信用体系建设滞后，特别是落后地区的农户信用意识薄弱，征信体系不健全，信用户、信用村的评定依靠信用社一户、一村地调查，费时费力，进展缓慢，贷款手续烦琐，额度却很小，对能不能确权颁证、能不能流转或抵押存在着无所谓的态度，也影响了确权的进度与抵押贷款工作的开展。[①] 这些都反映出农村在市场意识、基础制度和文化方面的明显欠缺。

案例 9-7：安顺市农村信用体系建设绩效调查 [②]

2006 年，安顺市依托农信社系统启动农村信用体系建设。截至 2015 年 10 月，安顺市应建档的 46.46 万农户已经 100% 建档，其中经评定可授信的农户数为 44.15 万户，占 95.03%。农户信用贷款的授信总额为 152.36 亿元。安顺市农村信用体系建设具有以下六个特点：一是信用社、村两委和群众共同参与。由信贷员、村干部、群众代表组成“三人

① 刘守英、李青、王瑞民:《落后地区农村土地确权 抵押亟待解决的问题》,《中国经济时报》, 2016 年 4 月 15 日。

② 刘守英、张丽平、周群力:《农村信用体系建设绩效调查》,《中国经济时报》, 2016 年 4 月 15 日。

小组”，逐户进行调查摸底，面对面采集农户的信用信息。同时，建设金融支农服务站，聘任村支书（主任）任站长，农信社管片信贷员任副站长和金融副支书（村主任助理），实现金融服务“零距离”，畅通农村金融服务群众的“最后一公里”。二是农户信用信息尽可能全面。主要包括农户家庭状况、个人资产、从事行业、收入和负债状况、经营场所、以往信用记录等信息，其中对个人资产、经营场所等进行图片存档。三是信息采集与管理实现电子化。农户信息在采集阶段就进行电子录入，并建立电子台账和数据灾备制度。四是根据农户信用信息进行分级授信。在认真分析农户收支结构、偿债能力、经营水平的基础上，科学合理评定农户信用级别并分类授信，发放信贷卡，按信用等级对信用贷款实施差别利率。五是实行信用信息的年审复核，动态调整农户信用等级和授信额度。六是建立信用村、信用乡、信用县的评比体系。并对信用村、乡、县给予“资金优先、利率优惠、授信倾斜”，以此推动整个地区的信用环境改善。这些制度安排保证了信用数据质量，使得农村信用体系建设与农村金融服务形成了良性互动。在守信者融资有优惠、失信者融资难的氛围中，农户不但自觉讲诚信，还与邻里相互督促，共同维护信用村、乡、县的荣誉，形成了守信履约的内生机制。

传统乡村共同体意识是乡村传统文化基础上的相互认同、相互依赖、彼此互助和归属的意识范畴。现代乡村共同体意识的构建，除了依靠以符合生产力发展的产权制度为内容的正式制度的约束以外，还必须有与现代民主自治相伴生的公共精神。这种公共性是建基于每个成员独立、自由、平等和理性自觉的前提之上的，表现为一种真正的公共性的特质。[①]现代公共精神建立在现代社会结构和社会民主基础上，是社会成员在公共生活中对共同生活及其行为的准则、规范的主观认可，以及体现于客观行动上的遵守、执行，它的核心品质包括公共理性、公共关怀与包容、公共参与、公共合作等。既要培育现代公民意识与公民价值，又要以本土关怀为圭臬，彰显中国乡村共同体意识的母体文化内涵，[②]如以“宗族公共精神”“血缘公共精神”“地域公共精神”为代表的传统村规民约，包含着乡村传统美德、礼仪秩序和伦理道德等内容，能够与现代公民社会的价值体系相融合。随着市场观念的深入，传统意义上的公共精神正趋消散，必须通过外在制度设计多管齐下，重塑乡村内在的文化规约。在乡村邻里关系、公共卫生、婚丧嫁娶、建房标准、综治联防等事务上制定规范细则，运用地方电视台、乡村广播、村民自治宣传栏等宣传媒介，以及集中学习、奖惩引导等实施机制，构建新型乡规民约的正式约束，形成有效的乡村公共精神。

乡村公共精神的培育，实质是以清晰的产权边界为基础，促使乡村成员发自内心，基于自身权利义务对等的对于公共价值的关注与执行。村民自治组织是实现乡村公共参与的关键途径，也是培育乡村成员公共精神，建立乡村公民社会的实现方式，此外一些组织形同虚设。从根本上讲，这些组织缺乏必要的需求基础

① 杨礼银、朱松峰：《论现代公共意识及其对于构建和谐社会的重要意义》，《江淮论坛》，2008 年第 4 期。

② 田海燕：《刍议乡村公民共同体构建进路》，《中国矿业大学学报》，2010 年第 6 期。

和产权基础，很多实质是政府或村“两委”的附属性机构，公共参与的积极性不高，参与效果不明显。在产权安排上，可以明确各类经济合作组织产权主体结构和委托代理权限，乡村和上级政府不得随意干涉；有效识别乡村成员在生产、生活、教育、医疗、卫生及社会保障方面的各类需求，建立针对需求的服务性组织将村民重新联系起来；引导乡村成员充分参与乡村公民性组织的建设和发展的实践，实现真正意义上的乡村公共参与，重建现代乡村共同体意识。

现代乡村共同体意识本质上是在乡村成员自由选择、利益一致基础上形成的，是一种以实际利益为导向的价值观，必须建立完善的利益诉求表达渠道和民主监督保障机制，有效发挥乡村成员的主体性作用，从而真正实现乡村成员真实的公共参与。发挥乡村社会和民间的监督与自制，包括道德、法治、信仰、价值与集体意识重建等。在此基础上，依托有效的产权制度，才能形成合理有效的乡村治理结构。

结语：产权视角下乡村治理的现代特征

关于乡村的未来，英国政府在《我们的未来的乡村》白皮书中曾描述过这样的愿景：一个宜居的乡村，建设繁荣的社区，提供高水准的公共服务；一个工作的乡村，推动经济活动多样化，实现稳定和普遍的就业；一个受到保护的乡村，保证自然环境的改善和可持续；一个充满活力的乡村，强化乡村社区，让乡村的命运掌握在其自身手里，让各级政府都能听到来自乡村的声音。[①] 在我国，社会主义新农村建设中提出“生产发展、生活宽裕、乡风文明、村容整洁、管理民主”的目标，反映出国家层面对乡村治理的愿景。十八大报告提出了国家发展的“经济建设、政治建设、文化建设、社会建设、生态文明建设五位一体总体布局”，这一布局对于农村发展同样具有指导意义。农村的发展，也应该是经济建设、基层民主政治建设、农村文化建设、社会公共服务和基础设施建设以及农村生态文明建设的五位一体均衡发展。

农村基本经济制度特别是农村产权制度的变革，不仅是农村生产方式变革的根本内容，而且是建设社会主义新农村的关键所在。农地产权作为确定相关主体利用稀缺农地资源时各自经济地位和社会关系的规则，在相当程度上决定公共治理的方式和政权组织结构的构造。[②] 威廉姆森在综述新制度经济理论关于社会作用、思想观点和经验检验时，提出了社会分析的四个层次：第一层次是嵌入，它的演化是自发的最漫长的，包括非正式制度、习惯、传统和宗教；第二层次是制度环境，制度的演化与形成需经历很长时间，包括产权制度、司法制度和政治制度等；第三层次是治理，包括治理结构、契约和交易费用等制度安排；第四层次是资源配置与雇佣关系，包括价格、数量和激励等。[③] 社会制度的变迁轨迹应该是在社会嵌入的基础之上，不断创造良好的制度

---

① DETR. “Our Countryside：The Future, A Fair Deal for Rural England.” 转引自任有权：《文化视角下的英国城乡关系》，《南京大学学报》（哲学 · 人文科学 · 社会科学），2015 年第 6 期。

② 李宁、陈利根、孙佑海：《推动农地产权市场化改革需要考虑多重社会转型》，《江苏社会科学》，2015 年第 1 期。

③ Oliver E. Williamson. “The New Institutional Economics:Taking Stock, Looking Ahead”, *in Journal of Economics Literature*, Vol.38, No, 3, Sep.2000.

环境，进行制度的合理安排，逐步完善治理结构，形成合理的契约关系和实现机制，进而使资源配置最优化，构成完整的乡村治理制度系统。[①]

在乡村治理当中，通过完善产权制度和相应的治理规则，构建国家权力、自治权力与民间力量的协调关系，是国家现代化的基础，也是乡村获得现代化的保障。一个乡村共同体的存在不只是地域边界，还包括社会边界和文化边界。乡村的社会边界构成对农民身份的社会与法律地位的确认，乡村的文化边界即乡村的归属感，是另一种对自己特定村民身份的心理确认。这些都是乡村治理不容忽视的因素，农民认同与其所处的环境紧密相关。从这个意义上来说，产权制度既决定着乡村的利益格局，乡村治理离不开产权的治理维度，而产权关系的治理又离不开社会和文化的治理，包括乡土传统、田园情结、乡村共同体意识，以及自由、平等、公正、法治等社会主义核心价值观的植入等。

随着工业化、城市化的发展，建立在廉价土地和劳动力资源上的“乡村价值”遭到破坏，在适当条件下赋予乡村充分权利，重建乡村价值成为现代治理的必然内涵。乡土社会的命运，取决于其能否依然为生活于其中的人提供社会支持和价值支持，更具现实意义的是致力于重建的价值生产能力，其关键在于倡导一种与农民生存能力、生活条件相匹配的生活方式，创造一种现代生活方式的乡土样式。[②]而发展农民、民间组织以及非营利机构的

① 罗光华:《城乡治理体系的现代化与乡村治理能力塑造》,《当代世界与社会主义》, 2014 年第 1 期。

② 王德福:《乡土中国再认识》, 北京：北京大学出版社，2015 年。

新型治理力量，增加地方居民参与社区决策机制，形成由政府、集体和农民多元社会主体共同参与的结构，使其在现代乡村治理中发挥积极作用，也是必然的发展路径。

归纳前述，乡村治理的现代特征应当包括但不限于：

整体治理。农村产权制度变革与乡村治理，辩证地构成了社会主义新农村整体性建设的重大理论与实践课题，二者是经济基础与上层建筑在乡村辩证统一的表现形式。

利益治理。乡村治理的实质是乡村与其他利益主体、乡村不同利益主体以及主体不同方面的利益平衡，通过合理有效的产权制度和相应的治理规则，引导不同产权主体在利益博弈中实现妥协和均衡的过程。

契约治理。产权是由法律、习俗、道德等界定和表达的，得到人们相互间认可的关于财产的权利，需要一定形式的契约或约定来维系，而契约的形成和履行是需要相应配套的治理结构来支撑。

合作治理。产权主体的多元性导致了乡村治理主体多元性的存在，多种主体相互依存，通过参与、谈判和协调等合作方式来解决冲突，以实现一种以联合、共享为特征的新秩序。

市场治理。市场是资源有效配置的实现形式，应当解除附加在农村土地之上的限制性因素，恢复其作为基本生产要素的资产专用性特征，使农地产权的可实施程度得到提高，通过市场来进行有效率的治理。

均衡治理。产权制度是社会演进的基本维度，它的现代构建包含着国家、集体和农民等多元产权主体利益结构的均衡、集体产权内部权能结构均衡，以及城乡之间要素价格及交易关系的均衡等。

综合治理。乡村价值的现代发展不应局限于传统发展目标，而且要包含乡村的社会、人文和生态等多方面。乡村治理也是政治、经济、社会、文化、生态“五位一体”的治理交集。

参考文献

著作

［1］安德鲁·肖特:《社会制度的经济理论》，陆铭、陈钊译，上海：上海财经大学出版社，2003 年。

［2］奥尔森:《集体行动的逻辑》，陈郁等译，上海：上海三联书店，1995 年。

［3］奥利弗 E. 威廉姆森:《治理机制》，石砾译，北京：机械工业出版社，2016 年。

［4］奥利弗·威廉姆森、斯科特·马斯腾:《交易成本经济学经典名篇选读》，北京：人民出版社，2008 年。

［5］巴泽尔:《产权的经济分析》，费方域、段毅才译，上海：上海三联书店，1997 年。

［6］杜润生:《中国农村制度变迁》，四川：四川人民出版社，2003 年。

［7］杜赞奇:《文化、权力与国家——1900 ～ 1942 年的华北农村》，王福明译，南京：江苏人民出版社，1994 年。

［8］费孝通:《江村经济：中国农民的生活》，北京：商务印书馆，2001 年。

［9］冯兴元、〔瑞典〕柯睿思、李人庆:《中国的村级组织与村庄治理》，北京：中国社会科学出版社，2009 年。

［10］顾钰民:《马克思主义制度经济学》，上海：复旦大学出版社，2005 年。

［11］贺雪峰:《地权的逻辑：中国农村土地制度向何处去》，北京：中国政法大学出版社，2010 年。

[12] 贺雪峰:《乡村治理的社会基础》，北京：中国社会科学出版社，2003 年。
[13] 黄少安:《产权经济学导论》，北京：经济科学出版社，2004 年。
[14] 科斯、阿尔钦、诺思等:《财产权利与制度变迁——产权学派与新制度学派译文集》，上海：上海三联书店、上海人民出版社，2005 年。
[15] 林毅夫:《制度、技术与中国农业发展》，上海：上海三联书店，1992 年。
[16] 刘凤芹:《农地制度与农业经济组织》，北京：中国社会科学出版社，2005 年。
[17] 刘诗白:《主体产权论》，北京：经济科学出版社，1998 年。
[18] 诺思:《制度、制度变迁与经济绩效》，上海：上海三联书店，1994 年。
[19] 钱穆:《湖上闲思录》，北京：生活・读书・新知三联书店，2000 年。
[20] 荣敬本、崔之元等:《从压力型体制向民主合作体制的转变——县乡两级政治体制改革》，北京：中央编译出版社，1998 年。
[21] 王德福:《乡土中国再认识》，北京：北京大学出版社，2015 年。
[22] 王卫国、王广华:《中国土地权利的法制建设》，北京：中国政法大学出版社，2002 年。
[23] 王振中:《产权理论与经济发展》，北京：社会科学文献出版社，2005 年。
[24] 威廉姆森:《资本主义经济制度》，段毅才、王伟译，北京：商务印书馆，2002 年。
[25] 吴毅:《村治变迁中的权威与秩序——20 世纪川东双村的表达》，北京：中国社会科学出版社，2002 年。
[26] 燕继荣:《国家治理及其改革》，北京：北京大学出版社，2015 年。
[27] 约翰・梅纳德・史密斯:《演化与博弈论》，潘春阳译，上海：复旦大学出版社，2008 年。
[28] 张厚安、徐勇:《中国农村村级治理》，武汉：华中师范大学出版社，2000 年。

[29] 张曙光:《中国转型中的制度结构与变迁》，北京：经济科学出版社，2005 年。

[30] 周其仁:《产权与制度变迁——中国改革的经验研究》，北京：社会科学文献出版社，2002 年。

期刊论文

[1] 蔡昉:《中国就业增长与结构变化》,《社会科学管理与评论》，2007 年第 2 期。

[2] 陈剑波:《农地制度：所有权问题还是委托—代理问题？》,《经济研究》，2006 年第 7 期。

[3] 楚成亚:《乡镇政府自我利益的扩张与矫治》,《中国政治》，2000 年第 2 期。

[4] 党国英:《当前中国农村土地制度改革的现状与问题》,《华中师范大学学报》(人文社会科学版)，2005 年第 4 期。

[5] 党国英:《我国乡村治理改革回顾与展望》,《社会科学战线》，2008 年第 12 期。

[6] 郭正林:《乡村治理及其制度绩效评估：学理性案例分析》,《华中师范大学学报》，2004 年第 4 期。

[7] 韩俊、崔传义、范皑皑:《农村劳动力短缺与剩余并存》,《职业技术教育》，2007 年第 15 期。

[8] 贺雪峰:《论乡村治理内卷化——以河南省 K 镇调查为例》,《开放时代》，2011 年第 2 期。

[9] 贺雪峰:《乡村治理研究的三大主题》,《社会科学战线》，2005 年第 1 期。

[10] 贺雪峰、郭亮:《农田水利的利益主体及其成本收益分析——以湖北省沙洋县农田水利调查为基础》,《管理世界》，2010 年第 7 期。

[11] 黄宗智:《制度化了的“半工半耕”过密型农业》(上、下),《读书》,

2006 年第 2、3 期。

[12] 蒋省三、刘守英:《土地资本化与农村工业化——广东佛山市南海经济发展调查》,《管理世界》, 2003 年第 11 期。

[13] 焦长权、周飞舟:《“资本下乡”与村庄的再造》,《中国社会科学》, 2016 年第 1 期。

[14] 刘凤芹:《农民土地权利的保护与“三农”问题》,《经济社会体制比较》, 2005 年第 1 期。

[15] 刘诗白:《论中国的社会主义产权改革》,《经济学动态》, 2009 年第 7 期。

[16] 马俊驹:《论合作制和集体所有权》,《吉林大学学报》(社会科学版), 1993 年第 5 期。

[17] 宋磊、孙晓冬:《经济民主与社会主义市场经济的政治经济学含义:基于生产方式视角的分析》,《经济学家》, 2011 年第 11 期。

[18] 孙津、郭薇:《建设社会主义新农村的真实含义:生产关系和社会形态的创制》,《中国人口、资源与环境》, 2006 年第 3 期。

[19] 项继权:《中国农村社区及共同体的转型与重建》,《华中师范大学学报》(人文社科版), 2009 年第 3 期。

[20] 肖唐镖:《中国乡村社会的治理与乡制变迁》,《中共宁波市委党校学报》, 2002 年第 5 期。

[21] 徐旭、蒋文华、应风其:《农地产权:农民的认知与意愿——对浙江农户的调查》,《中国农村经济》, 2002 年第 12 期。

[22] 曾福生:《农地产权认知状况与流转行为牵扯:湘省 398 户农户样本》,《改革》, 2012 年第 4 期。

[23] 张安毅:《论农村集体土地所有权的行使——评我国〈物权法〉草案第 62 条之规定》,《法学杂志》, 2006 年第 5 期。

[24] 张润泽、杨华:《转型期乡村治理的社会情绪基础：概念、类型及困境》，《湖南师范大学社会科学学报》，2006 年第 4 期。

[25] 赵晓力:《通过合同的治理——80 年代以来中国基层法院对农村承包合同的处理》，《中国社会科学》，2000 年第 2 期。

后　记

人生看得长远才会有意义。制度放在变迁中也能看得出轨迹。但即使近三十年的中国农地制度变革，若置身其中仍不免惘然；若再放得长远譬如百年变迁，又很难得出可资适从的结论。因为这一变革历程，不仅面对着现代性历程所固有的个体化、原子式、碎片性风貌，也面对着快速城镇化、二元结构消解与固化的社会碎片化与社会断裂并存的进程，还面对着因为具体政策利益考量带来的法律和政策的碎片化冲突，以及农地产权制度改革演进的多向性纠缠。本书对农村产权制度变革和乡村治理的研究也是如此。

自费孝通以来，乡土社会在现代化中的衰落与变迁，就成为一个历久弥新的未解之问。乡村，无论放在一个悠久绵长的田园梦想中，还是工业化、市场化、城镇化的现实背景之下，都是一个殊为难解的沉重话题，而制度更是一个绕不开的主题。许多研究者、政策制定者、实践推动者也自有其立场和考量，其基本点不外乎政治稳定、经济效率或社会和谐等方面。华中乡土派注重一种研究的总体性与内部性视角，从社会学角度对集体产权和公共品提供机制的分析是开创性的，以乡村本位所得出的“半熟人社会”“半工半耕”“家庭接力式进城”等概念，这些观点反映出我国半城市化阶段的总体特征和经验进路，在政策层面上具有自然演化、长期变迁等含义。[①]它印证了一个历史与现实的经验，那就是“地者，政之本也”（《管子·地员》），也打破了某种“先验的”现代性认识工具和话语预设[②]。也正如威廉姆森所说，妄图从总体上提升经济效果而改变制度环境会带来无尽困难，与之相对，也许要思考的是“在制度环境给定的前提下，经济代理人旨在将各类交易针对各类治理结构匹配，以此促成经济规划效果的实现。”[③]无论半城市化的现实合理性是否构成特定阶段的经典方案，这种乡土社会自身的变迁逻辑是否会被打破也未可知，但无疑是极具现代意蕴的学术观点。农村产权制度不可轻动，但乡村治理却要继续；可以解释产权对治理的决定和影响，却不能成为一般意义上的治理之策。它使得我们思考一些关于制度变迁的基本问题：谁有制度变迁的需求，制度变迁的供给方是谁？制度变迁的“外部利润”何在，谁在推动这些利润的实现，又是谁将获得这些利润？制度变迁的方式是强制性还是诱致性的，它的破题是从正式制度还是从非正式制度开始？制度变迁如何获得公正预期和中国化的现代性价值？

可以想见的是，社会由所处的发展阶段所决定，在其发展未

---

① 这体现在前述贺雪峰关于小农经济、农村税费改革与乡村公共品提供、资本下乡和乡村治理内卷化等方面的一系列观点。此外，在论及农业经营体系时，王德福认为“乡村社会原本已经自发地形成了充满活力且很有效率的与经营模式和人口流动相匹配的阶层结构，在巨变过程中存在这种动态的稳定结构所具有的价值不容忽视，何苦非要去强加干涉引发不必要的风险呢”，“总而言之，维护好建立在半工半耕生计模式与自发土地流转基础上的乡村社会自我循环体系，才能更好发挥农村在现代化过程中的稳定器与蓄水池作用，才是长久之计。”参见王德福：《乡土中国再认识》，北京：北京大学出版社，2015 年。

② 参见王德福：《乡土中国再认识》，北京：北京大学出版社，2015 年。

③〔美〕奥利弗 E. 威廉姆森：《治理机制》，石砾译，北京：机械工业出版社，2016 年。

臻完善之时，各个主体都有增进利益的需求，无论是经济或其他方面的利益，也无论是显性或潜在的利益，这既决定了大的制度框架基本稳定，也决定了不易察觉的细微变化无时无刻不在进行，甚至也不排除孕育出重大变革的可能性。另一方面，在正式制度相对稳定的情况下，受到社会观念和条件的影响，在非正式制度和社会文化观念上先获得变迁，从而积蓄出重大制度变迁的动力和因素。在这个梦想与现实的映照中，可能真正需要的是对碎片化的制度和主体进行整合性努力，驱动一个基础性制度的整体性构建过程，最终实现良制之治。它的实现，有赖于政治经济条件发展到一个特定的阶段，有赖于法与政策达成一致性的法治进程和国家治理的现代化，甚至还可能有赖于政府、资本、农民等利益主体的公平性合作性博弈。本书对此的研究，虽从总体性研究之需极力借鉴多学科成果，试图进行社会科学意义上的整合，却并不能完全融合，但又不得不加以记录和表达。所以，结果可能是一个没有结论的结论，但毕竟是一个对结论的探索过程。

在这个过程中，不少青年教师和研究生参加进来，包括杨海涛、韩文龙、张安全、顾绚、王耀荣、刘洋、王静、周小保、樊敏杰、谢欣、邓凯、王双喜、高阳、邵苏学、张俊峰、郑欢、雍涛、刘纯一、甘丽平、符洁等，也一起进行了调查思考和最初的写作。这是一串长长的名单，因为研究跨度或学制关系只能参加一个阶段、一个方面，虽然没有来得及得出多少结论，但在没有结论的研究中，他们的参与是一个值得铭记的价值，让年轻人关注乡村，关注不曾关注的社会侧面，一起感受，一起思索，让人性得以回归，让学术获得良知，或许是最值得记忆的事情，因为它已经超越了研究本身。

正如钱穆先生在《乡村与城市》中所说的，乡里人终须走进都市，城市人终须回归乡村。[①] 如果它是历史的大势，相信一定有一个无可阻挡的结论存在，中间的曲折与艰辛，包括思考者的一份，合于其中亦不失其渺小。

本书得到国家社科基金和中央高校基本科研业务费专项资金专著出版项目的资助。

① 钱穆:《湖上闲思录》，北京：生活·读书·新知三联书店，2000 年。